新能源动力电池正极材料

专利申请特点及法条适用研究

国家知识产权局专利局专利审查协作北京中心◎组织编写

知识产权出版社
全国百佳图书出版单位
—北京—

图书在版编目（CIP）数据

新能源动力电池正极材料专利申请特点及法条适用研究/国家知识产权局专利局专利审查协作北京中心组织编写. —北京：知识产权出版社，2024.9. —ISBN 978-7-5130-8632-5

Ⅰ. U469.72-18

中国国家版本馆 CIP 数据核字第 20241FM382 号

内容提要

本书以新能源动力电池正极材料相关专利申请为研究对象，分析了新能源动力电池正极材料全球及在华整体专利态势，探讨了该领域重点申请人的专利申请情况及研发动向，统计和分析了新能源动力电池正极材料专利申请的撰写情况和特点，并从申请特点出发探究该领域专利法条的适用标准，通过实际的司法、无效、复审案件对与新颖性、创造性、说明书公开不充分、修改超范围、权利要求不清楚、权利要求得不到说明书支持等问题相关的法条的审查标准进行研究，并给出了相应的撰写建议。本书可为相关领域创新主体和专利代理师了解业内专利申请情况、撰写专利申请文件提供参考和借鉴。

责任编辑：王祝兰　　　　　　　　　　　责任校对：潘凤越

封面设计：杨杨工作室·张　冀　　　　　责任印制：孙婷婷

新能源动力电池正极材料专利申请特点及法条适用研究

国家知识产权局专利局专利审查协作北京中心　组织编写

出版发行：知识产权出版社 有限责任公司	网　　址：http://www.ipph.cn
社　　址：北京市海淀区气象路 50 号院	邮　　编：100081
责编电话：010-82000860 转 8555	责编邮箱：wzl_ipph@163.com
发行电话：010-82000860 转 8101/8102	发行传真：010-82000893/82005070/82000270
印　　刷：北京九州迅驰传媒文化有限公司	经　　销：新华书店、各大网上书店及相关专业书店
开　　本：787mm×1092mm　1/16	印　　张：14
版　　次：2024 年 9 月第 1 版	印　　次：2024 年 9 月第 1 次印刷
字　　数：258 千字	定　　价：99.00 元

ISBN 978-7-5130-8632-5

———— 编 写 组 ————

姚　希　易　方　唐甜甜　聂春艳

前　言

自 2009 年新能源汽车被我国确立为战略性新兴产业以来，新能源汽车产业发展从小到大、从弱到强，对于促进经济平稳健康发展、构建绿色低碳的能源体系具有重要意义。《中华人民共和国国民经济和社会发展第十四个五年规划和 2035 年远景目标纲要》提出发展壮大战略性新兴产业，其中就包括新能源、新能源汽车等战略性新兴产业。新能源汽车产业的主要特点为技术密集，是培育新质生产力的重要载体和重要引擎。技术创新是新能源汽车产业发展的关键因素之一，加强知识产权保护和运用对于促进该产业的技术创新具有重要意义。《专利转化运用专项行动方案（2023—2025 年）》的出台有利于大力推进新能源汽车领域的专利产业化，加快专利价值实现，培育良好的生态，进一步激发创新活力和转化动力。

2023 年是新能源汽车高速发展的一年，中国新能源汽车的产、销量分别完成 958.7 万辆和 949.5 万辆，同比分别增长 35.8% 和 37.9%，市场占有率达到了31.6%。

新能源动力电池是新能源汽车的"心脏"，其为车辆提供电能和动力，是新能源汽车产业链中的重中之重，也是制约新能源汽车推广使用的瓶颈。新能源汽车利用新能源动力电池提供动力，相对于传动内燃机车辆，具有绿色环保、维护成本低等优势，但是动力电池的价格比较昂贵、能量密度有待提高，长途旅行或者高功率需求的发展趋势可能需要动力电池频繁地充电，并且与加油相比，新能源动力电池的充电时间相对较长，这些都是新能源动力电池需要改进的方面。随着技术的发展和成本的降低，这些问题有望得到解决，新能源汽车将具有更好的竞争力和发展潜力。

新能源动力电池构造主要包括正极、负极和隔膜三部分，其中正极材料是动力电池的核心部件，主要决定着动力电池的能量密度和制造成本。按照正负极材料分类，常见的新能源动力电池可分为镍镉系列、镍氢系列、铅酸系列和锂离子系列。锂离子电池正极常见的材料有钴酸锂、磷酸铁锂和三元材料。传统的动力电池如铅酸电池、镍镉电池以及钴酸锂电池等已被淘汰，目前应用于纯电动汽车的动力电池主要有磷酸铁锂电池与三元锂电池两种。新能源乘用车主要用三元锂电池，新能源客车主要用磷酸铁锂电池，低速车、电动自行车等以往用铅酸蓄电池的比较多，现在也趋向于使用磷酸铁锂电池和三元材料电池。

近年来，随着新能源动力电池正极材料的研究和发展，围绕新能源动力电池正极材料的专利申请在全球范围内呈现出高速增长态势，已成为新材料领域一个非常活跃的专利申请热点。对于我国众多创新主体而言，虽然新能源动力电池正极材料的研发和产业化发展日渐成熟，很多企业已经成为国际诸多车企的动力电池供应商，但仍然需要面对国际上强有力的竞争以及国内各创新主体间的竞争，特别是核心技术的竞争。专利作为最重要的知识产权保护手段之一，已经成为创新主体十分重视并积极利用的主要方式，在保护技术、抢占目标市场等方面发挥重要作用。目前，新能源动力电池正极材料产业中专利诉讼量逐年递增，并且诉讼标的额也非常大，新能源动力电池正极材料专利的撰写质量、在该领域重点法条的适用标准就变得尤为关键。

基于上述需求，本书以新能源动力电池正极材料相关专利申请为研究对象，首先分析了新能源动力电池正极材料全球及在华整体专利态势，并对该领域重点申请人的专利申请情况、研发动向进行研究；其次统计、分析了新能源动力电池正极材料专利申请的撰写情况，特别对重点专利进行了深入分析，包括说明书和权利要求两个方面的内容，探讨了该领域专利申请的撰写特点，为专利申请撰写和法条适用提供参考和依据；最后从申请特点出发探究该领域专利法条的适用标准，主要通过实际的司法、无效、复审案件，对于新颖性、创造性、说明书公开不充分、修改超范围、权利要求不清楚、权利要求得不到说明书支持等问题相关的法条的审查标准进行研究，并给出了相应的撰写建议。

本书各章节的撰写人员如下：

前言、第1章、第3章3.3节、第5章5.2节（共8.1万字）由姚希完成，第2章2.1～2.3节、第5章5.3～5.4及5.6节（共7.5万字）由易方完成，第3章3.1～3.2节、第4章4.1～4.2节、第5章5.1节及5.5节（共7.6万字）由唐甜甜完成，第2章2.4节、第3章3.4节、第4章4.3节、第5章5.7节、第6章（共1.3万字）由聂春艳完成。

由于水平有限，书中错误之处在所难免，希望读者批评指正。

目 录

第 1 章

绪 论

1.1 研究背景

1.1.1 新能源汽车产业现状

当前，碳达峰、碳中和已经成为全球共识，清洁能源、储能成为当前的热点产业。同时，在能源和交通全面低碳化的趋势下，建设以新能源为主体的新型电力系统迫在眉睫。近年来，随着气候变化和环保意识的增强，各国政府相继出台多种鼓励措施，我国也持续发布新能源汽车的相关扶持政策（参见表 1-1-1），新能源汽车逐渐成为汽车产业的热门话题。

表 1-1-1 中国新能源汽车产业相关扶持政策

年份	文件	主要内容
2007	《新能源汽车生产准入管理规则》	明确规定以补贴的方式，开始扶持新能源汽车产业的发展
2011	《中华人民共和国国民经济和社会发展第十二个五年规划纲要》	将新能源汽车列为七大战略性新兴产业之一。新能源汽车产业重点发展插电式混合动力汽车、纯电动汽车和燃料电池汽车技术。战略性新兴产业增加值占国内生产总值比重达到8%左右
2011	《外商投资产业指导目录》	限制外商独资企业生产动力汽车电池
2012	《节能与新能源汽车产业发展规划（2012—2020年)》	到2020年，纯电动汽车和插电式混合动力汽车生产能力达200万辆，累计产销量超过500万辆
2015	《汽车动力蓄电池行业规范条件》企业目录	如果消费者购买的新能源汽车所采用的电池是目录内的企业所生产，那么就可以获得相对应的补贴

续表

年份	文件	主要内容
2020	《关于进一步完善新能源汽车推广应用财政补贴政策的通知》	2021 年保持现行购置补贴技术指标体系框架及门槛要求不变。地方可继续对新能源公交车给予购置补贴
2020	《新能源汽车产业发展规划（2021—2035 年)》	到 2025 年，纯电动乘用车新车平均电耗降至 12.0 千瓦时/百公里，新能源汽车新车销售量达到汽车新车销售总量的 20%左右。到 2035 年，纯电动汽车成为新销售车辆的主流，公共领域用车全面电动化
2020	《节能与新能源汽车技术路线图 2.0》	2025 年，我国新能源汽车总销量在汽车总销量中占比达到 20%，2030 年提升至 40%左右，2035 年达到 50%
2021	《中华人民共和国国民经济和社会发展第十四个五年规划和 2035 年远景目标纲要》	聚焦新能源、新能源汽车等新兴产业
2021	《关于加快推动新型储能发展的指导意见》	坚持储能技术多元化，推动锂离子电池等相对成熟新型储能技术成本持续下降和商业化规模应用
2021	《新型数据中心发展三年行动计划（2021—2023 年)》	支持探索利用锂电池作为数据中心多元化储能和备用电源装置，加强动力电池梯次利用产品推广应用

如图 1 - 1 - 1 所示，自 2015 年以来我国新能源汽车的产销量持续提升，2022 年新能源汽车产销量分别达到 705.8 万辆和 688.7 万辆，同比分别增长 99.1%和 95.6%。

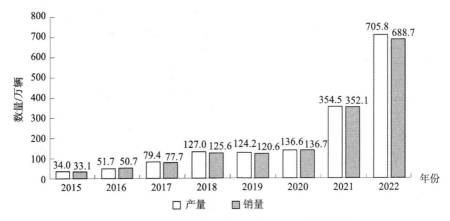

图 1 - 1 - 1　2015—2022 年中国新能源汽车产销量统计❶

2023 年 1 月 16 日，中国汽车流通协会汽车市场研究分会发布 2022 年新能源

---

❶ 参见 https：//business. sohu. com/a/674105862_121023892。

汽车细分品牌全年累计终端零售销量排行，共 149 个品牌累计在 2022 年完成了524.9 万辆的交强险上险量，整体同比增长 79.3%，全年在狭义乘用车市场的渗透率提升至 25.5%。从上险量角度来看，排名前 10 位的细分品牌总计销售354.5 万辆（参见表 1 - 1 - 2），占全年新能源汽车总销量的 67.5%，体现出行业集中度进一步增强。❶

表 1 - 1 - 2　2022 年新能源汽车品牌交强险上险量前 10 名❷

排名	品牌	2022 年上险量/辆	市场占有率/%
1	比亚迪	1583215	30.16
2	特斯拉	441697	8.42
3	上汽通用五菱	421153	8.02
4	广汽埃安	213838	4.07
5	长安汽车	188707	3.60
6	奇瑞新能源	174686	3.33
7	哪吒汽车	146099	2.78
8	理想汽车	135296	2.58
9	小鹏汽车	120449	2.29
10	蔚来	120158	2.29

1.1.2　新能源动力电池产业现状

新能源动力电池是指为电动汽车提供驱动动力的电池，其作为新能源汽车最重要的部件，被称为电动汽车的"心脏"，是新能源汽车产业链中的重中之重，也是制约新能源汽车推广使用的瓶颈。

其中正极材料是动力电池的核心，占电池成本的 40% 以上。按照正负极材料分类，常见的新能源动力电池可分为镍镉系列、镍氢系列、铅酸系列和锂离子电池系列。常见的锂离子电池正极材料有钴酸锂（$LiCoO_2$）、磷酸铁锂（$LiFePO_4$）和三元材料。传统的动力电池如铅酸电池、镍镉电池以及钴酸锂电池等已被淘汰，目前应用于纯电动汽车的动力电池主要有磷酸铁锂电池与三元锂电池两种。

---

❶ 参见 https：//news. smm. cn/news/102068798?ivk_sa = 1023197a。

❷ 参见 https：//news. smm. cn/news/102068798?ivk_sa = 1023197a。

新能源乘用车主要用三元电池，新能源客车主要用磷酸铁锂电池，低速车、电动自行车等以前用铅酸蓄电池的比较多，现在也趋向于使用磷酸铁锂电池和三元电池。

三元材料和磷酸铁锂各有优势。就能量密度而言，磷酸铁锂的理论比容量低于三元材料，三元电池的能量密度较高，在高端乘用车中应用较为普遍；从安全性上来看，三元材料通常在 180 ℃ 以上就会出现自燃，而磷酸铁锂在 250 ℃ 以上才会出现热现象，且燃烧不如三元材料剧烈，因此磷酸铁锂电池安全性相对较高，此外镍钴的成本较高，整体而言三元电池的制造成本高于磷酸铁锂电池。

磷酸铁锂具有高可逆比容量（170.0 mA·h/g）、充放电平台平稳、安全性高、循环寿命长、资源丰富且价格较低等独特优势，使其在储能系统和电动汽车（如公交车、低速电动汽车和其他专用车辆）中得到广泛的应用，成为最具研发和应用潜力的新一代锂离子电池正极材料。然而，磷酸铁锂正极材料固有的局限性，包括低电导率（$10^{-10} \sim 10^{-9}$ S/cm）和低 Li^+ 扩散率（$10^{-14} \sim 10^{-11}$ cm^2/s）限制了其在一定领域的应用。[1]

三元材料是以金属盐为原料，经过调配混料等多道工序制成三元材料前驱体，再与碳酸锂、氢氧化锂等锂盐混合，经过烧结、粉碎等工序制成的复合材料。与钴酸锂、锰酸锂、磷酸铁锂相比，三元材料在比容量、循环寿命、能量密度、安全性和成本等方面的综合优势更显著，因此被广泛应用于新能源纯电动乘用车和3C数码产品领域。近年来，基于提升能量密度的诉求，三元正极材料技术逐步向高镍化发展。

2022 年我国动力电池累计装车量为 294.6 GWh，三元电池累计装车量为 110.4 GWh，占总装车量的 37.5%。2022 年我国新能源汽车市场共计 57 家动力电池企业实现装车配套，动力电池装车量前 10 名的企业分别为宁德时代新能源科技股份有限公司（以下简称"宁德时代"）、比亚迪股份有限公司（以下简称"比亚迪"）、中创新航科技集团股份有限公司（以下简称"中创新航"）、国轩高科股份有限公司（以下简称"国轩高科"）、欣旺达电子股份有限公司（以下简称"欣旺达"）、惠州亿纬锂能股份有限公司（以下简称"亿纬锂能"）、蜂巢能源科技股份有限公司（以下简称"蜂巢能源"）、孚能科技（赣州）股份有限公

❶ WEI X F, GUAN Y B, ZHENG X H, et al. Improvement on High Rate Performance of LiFePO₄ Cathodes Using Graphene as a Conductive Agent [J]. Applied Surface Science, 2018, 440: 748 – 754.

司（以下简称"孚能科技"）、LG Energy Solution, Ltd.（以下简称"LG新能源"）、瑞浦兰钧能源股份有限公司（以下简称"瑞浦兰钧"）（参见表1-1-3）。前10家动力电池企业动力电池装车量为279.8 GWh，占总装车量的95.0%。

表1-1-3 2022年国内动力电池企业装车量前10名❶

排名	企业	装车量/GWh	占比/%
1	宁德时代	142.02	48.20
2	比亚迪	69.10	23.45
3	中创新航	19.24	6.53
4	国轩高科	13.30	4.52
5	欣旺达	7.73	2.62
6	亿纬锂能	7.18	2.44
7	蜂巢能源	6.10	2.07
8	孚能科技	5.36	1.82
9	LG新能源	5.20	1.77
10	瑞浦兰钧	4.52	1.53

2023年5月发布的动力电池相关数据显示，1—5月，我国动力电池累计产量233.5 GWh，累计同比增长34.7%，其中三元电池累计产量81.9 GWh，占总产量的35.1%，累计同比增长17.0%；1—5月，我国动力电池累计装车量119.2 GWh，累计同比增长43.5%，其中三元电池累计装车量37.9 GWh，占总装车量的31.8%，累计同比增长11.4%；1—5月，我国动力电池企业电池累计出口达45.9 GWh，其中三元电池累计出口32.8 GWh，占总出口的71.5%。

近年来，我国三元材料出货量稳步增长。中商产业研究院发布的《2023—2028年中国三元正极材料市场前景预测及未来发展趋势报告》显示，2022年中国三元材料出货量64万吨，同比增长47.6%（参见图1-1-2）。市场增长主要受国内三元动力电池增长以及海外出口需求双向带动。2023年上半年中国三元正极材料出货量约为29.9万吨，占整体市场的26%。2022年中国磷酸铁锂正极材料出货量111万吨，同比增长136.2%（参见图1-1-3）。2023年上半年（2023H1）中国磷酸铁锂正极材料出货量约为75.9万吨，占整体正极材料出货量的66%。

---

❶ 参见 https://m.askci.com/news/20230113/0938352100408.shtml。

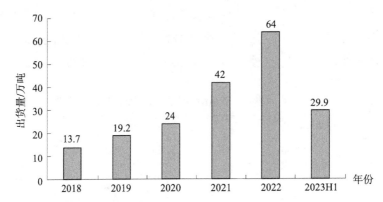

图1－1－2　2018—2023年上半年中国三元正极材料出货量统计❶

注：2023H1表示2023年上半年，下同。

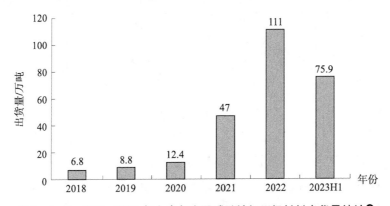

图1－1－3　2018—2023年上半年中国磷酸铁锂正极材料出货量统计❷

受三元锂离子电池的少数安全性事件影响，下游整车厂对磷酸铁锂电池需求有所上升。长期来看，乘用车终端市场消费者对新能源车的动力和续航能力的要求将持续提高，随着三元锂离子电池安全性能的改善，本已具备高能量密度优势的三元锂离子电池仍为动力电池的重要技术路线之一。

动力电池正极材料产业属于知识密集型产业，专利对该产业发展的影响不容小觑。

1995年，美国得克萨斯大学奥斯汀分校教授约翰·B.古德伊纳夫（John B. Goodenough）在实验室里发现了钴酸锂、锰酸锂之后锂离子电池的第三种正极材料——磷酸铁锂。当时实验室恰好来了一位访问学者——日本NTT公司的冈田重人。就在古德伊纳夫团队进一步攻克磷酸铁锂技术难关时，冈田重人将研究成

❶ 参见https：//m. askci. com/news/chanye/20231021/0859502697849990577725862. shtml。

❷ 参见https：//m. askci. com/news/chanye/20231021/0859502697849990577725862. shtml。

果传回了日本，并在当年 11 月申请了专利。

1 年后古德伊纳夫的团队才发现此事，他所在的得克萨斯大学急忙在美国申请了专利。之后，他又和美国科学家米歇尔·阿曼德（Michel Armand）共同申请了磷酸铁锂包碳技术的专利。前一项专利解决了电池的制造工艺难题，后一项专利解决了电池的商业化难题。这两项专利成为磷酸铁锂最核心的技术。得克萨斯大学将技术授权给几家实力雄厚的公司，比如魁北克水电公司和得克萨斯州化工巨头南方化学子公司 Phostech。这些公司拿到授权后，把 NTT 公司告上法庭，同时在全球疯狂抢注专利。2003 年，魁北克水电公司在中国申请了名为"控制尺寸的涂敷碳的氧化还原材料的合成方法"的专利（CN1478310A），并于 2008 年获得授权，其权利要求涵盖了磷酸铁锂电池的所有制造技术。当时，国内新能源车刚刚萌芽，该项专利的授权对国内动力电池厂商无疑是巨大的打击。2010 年，中国电池工业协会对该专利提出无效宣告请求。1 年后，原国家知识产权局专利复审委员会❶对修改后的 111 项权利要求宣告全部无效。该案经过二审，维持原判。

如今，磷酸铁锂电池的基础专利在 2017 年已经过了保护期，其余的碳包覆和碳热还原专利于 2022 年到期，现下磷酸铁锂电池的专利之路会顺畅很多。

三元正极材料镍钴锰酸锂（NCM）基础专利的源头还要追溯到 20 年前的北美大陆。2000 年，美国阿贡国家实验室的迈克尔·萨克雷（Michael Thackeray）博士率先提交了镍钴锰酸锂的第一件专利。3 个月后，3M 公司代表加拿大达尔豪西大学的杰夫·达恩（Jeff Dahn）博士（2016 年后与特斯拉合作）也提交了一件类似的专利。自此，两大专利流派确立下来。

巴斯夫后来获得了阿贡国家实验室的授权，但是当时阿贡国家实验室并没有预料到该专利将对整个行业产生的影响，因此只在美国国内进行了申请。因此目前巴斯夫与国内镍钴锰酸锂厂商签署的都是美国专利许可协议。3M 公司则在美国、中国、欧洲进行了广泛的专利布局，最终在 2017 年将 3 件核心专利彻底交给尤米科尔来打理。巴斯夫和尤米科尔之间在 2015 年还爆发过一场激烈的专利诉讼，美国国际贸易委员会（ITC）在 2016 年裁决尤米科尔败诉，两家最终于 2017 年和解，尤米科尔成为巴斯夫许可计划中的一员。这也形成了目前全球三元正极材料专利技术市场和出货量市场的竞争格局。巴斯夫和尤米科尔成为全球专利技术市场的主要许可提供方。

---

❶ 根据 2018 年 11 月国家知识产权局机构改革方案，专利复审委员会更名为专利局复审和无效审理部。

产业处于萌芽期和成长期时，企业通常将大量的成本投向研发设计、产线优化、市场开拓等，增量市场空间成为关注的焦点，企业彼此之间的知识产权纠纷相对较少；但当产业链相对成熟时，企业会面临核心技术的竞争，会以专利诉讼等手段来维护自身的合法利益，在"内卷"中保持市场竞争的有利地位。

目前，动力电池正极材料产业中专利诉讼量逐年递增，并且诉讼标的额也非常大。表1-1-4展示了近几年标的额比较大的专利侵权诉讼案件。

表1-1-4 近几年动力电池正极材料专利侵权诉讼案件列表

年份	案号	原告	被告	诉讼标的额/万元人民币	涉案专利
2022	（2022）苏05民初715、716号	尤米科尔	当升材料	11078	ZL201110242474.3 ZL201280023315.7
2021	（2021）浙02知民初328号	尤米科尔	容百科技	25245.52	ZL201580030857.0
2021	（2021）闽01民初1995号	宁德时代	中创新航	2030	ZL201810696957.2
2021	（2021）闽01民初2595号	宁德时代	中创新航	7800	ZL201910295365.4
2020	（2020）浙02知民初313号	尤米科尔	容百科技	6203.35	ZL201280008003.9
2020	（2020）闽民初1号	宁德时代	塔菲尔新能源	1200	ZL201521112402.7

诉讼的走向，主要取决于专利权的稳定性和被诉产品是否落入保护范围。因此，专利申请文件的撰写质量、在该领域重点法条的适用标准就变得尤为关键。

1.2 研究目标及方法

1.2.1 研究目标

本书旨在对新能源动力电池正极材料整体的专利申请情况进行分析，重点探究新能源动力电池正极材料领域专利申请的法条适用，为该领域的专利申请、专利审查提供参考。本书将首先分析新能源动力电池正极材料全球及在华整体专利态势，并对本领域重点申请人的专利申请情况、研发动向进行研究；其次分析该领域专利申请的撰写特点，为专利申请撰写和法条适用提供参考和依据；最后从申请特点出发探究该领域专利法条的适用标准，主要通过实际的司法、无效、复审案件，对于与新颖性、创造性、说明书公开不充分、修改超范围、权利要求不清楚、权利要求得不到说明书支持等问题相关的法条的审查标准进行研究，并给出相应的撰写建议。

1.2.2 专利分析检索及数据处理

1.2.2.1 数据来源及数据范围

本书采用的专利文献数据来自 HimmPat 数据库。

HimmPat 数据库收录全球 170 个国家、组织和地区自 1800 年以来超过 1.76 亿项专利技术，并翻译为高保真中文和英文版本，同时还在以每周 2 次、每周新增约 20 万项最新专利的速度不断更新。深度加工全球专利数据及相关增值数据 18 类专利信息，可提供多达 380 个搜索、统计、分析的维度，结合人工智能技术，实现专利信息的智能搜索、分析，帮助用户高效获取和利用专利信息。❶

本书的检索主题是新能源动力电池正极材料，检索截止日期为 2023 年 11 月 30 日。本书的研究对象是新能源动力电池正极材料相关专利技术，因此，检索的目标文献是所有新能源动力电池正极材料相关的专利文献。

需要说明的是，发明专利申请自申请日起（有优先权的，自优先权日起）满 18 个月公开，同时各数据库更新存在一定程度的时滞，因此，截至本书数据检索日，尚有 2022—2023 年提出的部分专利申请未被主要数据库收录，导致本书中 2022—2023 年的专利申请数据统计不完全，可能在一定程度上对分析结果有影响，后文对此现象和原因不再赘述。

1.2.2.2 数据检索过程

本书的检索由初步检索、全面检索和补充检索三个阶段构成，针对中文数据库和外文数据库分别单独进行检索，从而避免由于数据库自身特点造成的检索数据遗漏。

初步检索阶段：初步选择关键词和分类号对该技术主题进行检索，对检索到的专利文献关键词和分类号进行统计分析，并抽样对相关专利文献进行人工阅读，提炼关键词，初步检索阶段还要进行检索策略的调整、反馈，总结各检索要素在检索策略中所处的位置，在上述工作基础上制定全面检索策略。

全面检索阶段：选定精确关键词、扩展关键词、精确分类号和扩展分类号作

---

❶ 参见 http://www.himmpat.com。

为主要检索要素，合理采用检索策略及其搭配，充分利用截词符和算符，对该技术主题在外文和中文数据库进行全面而准确的检索。

补充检索阶段：在前面全面检索的基础上，统计本领域主要申请人，并结合企业关注的申请人，以申请人为入口进行补充检索，保证重要申请人检索数据的全面和完整。

1.2.2.3 术语约定

（1）同族专利

同一项发明在多个国家或地区申请专利而产生的一组内容相同或基本相同的专利文献出版物，称为一个专利族或同族专利。从技术角度看，属于同一专利族的多件专利申请可视为同一项技术。在本书中，针对技术和专利技术原创国进行分析时，对同族专利进行了合并统计；针对专利在国家或地区的公开情况进行分析时，对各件专利进行了单独统计。

（2）技术目标国

以专利申请的公开国家或地区来确定。

（3）技术来源国

以专利申请的首次申请优先权国别来确定，没有优先权的专利申请以该申请的最早申请国别来确定。

（4）项

同一项发明可能在多个国家或地区提出专利申请。HimmPat 数据库将这些相关的多件专利申请作为一条记录收录。在进行专利申请数量统计时，对于数据库中以一族数据的形式出现的一系列专利文献，计算为"1 项"。一般情况下，专利申请的项数对应于技术的数目。

（5）件

在进行专利申请数量统计时，例如为了分析申请人在不同国家、地区或组织所提出的专利申请的分布情况，将同族专利申请分开进行统计时，所得到的结果对应于申请的件数。一项专利申请可能对应于 1 件或多件专利申请。

（6）PCT

《专利合作条约》（Patent Cooperation Treaty）。

（7）IPC

国际专利分类。

（8）WIPO

世界知识产权组织。

（9）日期约定

依照最早优先权日确定每年的专利数量，无优先权日的以最早申请日为准。

（10）图表数据约定

由于 2022 年和 2023 年数据不完整，不能代表整体的专利申请趋势，因此，在与年份有关的趋势图中并未对 2022 年和 2023 年的数据进行完全分析。

1.2.3 新能源动力电池正极材料的专利申请特点分析

本书通过对新能源动力电池正极材料领域的整体及重点专利申请的申请文件（包括权利要求书和说明书的内容）进行数据统计与分析，研究该领域申请的特点，为专利申请和专利审查提供参考。

新能源动力电池正极材料因为其广泛的技术应用，属于高风险与高利润并存的行业。因而其专利申请也具有技术含量较高、技术更新较快、业内关注度较高的特点。我国在新能源领域的研究和开发的发展十分迅速，随着电动汽车和智能化电子设备的推广，作为能源动力的材料也广受关注，新能源动力电池正极材料的专利申请量与授权量增长较快，并且具有可预期的持续性。因此对该领域专利申请的特点分析具有比较充分的样本数据，具有实用的参考意义。

1.2.3.1 对说明书的分析

作为申请文件的重要组成部分，本书将首先分析说明书的撰写特点。

目前新能源动力电池正极材料专利申请的主要改进方向可以分为对材料组成的改进、对制备方法的改进和对应用器件的改进等几个方面。对于不同的技术领域，专利申请文件的侧重点也会有所区分，比如材料组成的改进侧重于元素组成配比、含量范围限定、微观结构分析等，制备方法的改进侧重于形成工艺步骤、工艺参数、形成机理等，而应用器件的改进侧重于结构组成、功能作用、应用效果等。

本书对说明书的分析内容主要包括对说明书的篇幅、附图的个数、技术方案的详略递进、技术效果的描述、实施例的个数和其支持覆盖的范围、效果数据的表征方式和表征数量、对比例的个数和对应的特征等方面进行统计分析，并分析说明书的撰写特点与权利要求的撰写特点之间的关联性，以进一步优化说明书的撰写方式，加强其对权利要求的解释和支持作用。

1.2.3.2 对权利要求的分析

本书对权利要求的分析将从不同类型权利要求的特点和不同技术领域的特点

两个方面进行。

权利要求的类型一般分为产品权利要求和方法权利要求，产品权利要求至少包括材料组成的产品和应用器件的产品，方法权利要求至少包括制备材料的方法和特定材料的用途，不同类型的权利要求的撰写要求不同。此外，新能源动力电池正极材料的不同改进方向会使得专利申请文件撰写的侧重点不同，而权利要求作为专利申请保护的重要依据，撰写方式的不同会更加明显。

另外，按照上述新能源动力电池正极材料的不同技术领域和权利要求类型对权利要求进行分析，通过权利要求的项数、独立权利要求字数、不同类型的个数、独立权利要求与从属权利要求的递进关系、不同类型权利要求的特征类型和数目对权利要求的撰写特点进行分析，确定新能源动力电池领域专利申请不同类型权利要求的撰写特点，并通过对申请文件和授权文件权利要求的对比，探讨权利要求撰写特点与专利质量的关系。

1.2.4　新能源动力电池正极材料专利的法条适用研究

本书通过梳理新能源动力电池正极材料领域的专利复审无效案件和专利诉讼案件，并依据该领域专利申请文件的撰写特点，分析该领域专利申请的审查标准，为新能源动力电池正极材料的专利申请文件撰写提供建议。所涉及的法条包括普遍受到关注的《专利法》第二十二条第二款涉及的新颖性、第三款涉及的创造性，《专利法》第二十六条第三款涉及的公开不充分、第四款涉及的权利要求不清楚和得不到说明书的支持和《专利法》第三十三条涉及的修改超范围。本书通过研究申请文件中引起关注的争议点，从为什么引起争议、如何避免影响权利要求的稳定性以及如何应用法条进行准确的判断等方面分析并给出建议。

第 2 章

技术概述

2.1 新能源动力电池正极材料技术概述

常见的新能源动力电池主要包括镍镉电池、镍氢电池、铅酸电池和锂离子电池等类型。本章主要对以上几种电池的主要技术进行介绍。

2.1.1 镍镉电池

2.1.1.1 工作原理

镍镉电池发展至今已有 100 多年，其主要优点有成本低、容量高、制造和维护工艺简单等，因此得到了广泛的应用。镍镉电池主要采用水溶性氢氧化钾（KOH）作为电解液，正极活性材料为碱式氧化镍（NiOOH），负极活性材料为镉（Cd），充放电的化学反应过程如下：

$$2NiOOH + Cd + 2H_2O \rightleftharpoons 2Ni(OH)_2 + Cd(OH)_2$$

放电反应过程中，镉被氧化生成氢氧化镉 [Cd(OH)$_2$]，碱式氧化镍被还原生成氢氧化镍 [Ni(OH)$_2$]，同时电解液失水；充电过程则相反，有水生成。整个充放电过程电解液基本不会被消耗。为了改善使用寿命和高温性能，通常在电解液中加入氧化锂；为了增强导电性，会在正极加入纯镍作为混合物；为了增强导线性能和化学活性，会在负极中混合少量水银。

2.1.1.2 特点

与其他电池相比，镍镉电池具有以下优点：

①快速充电：充电 15 min 可恢复 50% 的容量，充电 1 h 可恢复 100% 的容量，但一般情况下完全充电需要 6 h。深放电达 100%，自放电率低于 0.5%/天。可以在 -40 ~ 80 ℃ 的环境温度条件下正常工作[1]。

②使用成本：镍镉电池的成本为铅酸蓄电池的 4 ~ 5 倍，初始购置费用较高，但镍镉电池的比能量和循环使用寿命都大大高于铅酸蓄电池，在纯电动汽车实际使用的总费用上不会超过铅酸蓄电池，并且在混合动力汽车上得到广泛使用。

③记忆效应：电池在使用过程中，如果在放电不完全的情况下给电池充电，下次再放电时，电池不能放出全部电量，这叫作电池的记忆效应或者电池具有记忆性。镍镉电池具有记忆效应，若长期在镍镉电池容量未放完时进行充电，会造成电池可用容量下降。

④其他：镍镉电池的主要有害物质是重金属镉，高浓度的镉会在生物体内富集，最终通过食物链进入人体从而危及人体健康。因此在电池报废后必须进行有效的回收，目前已经能够实现，但回收成本高。

2.1.2 镍氢电池

2.1.2.1 工作原理

镍氢电池的发展始于 20 世纪 90 年代，是一种新型绿色电池，其主要特点在于高能量、长寿命、无污染等，在世界各国的新能源电池发展中占有重要的地位，也一度成为电动汽车动力电池领域的主流。镍氢电池采用氢氧化钾作为电解液，正极活性材料为氢氧化镍/碱式氧化镍，负极材料为储氢合金（M/MH），储氢合金包括 AB_2（如 $TiMn_2$）、AB_5（如 $LaNi_5$）、AB（如 TiFe）、A_2B（如 Mg_2Ni）等多种类型。储氢合金在储氢时体积膨胀，释放氢时体积缩小，其具有金属的部分物理特性如导电、导热等，但力学性能较差。镍氢电池的充放电反应过程如下：

正极：$MH + OH^- = M + H_2O + e^-$

负极：$NiOOH + H_2O + e^- = Ni(OH)_2 + OH^-$

总反应：$MH + NiOOH = M + Ni(OH)_2$

[1] 米晓彦，赵臻臻，赖武军. 新能源汽车技术 [M]. 北京：航空工业出版社，2017：24.

充电时，氢气被析出储存在容器中；放电时，氢气被消耗掉，由于在正极上产生的氢气会在负极上新化合，保持了体系的稳定；另外，负极活性物质氢以氢原子态能以相当高的密度吸附于储氢合金中，在这样的电极上，氢的吸附和释放能够平稳进行，放电性能比镍镉电池高。充放电过程中，水和氢氧根离子（OH⁻）只起到电荷传递作用而不参与电极反应，因此充放电过程中氢氧化钾电解液浓度不变。

2.1.2.2 特点

与其他电池相比，镍氢电池具有以下优点：

①循环性能：镍氢电池的比功率可达 900 W/kg（瞬时脉冲放电功率），比能量可达 95 Wh/kg 以上；循环寿命长，全充放电可达 1000 次（80% DOD），浅充放电达 5 万～10 万次（40% DOD）。

②使用环境：镍氢电池具有较好的低温放电特性，工作环境温度范围为 −30～55 ℃，自放电率很小，常温下，镍氢电池充足电后，放置 28 天，电池容量仍能保持在标称容量的 75%～85%。❶

③记忆效应：镍氢电池也具有记忆效应，若长期在镍氢电池容量未放完时进行充电，会造成电池可用容量下降。

④其他：镍氢电池是密封免维护电池，不含铅（Pb）、铬（Cr）、汞（Hg）等有毒物质，正常使用不会产生污染；但镍氢电池能量密度低、充电速率较慢，与铅酸电池相比价格较高。

2.1.3 铅酸电池

2.1.3.1 工作原理

铅酸电池的发展历史由来已久，目前仍然在汽车领域有着广泛的应用范围。铅酸电池的正极板材料一般为二氧化铅（PbO_2），负极板材料为海绵铅（Pb），电解液为稀硫酸（H_2SO_4）。铅酸电池中的化学反应过程如下：

正极：$Pb + HSO_4^- = PbSO_4 + H^+ + 2e^-$

负极：$PbO_2 + 3H^+ + HSO_4^- + 2e^- = PbSO_4 + 2H_2O$

❶ 魏玲，刘曙光. 新能源汽车技术与应用［M］. 北京：冶金工业出版社，2018：34.

总反应：$Pb + PbO_2 + 2H^+ + 2HSO_4^- = 2PbSO_4 + 2H_2O$

当铅酸电池放电时，负极板上的铅放出电子，并在负极板上生成硫酸铅（$PbSO_4$）；正极板的铅离子（Pb^{4+}）得到电子后，变成二价铅离子（Pb^{2+}）并与硫酸根离子（HSO_4^-）反应，在正极板上生成硫酸铅。放电过程中硫酸的浓度不断下降，正负极板上的硫酸铅增加，电池电动势降低。充电过程中，正极板上的硫酸铅与 H_2O 反应，在正极板上生成二氧化铅，负极板附近游离的 Pb^{2+} 转化为 Pb，并附在负极板上，电解液中硫酸的浓度不断上升，电池电动势升高。❶

2.1.3.2　特点

与其他电池相比，铅酸电池具有以下优点：

①使用性能：铅酸电池结构紧凑，抗震性能好，自放电率低，25 ℃下自放电率小于2%/月，寿命较长，可长期在浮充状态下使用，高低温性能较好，可在 −40 ∼ 50 ℃范围内使用。

②使用成本：铅酸电池价格低廉，制造及维护成本低，电池失效后的回收利用技术比价成熟，回收利用率高。

③记忆效应：无记忆效应，但在浅循环工作时容量会有损失。

④其他：与镍氢电池、锂离子电池相比，铅酸电池的比能量较低，一般为 30 ∼ 50 Wh/kg，制造过程中容易产生污染。目前铅酸电池的研究方向是通过材料和板栅设计的优化，提高能量密度和延长循环寿命。

2.1.4　锂离子电池

2.1.4.1　工作原理

锂离子电池是20世纪90年代发展起来的高容量可充电电池，其以工作电压高、能量密度大、比功率高、质量轻、体积小、循环寿命长、自放电率低、无记忆效应、绿色环保等诸多优点而广受关注并迅速发展，成为新一代动力电池的研究热门方向。所谓"摇椅式"锂离子二次电池，其工作原理（参见图 2−1−1）的主要过程是：电池处于充电状态时，锂离子从正极材料的晶格中脱离出，定向穿过电解液及其中隔膜，嵌入负极材料的晶格之中，同时，等电荷量的电子从外

---

❶ 杨世春，刘新华. 电动汽车动力电池建模与管理系统设计［M］. 武汉：华中科技大学出版社，2022：15.

部电路的电池负极定向传输到电池正极，以实现电荷平衡，正极由于锂离子的脱出呈现高电位的贫锂态，负极由于锂离子的嵌入呈现低电位的富锂态；电池处于放电状态时，与上述充电状态的过程和原理相反。上述充放电状态的循环使用，形成锂离子在电池正、负极材料的晶格中反复地嵌入/脱出，这种过程被形象地称为"摇椅模式"。

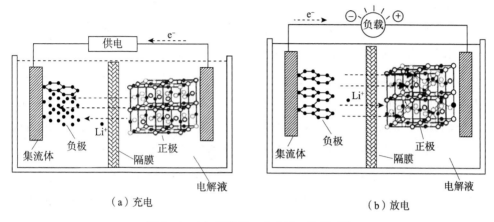

（a）充电 （b）放电

图 2-1-1 锂离子二次电池工作原理❶

正、负极材料通常为嵌入化合物（intercalation compound），嵌入化合物的晶体结构中存在空位，该空位可供锂离子占据，规则的晶格结构空位可以形成离子输送通道（例如一维、二维、三维），以利于锂离子的嵌入、脱出和运动。以正、负极材料分别为钴酸锂（$LiCoO_2$）和石墨的电池为例，正、负极材料均为典型的具有二维通道的嵌入化合物，其组成的锂离子电池，充电反应过程可以用化学式表达如下：

正极：$LiCoO_2 \rightarrow Li_{1-x}CoO_2 + xLi^+ + xe^-$

负极：$C + xLi^+ + xe^- \rightarrow Li_xC$

总反应：$LiCoO_2 + C \rightarrow Li_{1-x}CoO_2 + Li_xC$

2.1.4.2 失效机理

锂离子电池容量衰减的主要原因如下：

①正极材料溶解：以尖晶石为例，锰（Mn）的溶解沉积造成正极活性物质减少；溶解的锰游离到负极时会造成负极固体电解质界面（solid electrolyte inter-

❶ 谢凯，郑春满，洪晓斌. 新一代锂二次电池技术［M］. 北京：国防工业出版社，2013：14.

face，SEI）膜的不稳定，被破坏的 SEI 膜再形成时会消耗锂离子，造成锂离子的减少。锰的溶解是尖晶石锂离子电池容量衰减的重要原因。

②正极材料的相变化：一般认为，锂离子的正常脱嵌反应总是伴随着宿主结构摩尔体积的变化引起结构的膨胀与收缩，导致氧八面体偏离球对称性并成为变形的八面体构型。这种现象被称为 Jahn - Teller 效应（以下简称"J-T 效应"）。J-T 效应所导致的尖晶石结构不可逆转变，也是电池容量衰减的主要原因之一。J-T 效应多发生在过放电阶段；在起始材料中加入过量的锂，掺杂镍、钴、铝等的阳离子或者硫等的阴离子可以有效地抑制 J-T 效应。

③电解液的分解：锂离子电池中常用的电解液主要包括由各种有机碳酸酯（如 PC、EC、DMC、DEC 等）的混合物组成的溶剂以及由锂盐组成的电解质。在充电的条件下，电解液对含碳电极具有不稳定性，故会发生还原反应。电解液还原消耗了电解质及其溶剂，会对电池容量及循环寿命产生不良影响。

④过充电造成的容量损失：电池在过充电时会造成负极锂的沉积、电解液的氧化以及正极氧的损失。这些副反应或者消耗了活性物质，或者产生了不溶物质堵塞电极孔隙，或者正极氧损失导致高电压区的 J-T 效应，这些都会导致电池容量衰减。

⑤自放电：锂离子电池的自放电所导致的容量损失大部分是可逆的，只有一小部分是不可逆的。造成不可逆自放电的原因主要有锂离子的损失、电解液氧化产物堵塞电极微孔从而造成内阻增大等。

⑥SEI 界面膜的形成：因界面膜的形成而损失的锂离子将导致两极间容量平衡的改变，在最初的几次循环中就会使电池的容量下降。另外，界面膜的形成会使部分石墨粒子和整个电极发生隔离而失去活性，也会造成容量的损失。

⑦集流体的腐蚀：锂离子电池中的集流体材料常用铜和铝，两者都容易发生腐蚀，集流体的腐蚀会导致电内阻增加，从而造成容量损失。❶

2.1.4.3 特点

与其他电池相比，锂离子电池具有以下优点：

①电压高：单体电池工作电压高达 3.6 ～ 3.9 V，是镍镉电池、镍氢电池的 3 倍。

②比能量大：目前能达到的实际比能量为 150 ～ 200 Wh/kg 和 300 ～ 360 Wh/L，

---

❶ 黄勇. 动力电池及能源管理技术［M］. 重庆：重庆大学出版社，2021：51 - 52.

未来随着技术发展，比能量可高达 $250 \sim 300$ Wh/kg 和 400 Wh/L。

③循环寿命长：一般均可达到 500 次以上，甚至 $1000 \sim 2000$ 次。对于小电流放电的电器，电池的使用期限将使电器的竞争力倍增。

④安全性能好，无公害，无记忆效应：锂离子电池中不含镉、铅、汞等对环境有污染的元素，无记忆效应，安全性高。

⑤自放电小：室温下充满电的锂离子电池贮存 1 个月后的自放电率为 10% 左右，大大低于镍镉电池的 $25\% \sim 30\%$，镍氢电池的 $30\% \sim 35\%$。

⑥可快速充放电：1C 充电时容量可以达到标称容量的 80% 以上。

⑦工作温度范围高：工作温度为 $-25 \sim 45 ℃$，随着电解质和正极材料的改进，将来可扩宽到 $-40 \sim 70 ℃$。❶

2.1.4.4　主要类型

为了让电池具备更好的工作性能，根据锂离子正极材料的工作原理与特点，目前常见的能够应用于工业生产的正极材料主要包括钴酸锂、锰酸锂（$LiMn_2O_4$）、磷酸铁锂（$LiFePO_4$）、三元材料等。

（1）钴酸锂

索尼公司研发并投入使用的世界上第一款二次锂电池所采用的正极材料即为钴酸锂。索尼公司于 1989 年申请专利 "Non-aqueouselectrolytesecondarycell"（一种非水电解质二次电池），并在该专利基础上于 1990 年生产了以钴酸锂为正极材料、焦炭为负极材料的历史上第一个锂离子电池，后续又逐渐衍生研发出尖晶石型的锰酸锂、橄榄石结构的磷酸铁锂、层状结构的三元复合电极材料。

作为开创性的钴酸锂电池，优点在于合成方法简单、工作电压高并且倍率性能好，但是缺点也十分突出：①作为稀有金属的钴，自然界存量有限因此较为短缺，加上加工成本高导致价格昂贵，不适合作为工业生产需求量较大的原料；②比容量的利用率有限，工业级别的钴酸锂电池可使用比容量仅能够达到理论容量（275 mAh/g）的一半；③循环利用的寿命较短，一般仅有 500 次，相比较于后来出现的磷酸铁锂电池等其他电池差距较大；④安全性能不高，当钴酸锂电池处于过充电状态下时，容易发生锂枝晶短路，存在较大安全隐患。

因此，钴酸锂电池由于具有高电压、高压实的特点，在工业生产中主要应用于手机、平板等电子产品类型，而没有得到大范围的使用，后期逐渐被磷酸铁锂

---

❶ 谢凯，郑春满，洪晓斌. 新一代锂二次电池技术［M］. 北京：国防工业出版社，2013：14-15.

电池和三元材料电池取代。

（2）尖晶石型锰酸锂

尖晶石型锰酸锂属于立方晶系，晶体结构如图 2 - 1 - 2 所示。工作原理为：充放电时，锂离子在尖晶石结构的三维通道中扩散移动，它的理论容量为 148 mAh/g，实际充放电容量能够达到 120 mAh/g 左右。锰酸锂的主要优势在于锰在自然界存量较大，资源丰富且价格低廉，制造成本远低于钴酸锂；但也存在一些明显缺陷，主要是锰酸锂会溶解于电解液中含有的少量氟化氢（HF），而这种溶解具有自催化效应，会加速溶解的进程。锰酸锂在电解液中的溶解会导致材料的晶体结构发生崩塌，进而导致容量的衰减，在高温条件下，这种衰减更加剧烈。

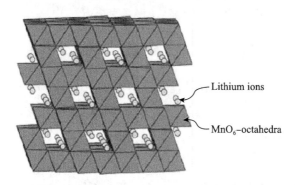

Lithium ions

MnO_6–octahedra

图 2 - 1 - 2　层状结构材料 $LiMn_2O_4$ 的晶体结构示意图❶

（3）橄榄石型磷酸铁锂

橄榄石型磷酸铁锂为六方密堆积结构，属于正交晶系，晶体结构如图 2 - 1 - 3 所示。工作原理为：充放电时，锂离子在整个结构框架的一维通道中扩散，这导致磷酸铁锂材料的锂离子传输性能较差，理论容量为 170 mAh/g，脱嵌出锂离子后形成的磷酸铁（$FePO_4$）物相中的配位关系几乎没有发生变化，使得材料在锂离子的嵌入脱出过程中能够保持稳定。磷酸铁锂的主要优势在于原料丰富，易于获得，电压平台稳定，循环性能及安全性能好；但也存在一些缺陷，一方面，磷酸铁锂的压实密度较低，使得在大型锂电池上应用时没有体积能量密度和质量能量密度上的优势；另一方面，材料本身的离子和电子的传导性较差，这是由材料本身晶体结构决定的，虽然通过一定的包覆手段能够有所提高，但在某些特定的条件下（如低温时）会尤其明显。

❶　OHZUKU T, BRODD R J. An overview of positive – electrode materials for advanced lithium – ion batteries [J]. Journal of Power Sources, 2007, 174 (2)：453.

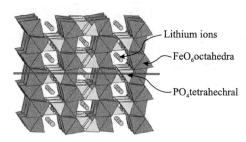

图2-1-3 层状结构材料 LiFePO₄ 的晶体结构示意图❶

（4）三元正极材料

三元正极材料一般指三元层状镍钴锰酸锂正极材料，是对钴酸锂（C）、锰酸锂（M）和镍酸锂（N）三种锂离子正极材料的综合，通过三种过渡元素存在的协同效应，来突显综合性能的优点。其晶体结构如图2-1-4所示。

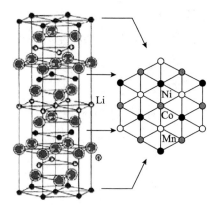

图2-1-4 三元正极材料的晶体结构示意图❷

镍是主要的活性元素，化合价位于 +2 和 +4 之间，大部分为 +2 价，钴离子多数以 +3 价存在，锰离子始终为 +4 价。与 LiNiO₂ 相比，钴的掺杂有利于提高材料结构的稳定性，Mn^{4+} 不发生化合价的变化，可以改善三元材料的安全性和热稳定性。其中，镍和钴是主要的活性材料，锰在充放电过程中维持材料的稳定性，一般不参与电化学反应。考虑到钴的价格以及锰的非活性或弱活性，钴、锰含量应逐渐降低，镍含量应不断提高。阳离子混排现象在高温时更加明显，可通过在煅烧结束时减慢降温的速率并且继续通氧来抑制这种现象。❸

❶ OHZUKU T, BRODD R J. An overview of positive-electrode materials for advanced lithium-ion batteries [J]. Journal of Power Sources, 2007, 174: 453.

❷ 朱永明，高鹏，王桢. 锂离子电池正极材料合成表征及操作实例 [M]. 哈尔滨：哈尔滨工业大学出版社，2021：14.

❸ 朱永明，高鹏，王桢. 锂离子电池正极材料合成表征及操作实例 [M]. 哈尔滨：哈尔滨工业大学出版社，2021：15.

现阶段已经量产的三元正极材料锂离子电池主要包括：$LiNi_{1/3}Co_{1/3}Mn_{1/3}O_2$（111）、$LiNi_{0.4}Co_{0.2}Mn_{0.4}O_2$（424）、$LiNi_{0.5}Co_{0.2}Mn_{0.3}O_2$（523）。

磷酸铁锂和三元正极材料目前是新能源动力电池正极材料的主流发展方向，因此下文将对这两类正极材料作进一步的介绍。

2.2 磷酸铁锂材料技术概述

2.2.1 合成方法

制备磷酸铁锂的合成方法较多，主要有固相合成法、碳热还原法、溶胶-凝胶法、共沉淀法、水热法等。

①固相合成法：将包括铁源、锂源、磷源在内的原料按照一定比例混合均匀、粉碎，在惰性气体保护下于 $300 \sim 350\ ℃$ 预烧 $5 \sim 12\ h$ 以分解磷酸盐、草酸盐或乙酸盐，然后在 $550 \sim 700\ ℃$ 煅烧 $10 \sim 20\ h$。该方法的关键之一是将原料混合均匀，因此必须在热处理前对原料进行机械研磨。该方法设备和工艺简单，制备调节容易控制，适合工业化生产；但是存在物相不均匀，产物颗粒大、粒度分布范围宽等缺点。

②碳热还原法：以廉价的三价铁作为铁源，在其中混合过量的碳，高温条件下铁源、锂源、磷源粉料按一定比例混合，以氩气保护，$750\ ℃$ 左右温度烧结，利用碳在高温下将三价铁还原到二价铁，合理解决了原料混合加工过程中可能引发的氧化还原反应，使得制备过程更合理，同时也改善了材料的导电性；但是该方法的缺点是合成条件苛刻，合成时间长。

③溶胶-凝胶法：制备流程为先在氢氧化锂和硝酸铁 $[Fe(NO_3)_3]$ 中加入还原剂，然后加入磷酸，通过氨水调节 pH，将 $60\ ℃$ 下获得的凝胶进行热处理，得到磷酸铁锂。这个方法具有前驱体溶液化学均匀性好、凝胶热处理温度低、粉体颗粒粒径小且分布均匀、粉体焙烧性能好、反应过程易于控制、设备简单等优点，但是干燥收缩大，工业化生产难度较大，合成周期长，同时用到大量有机溶剂从而造成成本的提高和原料的浪费。[❶]

④共沉淀法：以氢氧化锂、磷酸氢二铵 $[(NH_4)_2HPO_4]$、硫酸亚铁（$FeSO_4$）

---

❶ 李强. 新能源系统储能原理与技术 [M]. 北京：机械工业出版社，2022：33.

等为原料配置成溶液，通过混合搅拌或调解 pH 等方法共沉淀，达到前驱体的均匀混合，经过烧结合成纳米级的磷酸铁锂粉体。共沉淀法反应后需沉淀、过滤、洗涤等，工艺相对复杂。

⑤水热法：以硫酸亚铁、磷酸和氢氧化锂为起始原料，分别配置成溶液，并按照一定比例混合，在高压釜中加热到 220 ℃保温一定时间，得到磷酸铁锂纳米棒状晶体，产品纯度较高。水热法工艺过程简单，但需要高温高压设备，造价高。❶

2.2.2 改性方法

磷酸铁锂材料的电子导电性和离子迁移率较低，因此需要进行相应的改性以用作电池正极材料。主要的改性方法是表面包覆、离子掺杂和纳米化。

①表面包覆：一般选择碳包覆，也可以采用其他导电物质进行包覆。在原料中均匀混合碳或者有机物，经过高温煅烧，或者先合成纯相的磷酸铁锂，再加入有机物经过高温分解，最终在磷酸铁锂表面形成碳包覆层。碳包覆可以控制粒子晶体的生长，得到均一的颗粒，同时表面包覆后能够使得锂离子的传输更加容易，从而提高电化学性能。电池充放电中可能会产生氟化氢，造成磷酸铁锂的分解，而碳包覆可以有效阻碍氟化氢的作用。

②离子掺杂：也叫元素掺杂，主要是通过制造材料晶格缺陷调节材料的导电性和导离子率，通过元素掺杂改变磷酸铁锂的晶体结构，常以高价离子 Ti^{4+}、Zr^{4+}、Al^{3+}、Nb^{5+} 等来取代 Li^+，制备具有高价金属离子掺杂的固溶体。经过金属阳离子掺杂后的磷酸铁锂导电率能提高 10^8 倍，材料的电化学性能得以提高。

③纳米化：由于磷酸铁锂中 Li^+ 的扩散系数是一定的，材料粒径大小影响其扩散能力，Li^+ 的扩散能力与其扩散系数成正比，与材料的长度平方成反比（D/r^2），因此抑制颗粒的长大会减小离子的扩散半径、电子的传导距离。同样，经过调控磷酸铁锂的结晶度、形貌等，可以细化晶粒，提高材料的离子、电子传输性能。纳米磷酸铁锂一般可以通过控制煅烧温度、添加成核促进剂或者使用均相前驱体来制备，但存在容易团聚、振实密度低、比表面积大、易吸潮等问题。❷

---

❶ 云斯宁. 新型能源材料与器件［M］. 北京：中国建材工业出版社，2019：286.

❷ 董鹏，孟奇，张英杰. 废旧锂离子电池再生利用新技术［M］. 北京：冶金工业出版社，2022：10－11.

2.3 三元正极材料技术概述

2.3.1 合成方法

目前三元正极材料的合成方法主要包括高温固相法、微波合成法、共沉淀法、溶胶–凝胶法、喷雾干燥法等。

①高温固相法：将一定比例的锂源和锰、镍、钴的固体原料混合研磨，在高温环境下烧结，发生固相反应，得到所需的正极材料。该方法的特点是工艺简单、成本低廉、产量大，但对温度的要求较高，难以获得晶相颗粒粒径均一、电化学性能稳定的材料，因此高温固相法的关键在于控制前驱体的粒度和活性，以及对加热时间和反应温度的控制。

②微波合成法：相对于高温固相法而言，其主要区别在于将原料在微波场中进行固相合成反应，其优势在于通过超高频的电场来激发分子的高速振动形成摩擦热能，提高了固相反应的速率，缩短了反应时间。

③共沉淀法：采用特定浓度的沉淀剂、络合剂，控制适合的 pH，在一定的温度下搅拌得到前驱体，然后与锂源混合焙烧得到三元材料，其特征在于可以使原料达到分子级的混合效果，并能够在一定程度上控制产品的粒径、形貌等。

④溶胶–凝胶法：将原料水解在溶液以实现缩合反应，形成溶胶，然后使溶胶陈化聚合，形成具有一定空间结构的凝胶，焙烧后得到性能优异的电极材料，该法可以合成粒径较小的三元材料，并可以降低烧结温度和减少时间，但是方法操作较为烦琐、成本较高。

⑤喷雾干燥法：将锂源和镍钴锰的酸盐共溶于去离子水，然后通过喷雾进行干燥，高温烧结后得到三元材料，该法制备时间短、烧结温度相对较低，可以制备出粒径分布较窄的球形粉体材料。

2.3.2 元素掺杂

除了合成方法对三元正极材料的产物性能有影响以外，向三元正极材料中掺杂适量的其他元素，对正极材料进行改性，可以获得热性能、循环性能和倍率性能更加优异、结构更加稳定的产物，但是掺杂后的材料可能会由于活性成分的损失导致放电容量减少，也会对锂离子的扩散有相对的阻碍作用。目前采用的掺杂元素主要涉及铝（Al）、铁、镁（Mg）、铬、氟（F）、硼（B）、钼（Mo）、锆（Zr）等。

①铝离子掺杂在三元改性材料的研究中占有相当比例，一般是在研磨中引入铝元素后烧结，得到的产物主要是铝替代部分的钴或者锰，如获得 $LiNi_{1/3}Co_{1/3-x}Al_xMn_{1/3}O_2$ 或 $LiNi_{1/3}Co_{1/3}Mn_{1/3-x}Al_xO_2$。铝含量的上升，对晶格常数的影响较小，不会对层状材料的结构产生显著影响，电化学性能和倍率性能都得到改善，掺杂量较小时能够提高材料的容量保持率，但是掺杂量过大，难以保证铝元素在材料中均匀分布，导致容量保持率反向降低。

②铁离子掺杂一般是在共沉淀法中引入铁元素，得到的产物主要是铁替代部分的钴或镍，如获得 $LiNi_{1/3}Co_{1/3-x}Fe_xMn_{1/3}O_2$ 或 $LiNi_{1/3-x}Fe_xCo_{1/3}Mn_{1/3}O_2$。铁掺杂后正极材料结构更加稳定，有利于锂离子的嵌入和脱出，材料的容量保持率大于未掺杂的材料容量保持率，但当铁离子的掺杂程度过大，充放电容量会有所降低。

③镁离子的离子半径与过渡金属离子半径接近，能够有效抑制阳离子混排现象，可以采用共沉淀法制备得到镁掺杂的球形三元正极材料 $LiNi_{1/3-z}Co_{1/3-z}Mn_{1/3-z}Mg_zO_2$（$z=0$，0.04），有分析结果表明其可以降低锂和镍的混排以及提高材料的振实密度，掺杂后的电极材料具有更好的结构完整性和热稳定性。

④铬离子掺杂可应用于共沉淀法，如获得具有不同铬含量的 $LiNi_{0.35}Co_{0.3-x}Cr_xMn_{0.35}O_2$、$LiNi_{1/3}Co_{1/3-x}Mn_{1/3}Cr_xO_2$（$x=0.05$）等，产物的循环性能得到显著提高，可能是由于掺杂后的材料颗粒度的增大和电荷转移电阻增加的缘故。

⑤氟离子掺杂与以上几种离子掺杂不同，其取代的是氧（O）元素，其得到的产物如 $LiNi_{1/3}Co_{1/3}Mn_{1/3}O_{2-z}F_z$（$z=0.05$，0.1），Li－F 键使氧原子层排斥力增大，晶格常数增大，材料的结构更加稳定，增大了材料的粒径和振实密度，改善主要表现为电极材料循环性能和倍率性能提升。

其他元素以及多元素的掺杂也主要是从晶体结构稳定性、循环性能、倍率性能、放电容量等方面对三元正极材料进行改进。

2.3.3 包覆技术

对三元正极材料进行改性的另一技术是包覆，即通过对锂离子电池正极材料进行表面修饰来提高材料的循环性能、倍率性能和热稳定性等。主要的表面包覆材料包括碳、金属氧化物、金属盐类，一般与电解液的反应活性较低，通过包覆层材料在电极材料表面形成保护膜，阻止电极材料与电解液之间的副反应，同时促进电荷传导。

①氧化铝（Al_2O_3）包覆主要是利用其能够与电解液中的微量氟化氢反应，有效防止电极活性材料与氟化氢反应导致的对电极材料性能的影响，通过溶胶－凝胶法制备的氧化铝包覆电极材料，并没有改变晶体结构，在提高循环寿命和倍率性能的同时，热稳定性能也有极大改善。溶胶－凝胶法和微波合成法能够得到循环性能改善显著的包覆电极材料。

②二氧化锆（ZrO_2）包覆能够减少活性材料与电解液的直接接触，防止氟化氢腐蚀电极，采用共沉淀法可以获得包覆二氧化锆的三元正极材料，电极材料的循环稳定性显著增强，循环性能有显著提高。

③二氧化钛（TiO_2）包覆可以采用在分散的三元前驱体乙醇溶液中加入钛源后水解，形成一层无定形态的二氧化钛包覆在电极材料表面，电极材料的循环稳定性得到显著提升，主要是由于包覆后并没有影响电极材料的晶格常数，修饰后的电极材料有着更好的层状结构。

④碳包覆可以通过热解聚乙烯醇的方式获得不同碳包覆量的电极材料，其优势在于价格低、包覆容易、电化学性能优异。但是当碳包覆量过大时，电极材料的容量保持率会下降，可能是由于包覆增加了锂离子嵌入或脱出的路径，减少了锂离子的脱出量。

其他材料如银（Ag）、氟化锶（SrF_2）、氟化铝（AlF_3）等包覆改性主要提升了循环性能和倍率性能等，并且能够显著减小电池的极化效应等。

2.4 本章小结

常见的新能源动力电池主要包括镍镉电池、镍氢电池、铅酸电池和锂离子电池等几种类型。镍镉电池起步最早，具有成本低、容量高等特点，但是其具有记忆效应，更主要的是其中的重金属镉是有害物质，在电池报废后必须进行有效的回收，回收成本大大提高。镍氢电池的发展始于20世纪90年代，是一种新型绿色电池，具有高能量、长寿命、无污染等优点，但是其也有记忆效应，并且能量密度低、充电速率较慢。铅酸电池具有结构紧凑、抗震性能好、自放电率低、高低温性能好、成本低廉等优势，比能量相对较低。锂离子电池具有工作电压高、能量密度大、比功率高、质量轻、体积小、循环寿命长、自放电率低、无记忆效应、绿色环保等诸多优点，目前纯电动汽车动力电池采用的锂离子正极材料为磷酸铁锂和三元材料。

磷酸铁锂的合成方法主要有固相合成法、碳热还原法、溶胶－凝胶法、共沉淀法、水热法、溶剂热法等。通常采用表面包覆、离子掺杂和纳米化来对磷酸铁锂进行改性。一般采用碳等导电物质进行包覆，降低锂离子的传输难度，提高电化学性能。离子掺杂则采用的是高价离子 Ti^{4+}、Zr^{4+}、Al^{3+}、Nb^{5+} 等来取代 Li^+，制造出晶格缺陷以提高导电性和导离子率。纳米化则可以减小离子的扩散半径、电子的传导距离。

三元正极材料的合成方法主要包括高温固相法、微波合成法、共沉淀法、溶胶－凝胶法、喷雾干燥法等。向三元正极材料中掺杂适量的其他元素，对正极材料进行改性，可以获得热性能、循环性能和倍率性能更加优异、结构更加稳定的产物，目前采用的掺杂元素主要涉及铝、铁、镁、铬、氟、硼、钼、锆等。还可以通过对锂离子电池正极材料进行包覆来提高材料的循环性能、倍率性能和热稳定性等。主要的表面包覆材料包括碳、金属氧化物、金属盐类，一般与电解液的反应活性较低，通过包覆层材料在电极材料表面形成保护膜，阻止电极材料与电解液之间的副反应，同时促进电荷传导。

第 **3** 章

新能源动力电池正极材料专利申请态势

本章通过对全球和在华的新能源动力电池正极材料的专利申请态势进行宏观数据分析，包括对专利申请总量、主要申请人的申请量、专利技术来源国、技术目标国的研究，确定该领域专利申请的发展历程，有助于了解新能源动力电池正极材料的整体技术发展状况。

3.1 全球专利申请总体情况

3.1.1 全球专利申请态势分析

通过对相关专利数据库进行检索和筛选，可以看出全球新能源动力电池正极材料相关专利申请的发展趋势（参见图 3 – 1 – 1）。

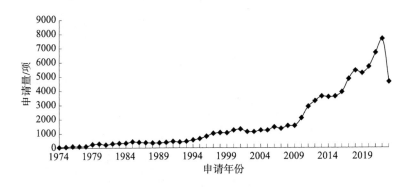

图 3 – 1 – 1 新能源动力电池正极材料全球专利申请态势

从图 3 – 1 – 1 中可以看出，自 20 世纪 70 年代以来，新能源动力电池正极材料经历了约 50 年的发展历程，其历程大致可以分为三个发展阶段。

（1）技术萌芽期（1974—1993 年）

动力电池本质上是一种可充电电池，而可充电电池的发展历史最早可追溯到 19 世纪。[1] 1859 年，法国科学家发明了铅酸蓄电池，其是世界上第一种可充电电池。1899 年，瑞典科学家发明了另一种可充电电池，为使用碱性电解液的镍镉电池。但是这些充电电池受到材料、结构和工艺等方面的限制，其各方面性能作为动力电池还不够理想。直到 20 世纪 70 年代，锂离子电池和镍氢电池相继问世以后，电池的研发生产周期大大缩短，各方面性能也快速提高，逐渐应用于航空航天、国防军事、交通运输以及电子移动设备等领域。

从图 3-1-1 中可以看到，20 世纪 70 年代至 1993 年，新能源动力电池正极材料的专利申请量从最初的一年 50 余项逐步增长，年增长量从 20 项逐步增加，大部分年份的年增长量未超过 50 项，受经济形势的影响，有些年份的申请量出现了负增长，这 20 年间的专利申请量在 1993 年达到最大值，也仅为 462 项，这一阶段技术研发处于萌芽期。

（2）稳步发展期（1994—2009 年）

对于新能源动力电池来说，正极材料的研发是其关键的一部分，很大程度上决定着动力电池的整体性能。早期的动力电池的性能与内燃机相比差距较大。铅酸蓄电池能量密度较低，且因为铅排放污染环境，不符合电动汽车的环保理念。镍镉电池虽然能量密度和循环寿命均优于铅酸蓄电池，但镉金属同样具有较大毒性。相对而言，后来的镍氢电池污染较小，且综合性能优于以上两代动力电池，在 20 世纪 90 年代，被批量应用于很多知名大型汽车品牌的混合动力车型；但镍氢电池存在充电发热严重、大电流充电性能较差等问题。与之相比，锂离子电池具有更高的能量密度和功率密度，且在循环寿命、自放电率和环境友好等方面均表现更优，逐渐成为电动汽车的首选动力电池。

锂离子电池自 20 世纪 90 年代作为动力电池进入实用阶段，其以工作电压高、能量密度大、比功率高、质量轻、体积小、循环寿命长、自放电率低、无记忆效应、绿色环保等诸多优点而广受关注并迅速发展，尤其在电动汽车领域发挥着越来越重要的作用，成为新一代动力电池的热门研究方向。

从图 3-1-1 中可以看出，1994—2009 年的申请量相对于上一阶段呈现出明显增长，从 557 项/年增长至 1556 项/年，15 年间年专利申请量增至三倍，增长量持续稳定。在工业实用性推广的背景下，新能源动力电池正极材料的技术研发

---

[1]　熊瑞. 动力电池管理系统核心算法［M］. 2 版. 北京：机械工业出版社，2022：9.

进入稳步发展期。

（3）快速增长期（2010 年之后）

随着世界各国环保意识的增强，大力发展清洁能源成为趋势，各国均出台政策大力推动新能源产业发展。我国的新能源汽车行业发展劲头迅猛，销量持续增长。2020 年出台的《新能源汽车产业发展规划（2021—2035 年）》提出如下发展愿景：到 2025 年，国内新能源汽车新车销售量达到汽车新车销售总量的 20% 左右；到 2035 年，纯电动汽车成为新销售车辆的主流，公共领域用车全面电动化。

由于国内新能源汽车的迅速发展，企业也不断加大在研发方面的投入力度，推动动力电池技术日趋成熟。根据 EVTank 发布的《中国锂离子电池行业发展白皮书（2021 年）》公布的数据，汽车用动力锂电池的价格由 2011 年的 3800 元/kWh 下降到 2020 年的 578 元/kWh，量产电池的能量密度由 2011 年的 80 Wh/kg 上升到 2020 年的 270 Wh/kg，近 10 年来，动力电池的成本大幅下降、性能显著提升，技术研发的成果助推产业发展。

从图 3-1-1 中可以看出，2010 年，新能源动力电池正极材料的专利申请量首次突破了 2000 项/年，并且快速攀升，至 2021 年的专利申请量已经达到 6687 项/年，在 2022 年数据还未完全公开的情况下，也已经突破 2021 年的申请量，达到了 7658 项/年。

3.1.2 全球主要申请人构成分析

图 3-1-2 显示出全球新能源动力电池正极材料相关专利申请人的排名状况，该图宏观地反映了全球排名前 10 位的申请人的申请数量情况。

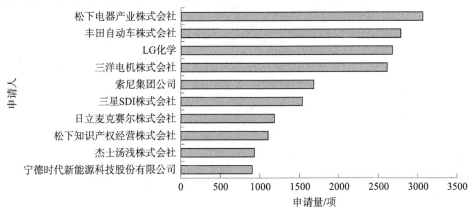

图 3-1-2 新能源动力电池正极材料专利全球排名前 10 位的申请人

从全球主要申请人的国别构成来看，日本的专利申请人排名占据绝对优势。全球新能源动力电池正极材料专利申请量排名前 10 位的申请人中，有 7 名为日本企业，有 2 名为韩国企业，中国企业宁德时代排在第 10 位。这说明日本的企业在新能源动力电池正极材料这一技术领域的研发和专利布局走在世界前列，松下电器产业株式会社作为首批实现锂电池实用化和商业化企业，在这一领域占据重要位置。而韩国企业 LG 化学和三星 SDI 株式会社均为世界范围内主要的动力电池供应商，在全球市场占据领先位置。国内电池制造商宁德时代作为后起之秀，受益于近年来国内新能源汽车的快速发展，2018 年该公司以 23.52 GWh 的动力电池装机总电量居全国之首，并与松下电器、LG 化学、三星 SDI 株式会社一起成为全球重要的跨国电池生产商。

3.1.3 技术来源国和技术目标国分析

从图 3-1-3 中的技术来源国分布中可以看出，日本有 35797 项动力电池正极材料相关专利申请，申请数量位居全球第一，占全球动力电池正极材料相关专利申请总量的 41.8%；中国的申请数量略低于日本，以 39.7% 的占比位列第二名；接下来是韩国和美国，申请数量分别占比 10.8% 和 4.6%。可以看出，新能源动力电池正极材料的主要技术来源国为日本、中国、韩国和美国，在新能源动力电池领域表现出较强的技术力量，其他国家或地区的占比仅为 3%。

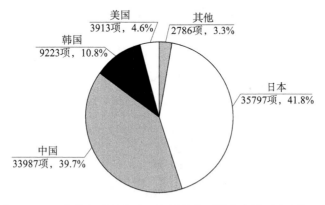

图 3-1-3 新能源动力电池正极材料专利技术来源国分布情况❶

从图 3-1-4 所示的技术目标国分布情况可以看出，新能源动力电池正极材

---

❶ 因四舍五入，导致各占比之和不等于 100%。

料的技术目标国主要为中国、日本、美国、韩国以及欧洲地区。中国作为最大的新能源汽车产销国，也是最大的技术目标国，2023 年国内新能源汽车销量达到829.2 万辆。中国动力电池企业依靠国内市场，业绩增长势头惊人。2023 年全球动力电池装机量的前 10 名中，有 6 家为中国企业。为了在中国的新能源汽车市场上占有一席之地，以松下、LG 化学和三星 SDI 为代表的日本和韩国企业在中国进一步加强技术布局和生产配套。

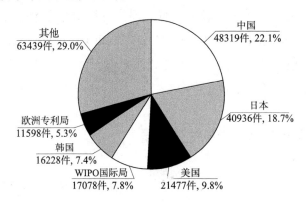

图 3 - 1 - 4　新能源动力电池正极材料专利技术目标国分布情况❶

3.2　在华专利申请总体情况

上一节介绍了新能源动力电池正极材料的全球申请总体趋势，本节将针对该领域在华申请的情况进行分析。

3.2.1　在华专利申请态势分析

近 10 年来，我国新能源汽车的发展势头迅猛，推动了国内动力电池正极材料研发的不断突破，取得了一系列创新性的研究成果。在全球动力电池企业中，我国企业凭借着国内强劲的市场优势，陆续超越国外的动力电池企业，成为装机量位于世界前列的动力电池供货商；随着产销量的增长，企业生产和研发投入也不断加大，以确保在技术更新换代较为迅速的新能源动力电池领域占有一席之地。

---

❶　因四舍五入，导致各占比之和不等于 100%。

截至 2023 年，新能源动力电池正极材料的在华申请总量为 42335 件，在华申请的总体趋势与全球申请趋势类似，经历了技术萌芽期后，经过稳步发展期，自 2010 年起进入快速增长期（参见图 3 − 2 − 1）。

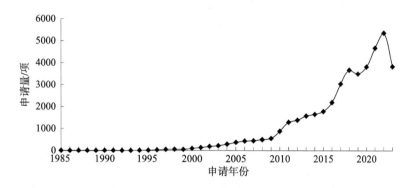

图 3 − 2 − 1　新能源动力电池正极材料在华专利申请态势

新能源动力电池正极材料的专利申请自 20 世纪 70 年代就已经陆续出现，到 1985 年，全球的累计申请量已经达到 2630 件。相比而言，我国在该领域的起步较晚，1985 年才开始陆续出现相关专利申请，在 1993 年前的技术萌芽期，年申请量均为个位数，并且申请人以国外企业为主。自 1994 年起，年申请量突破个位数，并进入稳步发展期，至 2009 年，新能源动力电池正极材料的在华申请量达到了 563 件/年，在当年全球申请量的占比为 36%，说明中国市场在新能源动力电池领域的重要性逐渐凸显，全球相关企业均积极在中国市场布局，国内企业也在快速成长。2011 年，新能源动力电池正极材料相关专利在华申请量突破 1000 件/年，随着中国快速发展成为新能源动力汽车的全球主要市场，该领域的在华专利申请量呈现爆发式增长，至 2021 年达到 4680 件/年，可见该领域当年全球申请专利的技术中有 70% 在华作了专利布局。

3.2.2　在华申请技术来源分析

图 3 − 2 − 2 给出了新能源动力电池正极材料领域国内外申请人在华申请量总体占比分析。可以看出，国内申请人占比最大，以 33173 件占总量的 78.4%，说明虽然国内企业起步较晚，但依靠国内新能源动力汽车发展的强劲势头，在动力电池正极材料领域的研发投入也迅速跟进，累计申请量已经远超国外申请人。

在国外申请人中，日本申请人的占比较高，为 6510 件，在华申请总量占比

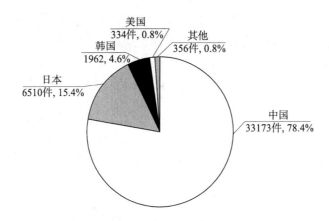

图3-2-2　新能源动力电池正极材料在华专利技术来源国分布情况

15.4%，远高于其他国外申请人，这与日本企业在动力电池领域一直以来的技术领先地位密切相关。而韩国企业以1962件、占比4.6%的申请量仅次于日本，这与日本和韩国在全球动力电池市场中的地位相符。美国申请人在华申请量为334件，占比0.8%，也占有一席之地；其他国家申请人总计356件，占比0.8%，相对比较分散。

3.2.3　在华主要申请人构成分析

图3-2-3给出了在华专利申请的申请人总体排名情况。由于国内新能源动力汽车市场的强力推动，目前国内的新能源动力电池正极材料的专利申请量居于前列的大多为企业，排名前10位的申请人中有9个为企业，说明该领域的实用性和产业化具有较强的吸引力。

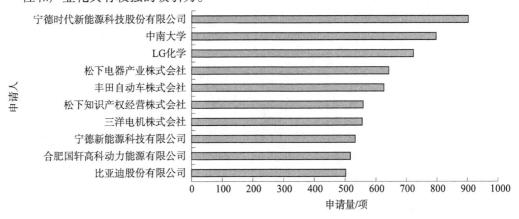

图3-2-3　新能源动力电池正极材料在华专利申请排名前10位的申请人

其中宁德时代新能源科技股份有限公司在前 10 名中位列榜首，充分展示了其作为国内新能源动力电池巨头的地位。日本企业松下集团以"松下电器产业株式会社"和"松下知识产权经营株式会社"为申请人分别排名第四和第六，证明了其作为该领域的全球技术先导者的地位。位列第五名的丰田自动车株式会社、第七名的三洋电机株式会社也均为日本企业，显示了日本企业在该技术领域具有较强的研发实力。韩国企业 LG 化学排名第三，主要是因为 LG 化学重视中国市场，在中国具有大量产业布局，并配套有生产基地。排名第九位的合肥国轩高科动力能源有限公司成立于 2006 年，作为国内动力电池企业，主要产品为磷酸铁锂材料及电芯、三元电芯、动力电池组、储能电池组等，其在研发上的投入较大，根据公开数据，其在 2021 年的研发费用为 11.67 亿元，占企业营业收入的比例达到 11.27%，并且积极开发海外市场，在美国、欧洲均有产业布局。比亚迪股份有限公司（以下简称"比亚迪"）作为新能源动力汽车的龙头企业，很长一段时间内在动力电池领域处于国内领先地位，2016 年以前其动力电池的装机量一直居于首位。2017 年宁德时代异军突起，在动力电池出货量首次超越比亚迪，并在之后一直保持领先地位，但比亚迪作为行业龙头，在市场上仍然占有重要位置，远超其他企业。排名前 10 位的申请人中，只有中南大学作为科研院所进入榜单，位列第二，在该领域的科研具有显著成果。

3.3　重点申请人分析

3.3.1　松下电器产业株式会社

3.3.1.1　申请人简介及动态

松下电器产业株式会社（以下简称"松下电器"）自 1931 年开始涉足电池领域，先后研发并量产干电池、铅酸蓄电池、镍镉电池、镍氢电池、一次性锂电池以及二次锂离子电池。松下电器的动力电池在日本国内的主要客户为丰田、本田等新能源或混合动力电车品牌，在美国主要是特斯拉和福特，欧洲的大众、戴姆勒、雪铁龙等品牌也是其动力电池的客户。松下电器的动力电池年出货量多年位居全球第一，直到 2017 年才被宁德时代超越。

松下电器从 1996 年开始为丰田 Prius 车型提供镍氢电池，该电池技术一直沿用至今，在混合动力汽车上有一定的市场需求。2006—2010 年，松下电器开始在汽车领域推广锂离子电池，作为特斯拉曾经的独家战略供应商，松下电器向特斯拉提供的主要是镍钴铝酸锂（NCA）正极材料的圆柱形电池，其具有代表性的规格型号主要有 18650、21700 等。此外，松下电器还给其他车企如丰田等提供方形电池。目前松下电器在日本、美国、中国均设立有动力电池工厂。

松下电器的动力电池正极材料技术以镍钴铝酸锂、镍钴锰酸锂的高镍和高镍＋无钴为发展方向，本节针对松下电器动力电池正极材料的研发动向进行分析。

3.3.1.2 新能源动力电池正极材料专利申请情况

松下电器在新能源动力电池正极材料的申请态势如图 3 - 3 - 1 所示。松下电器作为动力电池业的前辈和曾经的巨头，早期申请量呈波动上升的态势，年申请量一度接近 200 项，2008 年后申请量呈现逐年回落的趋势。

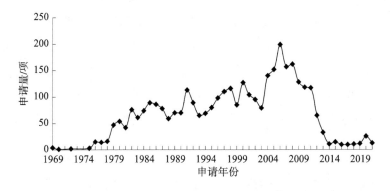

图 3 - 3 - 1 松下电器新能源动力电池正极材料专利申请态势

3.3.1.3 镍氢正极材料研发动向

被广泛应用于工业电源的镍氢电池，以吸氢的合金用作负电极的活性材料，以氢氧化镍用作正电极的活性材料。

用氢氧化镍作为活性材料的镍电极，其主要的电极制造方法之一为涂浆法。涂浆镍电极是通过将糊状的、主要由氢氧化镍组成的活性材料填充到具有高于 90% 的高孔隙度、泡沫或纤维的非织造织物基质来制备的。向其中加入了钴化合物的氢氧化镍作为涂浆镍电极的活性材料，通过向氢氧化镍中加入钴化合物改善氢氧化镍的利用率，赋予氢氧化镍导电性，是一种提高正极材料性能的方式。为了达到这一目的，对添加的金属钴或钴化合物诸如氧化钴以及氢氧化钴 $[Co(OH)_2]$ 的量和条件存在各种研究。JPH08227712A 公开了一种碱性蓄电池的制备方法，其正电极以主要由氢氧化镍组成的粉末作为活性材料，将一种钴盐（诸如硫酸钴、硝酸钴或类似化合物）的水溶液与一种碱诸如氢氧化纳（NaOH）、氢氧化钾或类似化合物的水溶液在一种还原剂的存在下进行中和反应，将所得的氢氧化钴用水通过介质搅拌型（medium stirring type）研磨机充分混合以达到向氢氧化镍中添加这种氢氧化钴的效果，向所得的混合物（料浆）中加入氢氧化镍和水以制得糊浆，并用该糊浆填充含三维多孔体的基质。发明人认为钴化合物提高氢氧化镍利用率的原因一般被认为是钴化合物的电化学氧化产物羟基氧化钴（CoOOH）在正电极中形成了导电网。通过溶解、扩散和沉积反应，氧化钴被电化学氧化成羟基氧化钴，而小粒径的羟基氧化钴缺乏化学稳定性且在电池充电—放电循环的反复中易于分解。就长期特性诸如充电—放电循环来说，优选使用具有 $20 \sim 30$ m^2/g BET 比表面积的氢氧化钴且形成含由所述氢氧化钴电化学氧化得到的羟基氧化钴的导电网。为了制备这种氢氧化钴，通常使用一种在钴盐和碱的水溶液之间进行中和反应的方法，通过这种方法得到的氢氧化钴被溶于反应液中的氧所氧化并在其表面生成不活泼的更高价钴化合物。影响钴化合物电化学氧化效率的因素包括钴化合物的比表面积和在其表面形成的不活泼的更高价氧化钴。因为高比表面积的氢氧化钴与基质有更多的接触点，形成羟基氧化钴的电化学氧化效率就提高了。但是随着比表面积的增加，由于反应液中溶解的氧，易于生成不活泼的更高价钴化合物，则由氢氧化钴生成羟基氧化钴的电化学氧化效率减小。因此，钴盐和碱的水溶液在一种还原剂的存在下进行中和反应使得有可能得到高比表面积的氢氧化钴的同时抑制了不活泼的更高价氧化物的生成。这种具有高比表面积的氢氧化钴很容易附聚且因此难以均匀分散于料浆或糊浆中，因此用介质搅拌型研磨机充分分散氢氧化钴或在氢氧化镍周围化学沉积氢氧化钴使得可能在料浆或糊浆中均匀分散氢氧化钴以提高活性材料的利用率。

由于当镍基氧化物的充电电势接近氧气离析电势时，作为与充电反应竞争（competitive）反应的结果，在充电的最后阶段，氧气易于离析，因此在高温下充电效率降低。为了提高在高温下的充电效率，可以将用于即使在高温下也能增加氧气离析过电压的元素加入或添加到在容易变成高温的中型/大型镍－金属氧化物蓄电池中的氧化镍。JPH10149821A 公开了一种用于包括镍基多金属氧化物的碱性蓄电池的正电极活性物质，其中镍基多金属氧化物至少在表面层中具有大量的微孔，其中表面层的平均成分（average composition）与内部的平均成分的不同之处，即表面层的平均成分与内部的不同，即表面层中除了包含镍外，还包含从包括钙、钛、锌、锶、钡（Ba）、钇（Y）、镉、钴、铬、铋（Bi）和镧系元素的组中选择的至少一种金属，或者在于以比内部的浓度高的浓度包含上述元素。发明人认为，将除镍外的某些金属元素加入氧化镍以改善在高温下的电池性能是十分有用的。然而，提高氧气离析过电压的效果，除了在固体 – 液体界面（即活性物质表面）附近之外，在其他地方贡献很小。也就是说，当照例将除镍外的其他元素加入整个活性物质中时，不容易获得与添加量成正比的效果。在该发明中，将具有上述元素加到活性物质粉末的表面层和面对接近于上述地方的粉末微孔的表面层的附近，或者，将表面添加量控制到比内部的添加量大的值，用这种结构可以获得对氧气离析电势改进的显著效果。WO9719479A1 公开了一种用于碱性蓄电池的正极活性材料及其制备方法，通过制备氢氧化镍活性材料颗粒的步骤和随后的步骤来制造，在随后的步骤中，含有二价镍离子和锰离子的水溶液在上述氢氧化镍活性材料颗粒的存在下与苛性碱反应，以在氢氧化镍活性材料的表面上形成其中结合有锰的固溶体氢氧化镍。同前一个专利文献一样，发明人认为通过掺入少量锰，可以提高高温下的充电效率，这不是通过将所有的氢氧化镍转变成具有锰的固溶体，而是通过具有至少包含在颗粒的表面层中的具有锰的氢氧化镍固溶体，所述颗粒是氢氧化镍活性材料的累积晶体。

用氢氧化镍作为活性材料的镍电极，另一种主要的制造方法是烧结法。US2003039745A1 公开了一种碱性二次电池用烧结式镍正极的制造方法，其特征在于，具有以下工序：①将镍烧结基板浸渍在含有从镁离子、铁离子以及锰离子中选择的至少一种离子和钴离子的硝酸溶液中，通过干燥得到附着硝酸盐的基板 A；②通过将上述基板 A 浸渍在碱性溶液中，使从镁的氢氧化物、铁的氢氧化物以及锰的氢氧化物中选择的至少一种和钴的氢氧化物析出于上述基板 A 的细孔内来得到附着氢氧化物的基板 B；③通过氧化上述钴的氢氧化物使其生成钴的平均价数超过 2 价的钴氧化物，得到附着氧化物的基板 C；④通过将上述基板 C 浸渍在溶解有硝酸镍的溶液中并干燥，接着浸渍到碱性溶液中，反复数次进行将由氢氧化镍构成的活性物质填充到上述基板 C 中的操作，得到附着活性物质的基板 D。发明人认为，通过使镍烧结基板的细孔内生成钴和镁的共沉淀氢氧化物后，浸渍在酸性镍盐水溶液中来进行活性物质的填充，可以使钴和镁的共沉淀氢氧化物与由氢氧化镍构成的活性物质的固相界面生成固溶体层来提高电池的工作电压。但如果生成固溶体层，则尽管电池的工作电压升高，但是存在在充电状态下活性物质容易进行分解、自放电特性降低、在高温气氛下的充电效率也降低的问题。解决方式是镍烧结基板的表面采用由钴的平均价数超过 2 价的钴氧化物和从镁的氢氧化物、铁的氢氧化物以及锰的氢氧化物中选择的一种以上所构成的混合层被覆。该混合层的外侧包围着由氢氧化镍构成的活性物质。由于钴氧化物中所含有的钴的平均价数超过 2 价，因此可以抑制镁、铁以及锰与氢氧化镍生成固溶体的反应。该方法能够抑制在充电状态下的活性物质的分解，也可以抑制自放电的进行。

伴随着用途的扩大，需要在包含高温下的广泛的温度范围具有较高的充电效率的碱性蓄电池。但是，如果在高温下进行充电，则在正极容易产生氧，在所产生的氧的影响下，由氢氧化镍向碱式氧化镍的变换受到阻碍。另外，在高温下，在自放电的作用下，电池容量容易降低。WO2014049966A1 公开了一种碱性蓄电池用正极活性物质，其特征在于：其含有镍氧化物，镍氧化物在通过使用 CuKα 射线的 $2\theta/\theta$ 法所测得的粉末 X 射线衍射图像中，（001）面的峰强度 I_{001} 相对于（101）面的强度 I_{101} 之比（I_{001}/I_{101}）为 2 以上，而且（001）面的半峰全宽 $FWHM_{001}$ 相对于（101）面的半峰全宽 $FWHM_{101}$ 之比（$FWHM_{001}/FWHM_{101}$）为 0.6 以下。发明人认为镍氧化物在通过使用 CuKα 射线的 $2\theta/\theta$ 法所测得的粉末 X 射线衍射图像中，如果（001）面的结晶性较高，即 X 射线衍射图谱中（001）面的峰强度较大，则质子扩散性升高。因此，如果将这样的镍氢氧化物用作碱性蓄电池的正极活性物质，则可以抑制极化，因而即使在高温下，也可以提高充电效率，从而可以得到较高的正极利用率（正极活性物质利用率）。但是，如果（001）面的结晶性过于升高，则（101）面的结晶性也升高，质子扩散速度变慢，从而正极利用率降低。于是，在镍氧化物通过使用 CuKα 射线的 $2\theta/\theta$ 法所测得的粉末 X 射线衍射图像中，对（001）面和（101）面的峰强度比以及半峰全宽比进行控制。（001）面的峰强度以及半峰全宽与（101）面的峰强度以及半峰全宽联动变化，各自面的峰强度以及半峰全宽双方都对充电效率产生影响。通过调整（001）面与（101）面的结晶性分布的平衡，使充电效率得以提高，而且使自放电受到抑制。

3.3.1.4　三元正极材料研发动向

（1）元素含量

对于三元正极材料中镍、锰、钴的比率研究一直是松下电器动力电池发明专利的主要关注点。US2009117469A1 公开了三元正极活性物质的组成与烧成温度、电化学性能以及特性平衡优良区域的关系图（如图 3 - 3 - 2 所示）。

图 3 - 3 - 2 中，（a）～（d）分别显示了正极活性物质的组成与烧成温度与锂原料、放电容量、可逆及不可逆容量、DSC 特性的关系的三角相图，（e）、（f）分

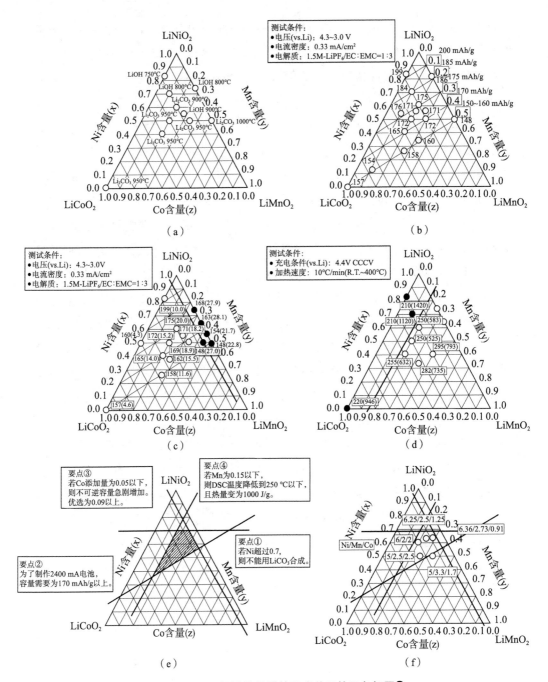

图 3-3-2 正极活性物质的组成关系的三角相图❶

---

❶ 参见 US2009117469A1。

别显示了正极活性物质所要求的特性平衡优良的区域、特别优良的区域的三角相图。锂镍锰钴复合氧化物作为正极材料使用时，提高镍含量，能够得到高容量的正极活性物质，但是随着镍含量的增高，正极活性物质的体积电阻率过度降低，电池的安全性能受到损害；反之，如果过度提高体积电阻率，则符合氧化物内的电子传导性降低，电极的反应性降低，循环特性受到损害。因此需要合理控制锂镍锰钴复合氧化物的元素比例。US2010112447A1 公开了一种非水电解质二次电池用正极活性物质，该正极活性物质具有包含锂和除锂之外的金属 M 的复合氧化物，M 含有镍、锰以及钴，镍相对于镍、锰和钴的合计摩尔比为 0.45～0.65，锰相对于镍、锰和钴的合计摩尔比为 0.15～0.35；该正极活性物质在60 MPa加压状态下的压缩密度为 3.3～4.3 g/cm³，该正极活性物质在 60 MPa 加压状态下的体积电阻率为 100～1000 Ω·cm。发明人认为如果正极活性物质的原料中所含的镍含量增高，则原料的氧化反应难以进行，复合氧化物的晶体结构中产生氧缺陷的倾向增强。如果复合氧化物的氧缺陷增多，则正极活性物质的体积电阻率降低。如果使用这样的体积电阻率低的正极活性物质，则电池的安全性能降低。在正极活性物质的制造工序中，对原料中所含的镍、锰和钴的摩尔比以及对锂与除锂之外的金属的摩尔比进行较为严格的控制能够抑制氧缺陷的发生。

　　近年来松下电器关注了以高容量化为目标的三元系正极活性物质、使锂镍锰复合氧化物的镍比率增加、镍比率高的正极活性物质（Hi－Ni 正极材料）。但是，由镍比率带来的电池容量增加与热稳定性的降低此消彼长，因此要求兼具作为锂离子二次电池的高性能（高循环特性、高容量、高输出）与耐短路性、热稳定性的正极活性物质。解决方案是正极活性物质通过以特定的形态包含铌（Nb）从而提高热稳定性，由于铌的价格高，因此要求能够以更低成本实现高的热稳定性的正极活性物质。WO2021006124A1 公开了一种锂离子二次电池用正极活性物质，其包含具有六方晶系的层状结构且由多个一次粒子凝聚而成的二次粒子构成的锂镍锰复合氧化物，构成锂镍锰复合氧化物的金属元素包含锂、镍、锰、钴、钛和铌且任意地包含锆，金属元素的物质量比由 $Li:Ni:Mn:Co:Zr:Ti:Nb = a:b:c:d:e:f:g$（其中，$0.97 \leqslant a \leqslant 1.10$，$0.80 \leqslant b \leqslant 0.88$，$0.04 \leqslant c \leqslant 0.12$，$0.04 \leqslant d \leqslant 0.10$，$0 \leqslant e \leqslant 0.004$，$0.003 < f \leqslant 0.030$，$0.001 < g \leqslant 0.006$，$b+c+d+e+f+g=1$）表示。物质量比中，满足 $(f+g) \leqslant 0.030$ 且 $f>g$。铌在锂镍锰复合氧化物的一次粒子间的粒界偏析，在浸渍于水时溶出至水中的锂量相对于正极活性物质整体为 0.20% 以下。发明人认为在用于正极活性物质的锂镍锰复合氧化物中，通过将特定量的钛和铌组合且以特定的分布含有，从而抑制正极活性物质的过充电时的氧释放，并且通过将含有钛和铌的活性物质进行水洗而降低溶出碱量，从而能够兼具高的热稳定性和低的溶出碱量。

（2）包覆

松下电器关注动力电池的实际使用情况，例如为了不降低电池的放电容量和充电容量，且使在充电时热稳定性和循环特性得以提高，会在正极活性材料离子表面负载氧化铝；但在锂离子二次电池高温保存的情况下，高速放电的问题容易出现，这是由高温保存后阻抗增加导致。为改善正极活性物质的电池高温保存后的放电特性，会用碳酸锂涂覆镍酸锂的表面。CN1658414A 公开了一种非水电解质二次电池用正极活性物质，其包含：含有锂、镍以及与锂和镍不同的至少一种金属元素的锂镍复合氧化物；和在该锂镍复合氧化物的表面上负载的含有碳酸锂、氢氧化铝和氧化铝的层；其中，在上述锂镍复合氧化物中，在镍与至少一种的金属元素的总量中镍所占的比例为 30 mol% 或以上，上述层中所含的碳酸锂的量是相对于每 100 mol 的锂镍复合氧化物为 0.5～5 mol；上述氢氧化铝和氧化铝中所含的铝原子的总量是相对于每 100 mol 的锂镍复合氧化物为 0.5～5 mol。其制造方法是锂镍复合氧化物和金属铝添加到规定量的水中，使上述金属铝溶解，从而制得含有上述锂镍复合氧化物和铝酸根离子的混合物，干燥上述混合物，制得在其表面负载含有碳酸锂、氢氧化铝和氧化铝的层的锂镍复合氧化物。发明人认为在表面上负载了含有碳酸锂、氢氧化铝和氧化铝的层的锂镍复合氧化物颗粒中，通过上述层中所含的氧化铝和氢氧化铝，能够抑制锂镍复合氧化物和电解液的不可逆反应。当上述层中所含的碳酸锂与电解质接触时，碳酸离子和锂离子的离子键变弱，如果电解液中的锂离子进入到上述层中，它们就会连续不断地替换碳酸锂的锂。因此，锂离子可以在上述层中扩散，由此锂的扩散路线得以确保，上述层的锂离子透过性得以提高。再例如，各种设备通常在电池充电后并不立刻使用，电池长时间维持充电状态，然后进行放电的情况也较多。设定实际的使用条件，在重复进行间歇循环（将充电后的放置时间设定为较长的充放电循环，例如在进行放置时间为 720 min 的循环寿命实验时）的情况下，对于循环寿命性能，无法得到良好的结果。为了提高锂离子二次电池的间歇循环性能，WO2007007541A1 公开了一种正极包含的活性物质粒子，该活性物质粒子包含锂复合氧化物，该锂复合氧化物用通式 $Li_x M_{1-y} L_y O_2$ 表示，该通式满足 $0.85 \leqslant x \leqslant 1.25$ 以及 $0 \leqslant y \leqslant 0.50$，元素 M 是选自由镍以及钴组成的组中的至少一种，元素 L 是选自由碱土类元素、过渡金属元素、稀土类元素、ⅢB 族元素以及ⅣB 族元素组成的组中的至少一种，所述活性物质粒子的表层部包含元素 Le，其为选自由铝、锰、钛、镁、锆、铌、钼、钨（W）以及钇组成的组中的至少一种，所述活性物质粒子被用偶联剂进行了表面处理。发明人认为将正极所包含的活性物质粒子用硅烷偶联剂进行表面处理，形成了通过 Si－O 键与活性物质粒子的表面键合的硅化合物，抑制了电解液的分解反应。但是在元素 Le 不存在于活性物质粒子的表层部的情况下，在间歇循环中，与偶联剂结合的氧容易从活性物质表面脱离，偶联剂失去了抑制电解液的分解反应的功能；在元素 Le 存在于活性物质粒子的表层部的情况下，氧的离解能量升高，从而氧难以从活性物质表面脱离，维持了偶联剂的功能。

（3）晶型控制

动力电池的容量和能量密度，以及充放电特性和循环特性是锂离子二次电池的主要表征性能，通过在制造过程中抑制晶体结构的应变和紊乱能够提高上述性能。WO2010113512A1 公开了正极活性物质是在含有锂的同时，还含有镍、锰和钴这三种元素，并具有六方晶系的晶体结构的层状锂复合氧化物，第一工序是调配含有镍－锰－钴化合物（前体）与碳酸锂或氢氧化锂的混合物的粒子，然后将得到的混合物通过连续式回转炉在 720～900 ℃ 的范围进行烧成，第二工序是将在第一工序中得到的烧成物进一步烧成，使其进行烧结直至得到所期望的粉体物性为止的工序，优选控制烧成温度为 750～1000 ℃。发明人认为，当过于提高烧成温度时，氧从晶体内脱离，晶体结构往往产生紊乱；为了抑制这样的晶体结构紊乱的发生，通过上述的温度控制，使第一工序中得到的烧成物的使用 CuKα 射线得到的粉末 X 射线衍射图中的、$2\theta = 44°\sim45°$ 的范围内的最大峰的角度，第二工序中得到的烧成物的使用 CuKα 射线得到的粉末 X 射线衍射图中的、$2\theta = 44°\sim45°$ 的范围内的最大峰的角度的变化（variation）$\Delta2\theta$ 为 0.03 以下。当对应于 $2\theta = 44°\sim45°$ 的（104）面的衍射线的峰角度存在于 44.4° 以上时，不仅容量和能量密度得以提高，而且晶体的结构稳定性特别是高温下的充放电时的结构稳定性也显著提高。当对应于 $2\theta = 44°\sim45°$ 的（104）面的衍射线的峰角度低于 44.4° 时，容量和能量密度下降，而且晶体的应变增大，从而结构稳定性有可能下降。其结果是，电池的充放电特性和循环特性下降，安全性和可靠性受到损害。

3.3.2　宁德时代新能源科技股份有限公司

3.3.2.1　申请人简介及动态

宁德时代成立于 2011 年，是国内率先具备国际竞争力的动力电池制造商之一，专注于新能源汽车动力电池系统、储能系统的研发、生产和销售，致力于为全球新能源应用提供一流解决方案，核心技术包括在动力和储能电池领域，材料、电芯、电池系统、电池回收二次利用等全产业链的研发及制造能力。2017年该公司动力锂电池出货量全球遥遥领先，达到 11.84 GWh。2018 年 6 月 11 日，宁德时代在深交所创业板上市。2019 年，宁德时代上榜《财富》中国 500 强，位列第 290 位。2022 年，全球动力电池企业最新排名出炉，宁德时代连续五年登顶世界第一。2023 年 8 月，宁德时代发布全球首款磷酸铁锂 4C 超充电池，能够实现"充电 10 分钟，续航 400 公里"的超快充速度，并达到 700 公里以上的续航里程。

宁德时代已与国内多家主流车企建立合作关系，并成功在全球市场上占据一席之地，也率先成为国际顶尖车企供应链的国内锂离子动力电池制造厂商。

宁德时代对于新能源动力电池正极材料的研发主要集中在磷酸铁锂和三元正极材料，本节主要针对该公司在这两种正极材料方面的研发动向进行分析。

3.3.2.2　新能源动力电池正极材料专利申请情况

宁德时代在新能源动力电池正极材料方面的申请态势如图 3 – 3 – 3 所示。宁德时代成立于 2011 年，经过两年的积淀，从 2013 年开始对新能源动力电池正极材料的专利申请，其申请量整体呈现波动上升的态势。

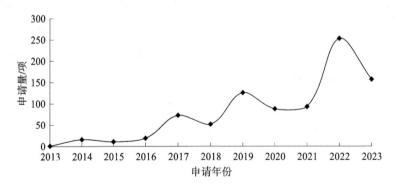

图 3 – 3 – 3　宁德时代新能源动力电池正极材料专利申请态势

3.3.2.3　磷酸铁锂正极材料研发动向

（1）包覆

采用导电优异材料包覆不仅可以提高离子迁移率，也可以提高磷酸铁锂表面电子导电性，并且在一定程度上抑制了颗粒尺寸的过度增长，缩短了锂离子的嵌入路径，可以显著增强材料的倍率性能和低温性能。[1]

碳是磷酸铁锂最为常见的包覆材料，对于碳包覆处理后的磷酸铁锂材料，不同的碳包覆工艺会导致正极活性材料中存在不同微观形态的孔道结构，比如，微孔结构（具有小于 2 nm 孔的网络结构）、介孔结构（具有 2 ~ 50 nm 孔的网络结构）、大孔结构（具有超过 50 nm 孔的网络结构），以及没有明显孔道的其他结构，比如层状的碳结构等。不合理的孔道结构不仅对改善磷酸铁锂正极活性材料电子导电性和离子导电性无明显作用，还会显著增加由磷酸铁锂正极活性材料制备而成的极片的脱水困难程度。CN116601798A 定义了碳包覆因子 η = BET1/BET2，其中 BET1 为所述碳包覆的磷酸铁锂中的介孔和大孔结构的比表面积，BET2 为所述碳包覆的磷酸铁锂的总比表面积，当 η 满足 $0.81 \leqslant \eta \leqslant 0.95$ 时，磷酸铁锂正极活性材料具有高质量的碳包覆，有利于磷酸铁锂正极活性材料容量发挥、显著改善极片脱水效率，制备而成的锂离子电池兼具优良的能量密度、循环性能以及加工性能。

另外，表面包覆还可以降低磷酸铁锂表面的碱性，提升其加工性能与材料稳定性，从而提高磷酸铁锂体系锂离子电池的性能。CN115832236A 所述磷酸铁锂正极材料包括磷酸铁锂基体和包覆层，所述包覆层选自氧化硼、氧化硅和氧化铝中的一种，所述包覆层与磷酸铁锂基体的质量比为（0.01 ~ 1.18）:100，优选为（0.05 ~ 0.87）:100。该发明的磷酸铁锂正极材料具有改善的表面 pH 和提高的压实密度，磷酸铁锂正极材料的加工性能得到改善，材料的吸潮性降低，调浆时不易发生凝胶风险，浆料稳定性和分散性得到改善，使得由其制备的锂离子电池在能量密度、循环性能方面获得提升。该发明首先通过湿法包覆将包覆层的前驱物均匀分散在锂源和磷酸铁颗粒表面，然后再进行两段式烧结，包覆层的前驱物在烧结阶段能够作为助熔剂促进磷酸铁颗粒熔融，因此该发明不仅能够得到高致密性和一致性的包覆层，而且氧化物包覆的磷酸铁锂正极材料具有较大的粒径、较低的表面 pH，从而使得由其制备的锂离子电池的能量密度、循环性能得到提升。

（2）粒径调整

纳米化可以减小磷酸铁锂颗粒尺寸，缩短离子扩散通道，以提高离子扩散速率，有利于改善其反应动力学而提高其倍率性能。但是纳米磷酸铁锂由于粒径比

[1] 潘晓晓，庄树新，孙雨晴，等．动力型磷酸铁锂正极材料改性的研究进展［J］．无机盐工业，2023，55（6）：21.

较小，很容易出现团聚，因此浆料在静置过程中容易出现凝胶，影响使用。CN115832300A 公开了一种纳米磷酸铁锂材料，其包含纳米磷酸铁锂颗粒、共价有机框架（COF）以及单臂碳纳米管；所述纳米磷酸铁锂颗粒位于所述共价有机框架的孔道中；所述单臂碳纳米管材料分布于所述共价有机框架的骨架上，或填充于所述共价有机框架与所述纳米磷酸铁锂颗粒之间的空隙内。共价有机框架是一类由轻质元素［例如碳、氧、氮（N）、硼等］通过共价键连接的有机多孔晶态材料，是一类具有周期性和结晶性的有机多孔聚合物，属于一种三维有序材料。该发明将纳米磷酸铁锂颗粒固定在共价有机框架的孔道内，限制了纳米磷酸铁锂颗粒静置过程中的团聚。此外，该发明还在材料中加入了单臂碳纳米管，可在一定程度上弥补共价有机框架导电性差的弱点，降低材料的直流电阻（DCR），保证电池的低温功率性能。进一步地，共价有机框架有较大的比表面积和有序的孔道，对气体有较强吸附作用，可以快速吸收电池在化成循环和存储过程中产生的气体，在一定程度上防止中心孔坍塌，增强电池的安全性。CN116825976A 则通过添加防凝聚剂来实现降低团聚的目的，其公开了一种正极组合物，包括正极活性材料磷酸铁锂和分子链中包含亚磷酸基团和醚键的聚合物作为防凝聚剂。磷酸铁锂的粒径 D10[❶] 为 100～800 nm，更可选地，所述磷酸铁锂的粒径 D10 为 200～300 nm，D50[❷] 为 400～600 nm。磷酸铁锂的粒径在上述较小的范围内，对二次电池的性能提升更为显著。然而，随着磷酸铁锂粒径的减小，磷酸铁锂颗粒在正极浆料中发生团聚的可能性也有所提升。在该发明的正极组合物中包括防凝聚剂，应用于正极浆料中，即使磷酸铁锂的粒径在上述较小的范围内，也能够有效降低正极浆料产生凝胶现象的风险。由此，该发明的正极组合物应用于二次电池，不仅能够保证二次电池具备良好的低温功率性能、动力学性能和快充快放性能，还能够降低二次电池的制造成本，提高二次电池的产能。

正极材料的压实密度对电池性能有较大的影响。压实密度与片比容量、效率、内阻以及电池循环性能有着非常密切的关系。并且，一般来说，压实密度越大，电池的容量就能做得越高。目前市场主要通过增大磷酸铁锂的一次颗粒或者大小一次颗粒混掺来提高磷酸铁锂的压实密度。CN117088352A 公开了一种磷酸铁锂的制备方法，该制备方法包括：将第一铁源、第二铁源、锂源、磷源在溶剂中溶解混合，得到混合浆料，再对混合浆料经过烧结处理得到磷酸铁锂；其中，

---

❶ D10 指颗粒累积分布为 10% 的粒径。

❷ D50 指颗粒累积分布为 50% 的粒径。

第一铁源包括氧化铁或第一磷酸铁中的至少一种，第二铁源包括第二磷酸铁或草酸亚铁中的至少一种；第一磷酸铁的铁磷比为 0.97 ~ 0.985，第二磷酸铁的铁磷比为 0.93 ~ 0.96。通过采用第一铁源和第二铁源制备磷酸铁锂，不仅可以实现磷酸铁锂的大小粒径混搭，从而提高磷酸铁锂的压实密度和电池的能量密度，并且制备方法简单，成本低，易于工业化生产。

（3）与三元正极材料共同使用

磷酸铁锂电池具有容量大、安全性好、寿命长、价格低廉等特性，但是，其能量密度却不总能令人满意。三元体系材料为正极活性材料的锂离子电池具有更高的能量密度和更好的功率性能，但是其在具备能量密度优势的同时，还存在价格高昂、循环寿命较短和安全性差等缺点。但是任意的混合，非但无法改善磷酸铁锂和/或磷酸锰铁锂材料的克容量，甚至还可能严重损失其循环寿命优势。宁德时代的一个研发方向就是将磷酸铁锂与三元正极材料混合作为正极材料，使其性能均衡，兼具成本优势和安全性，并且具有良好的循环寿命和改善的能量密度。

CN115280551A 公开了一种混合正极材料、正极极片及制备方法、电池和装置，该混合正极材料包括磷酸铁锂化学体系材料和三元化学体系材料的混合组分，所述磷酸铁锂化学体系材料为比表面积平均值不超过 10 m^2/g 的二次颗粒。该混合正极材料通过引入低比表面积二次颗粒磷酸铁锂，提高了混合正极材料的加工性能，实现浆料不易团聚，两种材料之间良好相容。当采用该混合正极材料制备正极极片时，能够有效促进正极材料在正极极片上分布均匀，利于调节极片电阻的分布均匀性，从而提升电池的电化学性能。

CN116941057A 公开了一种正极极片，该正极极片包括第一活性材料和第二活性材料，第一活性材料为磷酸铁锂，第二活性材料选自镍酸锂、锰酸锂、钴酸锂、镍钴锰酸锂、镍钴铝酸锂、富锂锰基、磷酸钒锂中的一种或多种；两种活性材料的有机结合可使得二次电池具备良好的电压自均衡性能，可自行调节极片内部的荷电状态（state of charge，SOC）状态差异，从而改善二次电池的容量保持性能，同时由于电压与荷包状态的一一对应关系较好，在通过电压监测剩余电量时，可准确显示剩余电量，改善用户体验。

CN116601794A 公开了一种正极活性材料，该正极活性材料通过将特定的磷酸铁锂和/或磷酸锰铁锂材料与特定的三元和/或四元材料进行掺混而得到，包括如下所述的 A 材料和 B 材料，其中所述 A 材料为选自以下单晶材料或类单晶材料中的至少一种：$Li_x M_y (PO_4)_z$，M 选自镍、钴、锰、铁、镁、铝、钒（V）、锌、锆、氟中的一种或多种，v 为 M 的化合价，$1 \leqslant x \leqslant 3$，$1 \leqslant z \leqslant 3$ 且 $x + vy - 3z = 0$；所述 A 材料的 Dv50[●] 为 $0.8 \sim 4.2~\mu m$；所述 B 材料选自以下材料中的至少一种：（ⅰ）$LiAO_2$，A 为镍、钴或锰；或（ⅱ）$LiNi_a Co_b E_{1-a-b} O_2$，E 选自锰和铝中的至少一种，$0.50 \leqslant a \leqslant 0.98$，$0.001 \leqslant b \leqslant 0.3$；其中，基于所述正极活性材料的总重量计，所述 A 材料以质量百分比 50% ～ 97% 的混合比例 m 存在。通过采用 Dv50 为 $0.8 \sim 4.2~\mu m$ 的单晶材料或类单晶材料作为材料 A，能够缩短锂离子的扩散路径，从而有效改善本申请正极活性材料克容量发挥与循环寿命。另外，将所述 B 材料控制在这样的颗粒尺寸范围内，有助于缩短锂离子的扩散路径和降低体相扩散阻抗，降低材料的极化，改善该发明的正极活性材料的容量发挥。

3.3.2.4　三元正极材料研发动向

（1）单晶

三元正极材料均为一次颗粒团聚成的二次球形颗粒，由于二次球形颗粒的一次颗粒间存在间隙，因此在对这种正极材料进行表面包覆处理时，其二次球形颗粒间隙内的部分一次颗粒表面就无法得到碳包覆；这难以避免地导致了二次颗粒的整体电子导通性变差，特别是对电池循环性能的影响尤其明显，使用这种正极材料制造的电池经过一定时间循环后，容量保持率会出现较多的降低。而单晶形貌的三元正极材料可以提高电子导通性，是研发的热门方向之一。

早在 2014 年，宁德时代就申请了单晶三元正极材料的相关专利。CN104979546B 公开了一种单晶形貌锂离子电池三元正极材料的制备方法，所使用的前驱体为由页片状的一次颗粒聚集而成的花簇形前驱体颗粒，其 D50 为 $2 \sim 5~\mu m$，BET > $100~m^2/g$。发明人认为，选取花簇形前驱体颗粒对形成圆润的单晶正极材料有明显的促进作用，据推测原因是页片状的一次颗粒具有一定的团簇倾向，同时该结构具有比一般结构（通常为球形或类球形）更大的比表面积，因此后续步骤中加入的助剂可以均匀地分布在前驱体颗粒的表面；当前驱体在加入助剂后烧结时，团簇倾向的一次颗粒会剧烈收缩，发生类似"花瓣凋落"的现象，使得晶粒之间相互分离；为保持整个共沉淀过程中前驱体形成的稳定性，使之能够形成一次颗粒为页片状的前驱体颗粒，发明人在实验中采用了镍钴锰均为 +2 价的金属盐类作为合成的原料，避免了在前驱体反应中可能存在的氧化还原反应；该发明首先将助剂与前驱体混合并烧结，使得前驱体的一次颗粒在助剂作用下相互分

---

❶ Dv50 指粉体粒度分布中 50% 体积的颗粒的粒径不超过当前值，即中位粒径。

离，形成分散性好的细小晶粒，从而为后续烧结形成无团聚的单晶材料提供了基础。因此，该发明制备出的正极材料为分散性很好的均一单晶一次颗粒，其有效克服了常规制备方法中容易出现的一次颗粒在高温烧结过程中易于团聚的问题，得到的产物在首次放电容量、35个循环后容量保持率都有良好的表现。

尽管单晶三元正极材料具有良好的电子导通性，但是单晶三元材料的极片厚度膨胀率明显高于多晶材料。在二次电池特别是锂离子动力电池应用的后期，正极极片在循环过程中的极片厚度膨胀会导致循环跳水，表现为电芯的循环寿命明显降低。针对上述问题，CN110148714B设计了一种二次电池，其负极极片中使用包括碳材料A和碳材料B的混合碳材料。其中，碳材料B具有较高的可逆容量，可以与三元正极材料配合实现电池的高克容量。但碳材料B的机械强度较低，导致抗压性较差，因此还向负极活性物质层中加入了碳材料A。与碳材料B相比，碳材料A的石墨化度较低、层间距相对较大，具有良好的抗压性，可以有效改善负极混合体系的机械强度。将上述两种碳材料混合使用，能够保证负极极片兼具高可逆容量和良好的结构稳定性。尤其在正极活性物质中含有体积膨胀率较高的单晶结构或者高镍三元材料时，该混合负极活性物质能够有效改善高容量三元电池体系的结构稳定性，提高电池的循环寿命和动力学性能，避免电芯内部因极片膨胀导致负极活性物质在高压下结构坍塌，进而导致局部动力学性能降低，产生析锂问题。

尽管单晶三元正极材料具有很多优点，但是由于单晶和类单晶结构的正极活性材料颗粒极化较大，因此容易引起锂离子电池直流内阻增大；且单晶和类单晶结构的正极活性材料颗粒的极化较大，导致其可逆克容量小于多晶结构的正极活性材料颗粒，因此还不利于进一步提升锂离子电池的能量密度。CN110556538B、CN110660961B、CN110970602B将单晶颗粒和多晶颗粒共同使用，得到具有更高压实密度、更高安全性的正极片，从而进一步提升锂离子电池的能量密度并进一步改善锂离子电池的高温循环性能和安全性能。二次颗粒结构的三元正极材料具有较低的直流阻抗和较好的循环性能，但团聚成二次颗粒的各一次颗粒之间的结合力并不强，在正极片的冷压过程中容易破碎，影响锂离子电池的性能发挥。而单晶颗粒结构的三元正极材料晶体结构完整，颗粒的抗破碎强度和热稳定性均优于二次颗粒结构的三元正极材料，并且三元正极材料的单晶颗粒的平均尺寸通常低于二次颗粒，因此将二次颗粒结构的三元正极材料与单晶颗粒结构的三元正极材料混合使用时，正极片冷压过程中二次颗粒之间的缝隙可以被单晶颗粒占据，从而极大地提高正极片的压实密度，提高锂离子电池的能量密度。同时在相同的冷压压力下，混合后二次颗粒和单晶颗粒承受的压力较单纯使用二次颗粒或单晶颗粒时更小，进而在高温循环过程中各颗粒可具有相对较大的体积膨胀空间，锂离子电池的热稳定性更高，高温循环性能更好。

（2）高镍

三元正极材料中，镍是主要的活性物质，在放电过程中 Ni^{2+}/Ni^{3+} 和 Ni^{3+}/Ni^{4+} 电对提供容量，含量越高，提供的可逆嵌锂容量越高。[1] 故镍元素的相对含量越高，三元材料的克容量通常就越大，越有利于提升电化学储能装置的能量密度；但是镍元素相对含量的增加，也会对电化学储能装置的整体性能带来诸多负面效果。由于 Li^+ 易与 Ni^{2+} 换位，高镍材料也会发生更严重的 Li^+/Ni^{2+} 混排；此外，Li^+ 脱嵌过程引起的晶胞体积变化也相应变大，造成循环过程中更严重的微裂纹、相转变等结构变形，材料的安全性、循环稳定性随之降低。随着镍含量的提高，不稳定 Ni^{3+} 还原为 Ni^{2+} 的概率也随之提高，则发生阳离子混排的概率更大。总之，高镍三元正极材料存在空气敏感、与电解液反应、阳离子混排、晶格氧析出、过渡金属离子迁出以及微裂纹形成[2]等主要问题，易使得结构破坏，生成非活性物质，从而导致容量衰减与失效（参见图3-3-4）。

高镍三元正极材料存在的问题并不是独立出现，而是相互影响、相互促进的，涉及面较广，目前还没有一种有效方法能一次性解决上述所有问题。所以，对于高镍三元正极材料的改性均是针对某一具体问题采用不同的方法，如元素掺杂法、表面包覆法、结构调整法等。

元素掺杂法是改善高镍三元正极材料最为常见的方法。其主要原理是在晶体结构中掺杂其他元素，调整其框架结构，增强材料的稳定性。表面包覆法通常是以高镍材料（811及以上）为核来保持材料的高能量密度，以稳定性较好的正极材料为包覆层来提高材料的稳定性，实现材料互补。核壳结构不仅可以在一定程度上改善包覆材料与本体材料间的晶格匹配问题，而且可以避免因惰性包覆材料引起的容量衰减。另外，比较常见的还有浓度梯度法。该方法是在核壳结构法的基础上发展起来的一种改性方法，从中心到表面镍含量从高到低连续梯度变化，可以改善因核壳结构中核和壳的结构及成分悬殊引起的材料性能恶化。以上几种方法并不是孤立的，也经常一起使用来提高三元正极材料的性能。

---

[1]　XU B, QIAN D N, WANG Z Y, et al. Recent progress in cathode materials research for advanced lithium ion batteries [J]. Materials Science & Engineering R：Report, 2012, 73 (5/6)：51-65.

[2]　王博，张飞龙，艾灵，等. 高镍三元正极材料容量衰减机理及改性方法 [J]. 硅酸盐学报, 2020, 48 (2)：195-203.

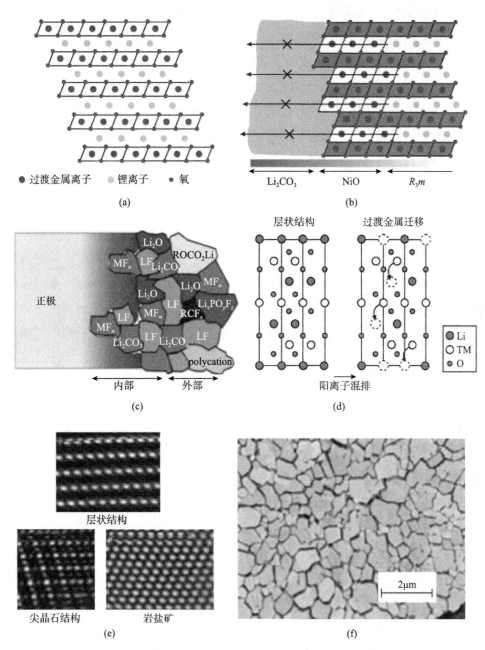

● 过渡金属离子　　● 锂离子　　● 氧

(a)

Li_2CO_3　　NiO　　R_3m

(b)

正极

Li₂O　ROCO₂Li
MF_n　LF　Li₂CO₃
Li₂O　Li₂O　MF_n
LF　Li₂O　LF　Li₃PO_yF_z
MF_n　RCF_x
MF_n　LF
Li₂CO₃　LF　Li₂CO₃　LF
polycation

内部　　外部

(c)

层状结构　　过渡金属迁移

● Li
○ TM
● O

阳离子混排

(d)

层状结构

尖晶石结构　　岩盐矿

(e)

2μm

(f)

图 3 - 3 - 4　高镍三元正极材料的结构及存在的主要问题❶
（a）层状结构；（b）空气敏感；（c）与电解液反应；（d）阳离子混排；
（e）空间群转变；（f）微裂纹形成

❶ 王坤，陈虹，王芬，等．高镍三元正极材料改进研究进展 [J]．化学与生物工程，2022，39（4）：12.

CN112151775B 将正极材料通过在高镍基材中进行掺杂和表面包覆，控制正极材料的镍溶出吸光度在适当范围内，从而可以在一定程度上隔绝电解液和材料的接触，进而优化循环性能，改善热稳定性，并降低副反应程度，以改善产气现象。单位质量所述正极材料的镍溶出吸光度 $w \leqslant 0.7$，正极材料的镍溶出吸光度超过 0.7 时，表示所述正极材料颗粒中的镍元素较易溶出，此时正极材料表面容易与电解液发生副反应，导致使用该正极材料的锂离子电池的产气量过高。单位质量所述正极材料的镍溶出吸光度越低，表明该正极材料的晶体结构尤其表面晶体结构的稳定性越强。通过调节正极材料的包覆物质、包覆层的相对含量、颗粒表面形貌等因素的综合影响，控制正极材料的镍溶出吸光度不超过 0.7，使电池放电测出的正极材料克容量较高，高温循环及高温体积膨胀率得到有效抑制。具体地，通过控制正极材料理论比表面积与真实比表面积的偏离程度在一定范围内，保证所述正极材料的粒度、形态均匀性较好，包覆后的正极材料表面较平整、凹凸起伏结构较少，与电解液的接触面积较小，有利于抑制正极材料中的镍元素溶出，同时保证锂离子在二次颗粒间的传输性能良好，兼顾了高温产气和动力学性能。

CN108206279B 在高镍三元正极材料表面包覆有锂盐包覆层，锂盐为含有 – COOLi 官能团的锂盐。相对于现有技术，该发明通过对高镍材料表面的残锂进行改性形成一层稳定的锂盐包覆层，既可去除表面残锂并包覆在材料表面形成保护层，又可抑制碳酸锂的生成，且不会破坏材料的晶体结构。利用该技术制备得到的锂离子电池高镍三元正极材料具有良好的循环稳定性和存储性能，且制备方法简单易行，经济环保，具有良好的应用前景。

CN108206277A 公开了一种改性高镍三元正极材料，其是在高镍三元正极材料表面包覆一层含有快离子导体的包覆层。该发明通过上述包覆层，既可与材料表面的残锂进行反应，降低材料表面的残锂，抑制其与电解液的副反应，提高材料表面稳定性和循环性能；还具有良好的锂离子脱嵌能力，可提高材料的首次放电容量和首次库伦效率，具有良好的应用前景。

CN110957474B 提供了一种正极活性材料，包括内核和包覆于内核表面的包覆层，内核采用高镍成分，内核中对三元材料进行体相掺杂的元素 M、M′、Y 各自在内核中的元素分布满足从内核外侧到内核中心具有减小的质量浓度梯度，包覆层包括 M″ 的氧化物，且包覆层中的包覆元素 M″ 与内核中的掺杂元素 M′ 的质量比为 $1:(1 \sim 5)$，可以使正极活性材料具有高克容量、高结构稳定性以及高热稳定性的特点，进而使电化学储能装置在具有高初始放电克容量的同时兼具优异的循环性能和存储性能。

CN112447950A、CN112447951A 公开了一种正极活性材料，包括本体颗粒和包覆在本体颗粒外表面的含 M1 元素的氧化物包覆层，本体颗粒包括含镍的锂复合氧化物；本体颗粒的体相均匀掺杂有 M2 元素；本体颗粒的表面层为掺杂有 M3 元素的外掺杂层；M1 元素及 M3 元素各自独立地选自镁、铝、钙、铈（Ce）、钛、锆、锌、Y 及 B 中的一种或多种，M2 元素包括硅（Si）、钛、锆、钼、钒、锗（Ge）、硒（Se）、锆、铌、钌（Ru）、铑（Rh）、钯（Pd）、锑（Sb）、碲（Te）、铈及钨中的一种或多种。本体颗粒的体相均匀掺杂有 M2 元素，能够显著提高正极活性材料的结构稳定性及高温循环稳定性。同时，本体颗粒的表面层为掺杂有 M3 元素的外掺杂层，以及在本体颗粒的外表面具有含 M1 元素的氧化物包覆层，M1 元素及 M3 元素与本体颗粒的表面晶格匹配度高，能够对本体颗粒起到良好的保护作用。由此，该发明实施例提高了正极活性材料的循环寿命，减少了电池产气量，从而显著改善了锂离子二次电池的高温循环性能及高温存储性能。

另外，高镍三元正极材料的表面会存在游离的锂，会与空气中的水及二氧化碳（CO_2）反应，产生氢氧化锂和碳酸锂，使表面残锂含量高。残留的氢氧化锂容易与电解液中的六氟碳酸锂（$LiPF_6$）发生反应，产生氟化氢；碳酸锂在高温储存过程中会发生分解，产生二氧化碳。这些气体的产生容易导致电池出现胀气等安全隐患。因此，降低高镍三元正极材料的表面残锂量以提高材料的稳定性具有特别重要的意义。

CN109428077B 提供了一种用于制备高镍正极材料的方法，其包括：（ⅰ）用含硼化合物掺杂基体，从而形成掺杂有硼的基体；以及（ⅱ）对所述掺杂有硼的基体进行如下洗涤包覆：用含硼化合物的水溶液在大于 10 ℃的温度下洗涤包覆所述掺杂有硼的基体，接着进行热处理，从而形成所述高镍正极材料。该方法不仅具有工艺简单、成本低、适用于大规模工业生产的优势，而且制备得到的高镍正极材料较之现有高镍正极材料具有更低的表面残锂量和更高的初始电容量，例如具有小于 600 ppm 的表面残锂量，并且具有大于等于 203 mAh/g 的初始放电容量。采用该发明的方法得到的高镍正极材料具有明显降低的表面残锂量，同时显示出优异的电容量和循环性能。经掺杂硼的基体可以在接近室温的温度条件下快速地被进行洗涤包覆，而不会影响基体中晶格内锂的稳定性。

除对高镍正极材料的改进之外，宁德时代还通过改进注液的方法来平衡高镍二次电池的高温性能和动力学性能。CN106784589A 公开了一种二次电池及注液方法：电解液由第一次注入的电解液 S1 和第二次注入的电解液 S2 组成，电解液 S1 中的成膜添加剂为负极成膜添加剂，电解液 S2 中的成膜添加剂为正极成膜添加剂。该申请的二次电池通过第一次注液加入负极成膜添加剂，并且经过化成使得石墨表面形成良好的固体电解质界面，随后通过第二次注液加入正极成膜添加剂，形成细密的正极电解质界面（cathode electrolyte interface，CEI），钝化高镍材料表面活性位点，从而平衡高镍二次电池的高温性能和动力学性能。

3.3.3 宁波容百新能源科技股份有限公司

3.3.3.1 申请人简介及动态

宁波容百新能源科技股份有限公司（以下简称"容百科技"）成立于 2014 年，主要业务为锂电池正极材料及其前驱体的研发制造，尤其是三元正极材料及其前驱体材料，其制造的锂电池可应用于新能源汽车动力电池、储能设备及电子产品等领域。数据显示，2021 年容百科技在国内三元正极材料市场的占有率为 14.5%，其中高镍三元细分领域的市场占有率达到 34%，在国内和全球均处于领先地位。2022 年，容百科技通过商业并购进入磷酸盐材料领域，以磷酸锰铁锂正极材料作为主要产品加快技术研发和市场布局，2023 年该材料的市场占有率超过 70%。容百科技也迅速成长为同时具备三元材料和锰铁锂材料生产技术能力的企业。

3.3.3.2 新能源动力电池正极材料专利申请情况

容百科技成在新能源动力电池正极材料领域的专利申请态势如图 3 - 3 - 5 所示，其中包括公司成立后通过转让获得的专利。该公司自成立后就持续投入对正

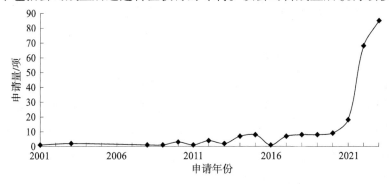

图 3 - 3 - 5　容百科技新能源动力电池正极材料专利申请态势

极材料的技术研发，并在2021年后出现申请量迅速上升的态势。

3.3.3.3 磷酸铁锂研发动向

磷酸铁锂因为安全性高、成本低、循环稳定性高的特点，相比于三元正极材料更早地成功实现产业化。但其电压平台和压实密度较低，导致整体的能量密度较低。为了进一步改善磷酸铁锂的能量密度，科研人员对其成分进行了改进，通过添加锰制备得到磷酸锰铁锂，其相对于磷酸铁锂的能量密度能够提高20%。

容百科技在进入磷酸盐材料领域后，主要的研发方向为磷酸锰铁锂材料的技术改进。目前磷酸锰铁锂材料的改进手段主要包括掺杂、包覆、纳米化等。CN117117153A通过在磷酸铁锂中掺杂锰，取代一部分铁元素，可提高电压和单位质量能量密度，并且与目前的锂离子电池的电压兼容性比较好，降低了相互取代的难度。CN116924377A公开了一种磷酸锰铁锂的制备方法，采用两部沉淀的方法，先制备球形度好且粒度 D50 小于 20 μm 的碳酸铁锰，再加入特定比例的磷源，使碳酸铁锰沉淀转化为粒度可控的磷酸锰铁铵，再以该磷酸锰铁铵为原料制备磷酸锰铁锂，以提高其压实密度，并使磷酸锰铁锂中（Fe + Mn）/P < 1，作为正极材料用于锂离子电池可以提高比容量和循环性能。在磷酸锰铁锂的基础上，还可以进一步掺杂其他元素，如 CN115863579A 通过对磷酸锰铁锂材料进行钛和镁元素的掺杂，在实现锰、铁均匀分散的同时，通过控制使其晶面间距为150 ~ 180 nm，从而有效提升磷酸锰铁锂正极材料的比容量，并保证了压实密度。

现有的磷酸锰铁锂正极材料的粒径一般控制在纳米级，比表面积较大，极片容易吸水，影响正极材料的电化学性能。在 CN117038883A 中，容百科技提供了一种正极材料的制备方法，通过预排气处理使第一浆料中的产气物质受热分解，并排出产生的气体，从而有效抑制后续烧结成相过程中生成气体，使正极材料表面造孔，降低其比表面积，改善吸水性能，提升正极材料的循环性能和放电容量。

虽然磷酸锰铁锂的能量密度相对磷酸铁锂较高，但是其离子导电率低，对正极材料的容量造成影响，现有技术中通常采用碳包覆的方法解决这一问题。容百科技在其专利申请 CN115548307A 中，采用碳化铌（Nb_2C）MXene 和碳作为包覆层对磷酸锰铁锂进行包覆，由于碳化铌 Mxene 具备二维石墨烯结构、良好的力学性能，以层层堆叠的形式包覆磷酸锰铁锂后，在利用其能量密度以及稳定性好的优点的同时，能够提高离子导电率，从而提升正极材料的容量。同时，该包覆层能够抑制磷酸锰铁锂与电解液之间的副反应以及在充放电过程中锰离子的溶出现象，包覆层的层状结构还可以促使碳相对平整和稳定地分布在层间，避免因为碳移动而造成的碳沉积问题，这些都将更进一步提高磷酸锰铁锂正极材料的稳定性。CN115763733A 为了提高锂离子电池的倍率性能，在制备具有碳包覆层的磷酸锰铁锂材料的过程中，调控不同晶面尺寸的生长比例，既保证了相对较短的锂离子扩散路径，使得锂离子的嵌入脱出更加容易，又保证了磷酸锰铁锂易于包覆，使碳包覆层更加均匀一致，从而提高了磷酸锰铁锂的电子电导率和锂离子电导率，提高了正极材料的动力学性能。

此外，容百科技还在锂离子电池的回收产业进行布局，其中磷酸铁锂正极材料的回收也是一个重要的研发方向。如 CN116514148A 通过固相法直接回收磷酸铁锂，在高温固相的环境中，利用氧化性气体的氧化性质，提高铁的价态，从而使锂从磷酸铁锂的晶格中脱出与二氧化碳形成碳酸锂，而铁元素以三价的形式与磷酸根离子结合得到磷酸铁。后续碳酸锂经过低温转化形成可以溶于水的碳酸氢锂实现铁锂元素分离，最终碳酸氢锂溶液经过热分解反应得到碳酸锂产物。CN117025963A 提供一种联合回收废旧磷酸铁锂和三元材料的方法，其将两种废料分别进行浸出，获得的浸出液中锂、镍钴锰的浸出回收率均大于 99%，同时废旧三元材料在浸出过程中产生的氧气可用于促进铁锂的选择性锂浸出，从而避免添加额外的氧化试剂，达到降本增效的目的，后续仅需通过简单的提取工艺即可得到无杂质铁且纯度高的锂、镍钴锰产品。

3.3.3.4 三元正极材料研发动向

我国锂离子电池正极材料的研发经历了磷酸铁锂、钴酸锂、镍酸锂、锰酸锂和三元材料的更迭换代，磷酸铁锂具有优异的安全性和较长的循环寿命，但是能量密度低，限制了其在新能源动力汽车领域的使用，而三元材料镍钴铝酸锂和镍钴锰酸锂由于高容量的优点，其技术的开发和产业化越来越受到重视。容百科技的核心产品包括镍钴铝酸锂系列以及镍钴锰酸锂的高镍 8 系和超高镍 9 系，2021年的合计销量超过 5 万吨，达到其总出货量的 90%。

（1）镍钴铝酸锂

镍钴铝酸锂材料具有高容量、高比能的优点，2011 年，松下电器采用住友金属矿山制备的镍钴铝酸锂材料生产的电池成为特斯拉的供应商，使得该材料研发和产业化得到广泛关注。镍钴铝酸锂兼顾了钴酸锂（LCO）和镍酸锂（LNO）的良好循环性能和高比容量的特点，并掺杂铝稳定层状结构，提升了综合性能。

但镍钴铝酸锂在充放电过程中仍会由于相变过程中的 $O-Ni-O$ 层间距减小而导致结构变化、容量损失，并且在长期循环过程中存在二次颗粒的粉化和破碎问题。为了提高镍钴铝酸锂正极材料的稳定性，现有技术通常采用提高镍钴铝酸锂前驱体的性能，在镍钴铝酸锂表面包覆涂层从而避免其和电解液直接接触，或者降低镍钴铝酸锂表面的锂化合物等方法。

容百科技在成立之初就申请了镍钴铝酸锂材料的专利。CN104218243B 提供了一种 $Li_nNi_{1-x-y}Co_xAl_yO_2$（$0.95 \leqslant n \leqslant 1.15$，$0.00 < x < 0.30$，$0.01 \leqslant y \leqslant 0.10$）正极材料的制备方法，通过包覆和热处理除去镍钴铝酸锂材料中的部分锂杂质，降低材料的碱性和水分，并在一次、二次粒子表面形成稳定的 LiM_aO_b 复合氧化物 [$0.0 < a < 3.0$，b 为化合价匹配系数，$b = (\text{M 化合价} \times a + 1)/2$] 包覆层，可促进电池充放电过程中的锂离子导通，抑制镍钴铝酸锂材料与电解液的副反应，特别是在电池热稳定性、安全性和循环寿命上有很大的优势。正极材料一次粒子平均粒径为 $0.10 \sim 2.5~\mu m$，二次粒子平均粒径为 $3.0 \sim 20.0~\mu m$，容量可达到 $180 \sim 200~mAh/g$，常温循环寿命大于 1000 周（容量保持在 80% 以上）。

CN111009646A 采用一步法制备得到类单晶型镍钴铝酸锂正极材料，再通过干法包覆制备得到具有包覆层的高倍率类单晶型镍钴铝酸锂正极材料，最后采用水洗和真空烘干的方法降低表面残留的锂化合物含量，有效降低了镍钴铝酸锂材料表面的碳酸锂和氢氧化锂含量，改善了类单晶型镍钴铝酸锂正极材料的稳定性，该款材料在 0.2C 放电倍率下容量可以达到 $200~mAh/g$，3.0C 放电倍率下其放电容量可以达到 $172~mAh/g$，具有良好的倍率性能。

CN111453777A 通过硫酸铵与金属盐预混，采用硫酸铝与氢氧化钠制备偏铝酸钠作为铝源，再将铝源与硫酸钠预混，在适当的温度、pH 反应条件下制备得到一种多孔隙、元素分布均匀、颗粒球形度好、后处理简单的镍钴铝氢氧化物，作为一种多孔隙的高镍镍钴铝酸锂前驱体，其产物球形度好且铝元素在粒子内的分布均匀，未引入新的杂离子，孔隙结构可很好地被烧结后的正极材料所继承，可为充放电循环过程中的体积变化带来缓冲，从而减少容量损失。

CN114927665A 通过等离子增强原子层沉积（PEALD）在正极材料表面制备了一层致密的无定形态的包覆层，其能有效阻挡水蒸气的渗透，降低正极材料的吸水率，所述正极材料可以为镍钴铝酸锂、镍钴锰酸锂或镍钴锰铝酸锂（NMCA）等，所述包覆层为无定形态的氮化钛（TiN）层和/或氮化铝（AlN）层，氮化钛中钛为 +3 价，是很好的导体，表面氮化钛包覆层为无定形薄层，能提高正极材料的电子和离子传导率，提高正极材料的倍率性能，降低阻抗；氮化铝导热性较好，包覆氮化铝能显著提高正极材料的热稳定性；另外，高温存储及循环过程中，正极材料表面会发生相变导致氧逸出，金属氮化物能有效阻止氧与电解液反应，降低产气。

（2）镍钴锰酸锂

镍钴锰酸锂是目前被认为极具应用前景的正极材料之一，根据镍含量的高低可以分为中低镍三元材料和高镍三元材料，镍的含量高意味着更高的比容量和更低的成本，也是目前镍钴锰酸锂材料的主要发展方向。高镍系列作为容百科技的核心产品，专利申请数量最多，并且持续进行技术更新。

在高镍正极材料基体方面，CN105070908B采用洗涤包覆剂在对高镍正极材料基体洗涤的同时进行包覆，能够减少高镍正极材料表面残留的锂含量；同时该发明提供的方法通过在基体表面包覆其他元素还能够使高镍正极材料制备得到的锂离子电池具有较好的容量性能、循环性能以及高温储存性能。制备得到的扣式电池的容量为193～195 mAh/g，1C放电倍率下循环100周容量保持率为92%～94%。CN105070907B提供的高镍正极材料基体表面含有掺杂元素，掺杂的元素能够稳定基体表面晶体结构，减轻洗涤液对基体材料表面结构的破坏，使高镍正极材料制备的锂离子电池容量及循环性能较好。此外，这种高镍正极材料带有包覆层，包覆层能够使正极材料与电解液部分隔离，提高正极材料的电化学稳定性和安全性。通过该方法制备的扣式电池的首次放电比容量可达204 mAh/g，容量保持率可达96.8%。CN113921782A公开了一种高压实和高能量密度的超高镍三元正极材料，使用镍含量在90%以上的三元正极材料，将大的球形多晶材料和小的单晶材料混合，采用干法工艺，通过包覆剂与材料表面的自由锂反应，生成快离子导体包覆在材料表面，提高了放电比容量，同时改善了循环和直流阻抗性能。

在单晶化方面，CN106505195B采用镍钴锰酸锂材料为基材，表面具有包覆层，制备得到的高镍正极材料具有类似单晶的形貌，压实密度高，能量密度高，残留碱量低，加工性能好；同时，基材引入掺杂元素，使锂离子电池具有较高的循环性能，包覆层也提高了材料的循环和安全性能。该材料制备的扣式电池25 ℃、0.1C放电倍率下首次放电比容量为204.3 mAh/g，1.0C放电倍率下循环50周容量保持率能够达到96.0%。CN109713297B通过选择能降低晶体特定晶面表面能的掺杂物的方式控制一次颗粒晶体的生长取向与形状，从而得到内部一次颗粒呈辐射状排列定向生长的具有长循环、高安全性能的高镍正极材料二次颗粒。该材料表现出优异的循环性能，在1C/2C充放电的条件下扣电循环35周仍能保持 99% 的容量保持率，在 1C/1C 充放电的条件下扣电循环 61 周仍能保持 95% 以上的容量保持率。

在高镍浓度梯度三元材料的发展方面，CN109560276B 提供了一种具有浓度梯度分布、一次颗粒定向生长的单晶三元正极材料的制备方法，合成的颗粒镍的含量从内层向外层逐渐降低，钴的含量从内层向外层逐渐增加，锰的含量保持不变，可以有效缓解锰的溶出，且具有较好的稳定性及存储性，提高了镍钴锰酸锂材料的电化学稳定性、储存性和安全性。由该材料制备的扣式电池 25 ℃条件下，1C 放电倍率下 50 次循环后容量保持率为 96.5%。CN114649521A 公开了一种空心多孔型浓度梯度正极材料，位于正极材料中心的镍离子浓度为 90%～100%，位于正极材料表面的镍离子浓度为 60%～70%；正极材料所含钴离子和锰离子的浓度梯度均由正极材料的中心向正极材料的表面增大，与普通均相的高镍正极材料相比，在循环性能、倍率和安全性能等方面都具有明显的优势。在 0.2C 放电倍率下比容量最高可达 199.8 mAh/g，50 ℃下 300 次充放电循环容量保持率最高可达 93.6%。

在高镍三元材料改性方面，CN113540435A 采用含磷化合物对高镍三元材料进行表面修饰，可降低表面残碱含量，同时提高高镍三元材料作为正极材料的容量性能。0.2C 放电倍率下容量可达 215 mAh/g。CN114335506A 以 $Ce(NO_3)_3 \cdot 6H_2O$ 作为材料将铈掺入正极材料中，铈由于大半径和高自极化能力可以减少锂运动的最小激活势垒以提高电池倍率容量，且铈离子能将 Ni^{2+} 氧化成 Ni^{3+}，可以降低阳离子混合度，增强结构稳定性，而在此基础上进一步结合改性多孔碳对正极材料进行表面改性处理，极大地提升了镍钴锰酸锂三元正极材料的电化学性能，1C 放电倍率下循环 50 次后容量保持率大于 98%。CN114249357A 采用特定的金属氧化物作为改性物，其在高温处理下不易进入高镍三元正极材料晶体内部，而且与残碱反应形成部分金属氧酸锂盐，金属氧化物与金属氧酸锂盐共存作为改性层包覆在高镍三元正极材料表面，一方面，降低了残碱，改善产气；另一方面，对表面进行改性，改善了倍率性能和循环性能。

在高镍正极材料的包覆方面，CN109742347A 对高镍正极材料进行湿法均匀包覆，保证材料结构稳定性的同时提高锂离子迁移速率。CN114784248A 采用金属含氧酸粉末与高镍三元正极材料表面残碱反应生成的纳米快离子导体进行干法包覆，既能实现均匀包覆，又能提高材料的循环性能、倍率性能和低温性能。CN110931797A 采用纳米材料和磷酸盐进行干法和湿法相结合的复合均匀包覆，包覆后的材料抑制了正极材料与电解液之间的副反应，循环性能和容量保持率得到显著提升，存储产气明显降低，产品表面残余锂低，pH 低，易于加工。CN109728261B 和 CN114275826A 分别采用氧化石墨烯和石墨烯碳作为包覆层对三元正极材料进行包覆，通过高导电性提高三元正极材料的倍率性能，并且通过包覆保护提高循环性能和稳定性能。

（3）镍钴锰铝酸锂（NCMA）

为了进一步提升高镍三元正极材料在长期循环过程中的稳定性，在镍钴锰酸锂的基础上掺入铝，从而得到镍钴锰铝酸锂四元正极材料，这是 2016 年以来由韩国汉阳大学首先提出的一种新兴技术。

CN113651370A 公开了一种镍钴锰铝酸锂前驱体材料的制备方法，采用共沉淀法制备核壳结构的镍钴锰铝酸锂前驱体材料，在制备过程中引入聚合硫酸铝，其加入碱性溶液后，强碱环境破坏了聚合硫酸铝的结构，缓慢地释放出铝离子，极大地降低了铝离子的沉降速度，使得其在共沉淀过程中，可以与其他金属盐一起均匀地进行沉淀；进一步地，通过控制反应过程中的 pH 和氨值，且在反应的后期将聚合硫酸铝改为硫酸铝，得到了外部结构为放射状生长的一次颗粒；这种放射状生长的结构烧结成的正极材料，促进了锂离子的传输，有效地提升了正极材料的容量和循环性能。通过烧制成正极之后的扣电容量数据发现，该材料在 0.2C 放电倍率下，容量可达 220 mAh/g，首效达到 94%；制成软包电池后，循环 300 周的保持率可达到 92%。

3.4　本章小结

从全球专利申请数量的年度分布情况来看，从 20 世纪 70 年代出现了第一件新能源动力电池正极材料的专利申请以来，到年申请量突破 1000 件用了 20 余年的时间。进入 21 世纪以来，受到各国新能源政策的影响，新能源技术迅速发展，企业研发的力度也不断加大，在不到 20 年的时间里，该领域的年申请量从 1000 多件已经发展到突破 7000 件，近两年来的年申请增长量已经接近 1000 件，发展势头迅猛。

通过对技术来源国和技术目标国的分析可知，新能源动力电池正极材料的专利申请技术来源国主要为日本、中国、韩国和美国。其中日本以占比 42% 位列第一，体现出其在该技术领域发展较早、实力较强；而随着中国企业在该领域的快速发展，中国已经以占比 40% 的申请数量紧随其后，成为全球第二大技术来源国。从技术目标国分布图中可以看出，中国作为最大的新能源汽车产销国，以占比22%成为最大的技术目标国。进一步分析在华申请的情况可以看到，其申请的总体趋势与全球申请趋势类似，并且在全球申请量中的占比不断加大，说明中国在全球市场中占有越来越重要的地位。

在全球主要申请人中，日本企业排名占据绝对优势，其中松下电器作为首批实现锂电池实用化和商业化的企业，在该领域的技术研发和专利布局中走在前列。中国电池制造商宁德时代在全球专利申请量前10名的申请人中占有一席之地，这得益于国内新能源动力汽车市场的强力推动。作为目前国内动力电池装机总量第一名，宁德时代已经与日韩企业一样成为全球重要的跨国电池生产商。而根据在华申请量的排名，宁德时代作为国内新能源动力电池巨头占据首位，并且排名前10位的申请人大部分为企业，说明该领域的实用化和商业化路线比较成熟，日本企业松下集团、丰田自动车和三洋电机以及韩国企业LG化学的在华申请量排名靠前，说明上述企业对中国市场较为重视，在中国有大量的专利布局。

从重点申请人的专利分析来看，新能源动力电池正极材料的生产企业的研发方向有所重叠，同时各有侧重。通过对松下电器、宁德时代和容百科技的重点专利分析可知，各个企业均投入了较多的研发资源在三元正极材料，且在三元正极材料的专利申请中，具有高镍成分的材料占有较大比重。另外，磷酸铁锂材料在正极材料的研发中也是一个重点方向。对于正极材料的制备，元素调整、晶型控制、粒径尺寸和包覆等是企业研发较为关注的几个方面。

第 **4** 章

新能源动力电池正极材料专利申请撰写特点

本章统计、分析了新能源动力电池正极材料专利申请的撰写情况，特别对重点专利进行了深入分析，包括说明书和权利要求书两个方面的内容，探讨了该领域专利申请的撰写特点，为专利申请撰写和法条适用提供参考和依据。

本章中的重点专利是借助专利引证频次与同族数的排名，六局[1]申请情况以及重点申请人信息筛选出来的。

4.1 说明书撰写特点

4.1.1 说明书的组成及作用

专利说明书是专利申请文件中很重要的组成部分，包括技术领域、背景技术、发明内容、附图说明、具体实施方式等部分。其主要作用如下：①对发明或者实用新型作出清楚、完整的说明，使所属技术领域的技术人员能够实现；②支持权利要求书要求保护的范围；③作为审查程序中的修改依据和解释权利要求的手段；④作为可检索的信息源，提供技术信息。

4.1.2 说明书整体情况分析

为研究新能源动力电池说明书整体情况，课题组采用 HimmPat 对专利申请说

---

[1] 六局指中国国家知识产权局、美国专利商标局、日本特许厅、韩国知识产权局、欧洲专利局、WIPO 国际局。

明书页数和附图个数进行了统计分析。

　　说明书页数一定程度上能够反映专利撰写的质量，很多专利价值评估模型都把说明书页数作为重要的指标之一。❶

　　专利价值主要体现在权利保护范围和权利稳定性上。从谋求专利权具有良好稳定性的角度出发，记载在权利要求中的技术特征越多越好。❷ 但是记载的技术特征越多，则保护范围越窄，因此需要在权利保护范围和权利稳定性之间找到平衡点。独立权利要求往往以上位的方式概括一个较宽的保护范围，从属权利要求采用层层递进的保护方式构建出稳定的专利权。而独立权利要求能够概括成比较上位的概念，则需要说明书给予充分的支持。说明书页数越多在一定程度上表明实施例越多、撰写越详细，越能够支持权利要求。

　　对新能源动力电池正极材料领域的中国专利申请进行说明书页数的分析，结果如图4-1-1所示。43.7%的说明书页数为1～5页，41.5%的说明书页数为6～10页，9.8%的说明书页数为11～15页，仅有2.8%和2.3%的专利说明书页数分别达到了16～20页和21页以上。

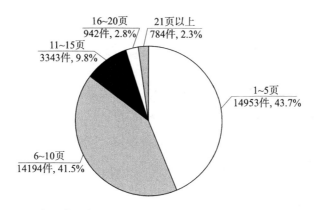

　　图4-1-1　新能源动力电池正极材料领域中国专利申请说明书页数分布情况❸

　　说明书附图个数也是衡量专利撰写质量的指标之一，申请文件中说明书附图个数越多，技术表达越清晰，性能表征越充分，说明书公开越充分，对权利要求的支撑更加有力。对新能源动力电池正极材料领域的全球专利申请进行附图个数

---

　　❶　杨思思，汪一名，陈航，等. 专利法律价值评估研究［J］. 高技术通讯，2016，26（8/9）：815-823.

　　❷　龙巧云，刘锋，温国永，等. 从一个无效案例谈专利撰写与专利权稳定的关系［J］. 中国发明与专利，2015（3）：100.

　　❸　因四舍五入，导致各占比之和不等于100%。

的分析，结果如图4－1－2所示。69.2%的专利申请都存在附图，其中43.5%的专利申请附图个数为1～5个，17.5%的专利申请附图为6～10个，4.8%的专利申请附图个数为11～15个，1.7%的专利申请附图个数为16～20个，还有1.6%的专利申请附图个数达到了21个以上。

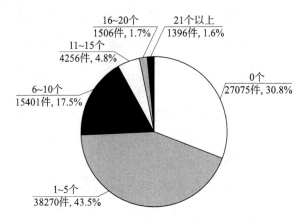

图4－1－2　新能源动力电池正极材料领域全球专利申请附图个数分布情况❶

4.1.3　说明书撰写特点分析

本书借助专利引证频次与同族数的排名、六局申请情况以及重点申请人信息在全球范围内筛选出具有中国同族的94件重点专利，并对其中国同族的专利文件说明书页数、附图个数、实施例与对比例数量、实验数据等方面进行研究，对说明书撰写特点进行进一步的深入分析。

4.1.3.1　说明书页数

正如上一小节所论述的，说明书页数一定程度上能够反映专利撰写的质量。对重点专利的说明书页数进行统计分析，如图4－1－3所示，说明书10页以下的专利仅有18件（19.1%），说明书11～20页的专利为45件（47.9%），说明书21～30页的专利为16件（17.0%），还有15件专利的说明书页数达到了31页以上（16.0%）。相比全部该领域的中国专利，重点专利的说明书页数明显多。

---

❶　因四舍五入，导致各占比之和不等于100%。

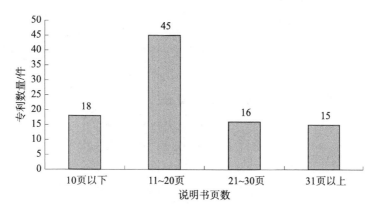

图4-1-3　新能源动力电池正极材料领域全球重点专利中国同族说明书页数分布情况

4.1.3.2　说明书附图个数

在新能源电池正极材料领域中，附图往往是正极材料的形貌、性能表征等，通常作为有益效果和公开充分的有力支撑。

对重点专利的说明书附图个数也进行了分析，结果如图4-1-4所示。仅有6件专利没有说明书附图，1～5个附图的专利为38件，6～10个附图的专利为31件，11～15个附图的专利为10件，还有9件专利的附图达到了16个以上。

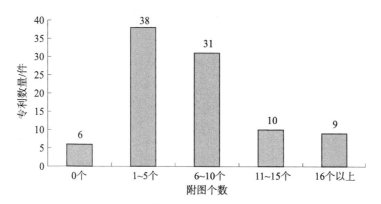

图4-1-4　新能源动力电池正极材料领域全球重点
专利中国同族说明书附图个数分布情况

从附图内容来看，主要分为三类：一是正极材料的表征，如粒径分布图、SEM图像、X射线衍射图谱；二是正极材料应用于电池的电学性能测试，如充放电寿命、充电/放电特性等；三是电极、电池的结构图。

以附图最多的专利CN1224121C为例，其附图数量达到了40个，涵盖了新能源动力电池正极材料领域专利说明书附图常见的三种类型（参见图4-1-5、

图 4 - 1 - 6 和图 4 - 1 - 7）。

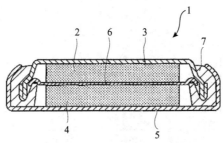

图 4 - 1 - 5　电池图解结构图❶

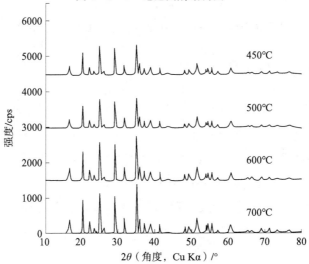

图 4 - 1 - 6　正极材料 X 射线衍射图谱❷

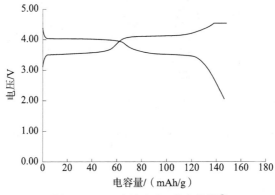

图 4 - 1 - 7　电池充电／放电特性❸

❶ 为 CN1224121C 的附图。

❷ 为 CN1224121C 的附图。

❸ 为 CN1224121C 的附图。

4.1.3.3　实施例与对比例数量

实施例是对发明或者实用新型的优选的具体实施方式的举例说明。实施例的数量应当根据发明或者实用新型的性质、所属技术领域、现有技术状况以及要求保护的范围来确定。

新能源动力电池正极材料属于实验科学比较强的范畴。为了证明技术效果，并区别于现有技术，具体实施方式部分不仅应提供足量、不同类型的覆盖全面的实施例，还应提供一定量的对比例，并通过性能测试来进行效果对比，从而证明说明书中提及的各种有益效果。对于对比例，应当是单变量对比试验，才更能说明对比效果。另外，不仅实施例与对比例之间存在对比，不同的优选实施例之间也存在着更优选技术效果的对比。

如图4-1-8所示，从重点专利的实施例数量来看，5个以下实施例的专利为23件，5～10个实施例的专利为27件，11～15个实施例的专利为16件，16～20个实施例的专利为4件，另外24件专利的实施例达到了21个以上，可以看出在新能源动力电池正极材料领域，大多提供了比较大量的实施例。其中实施例最多的专利（CN102769128A）来自三星电子株式会社，该专利实施例个数达到了150个，覆盖了正极活性材料的制备、采用该活性材料制备的正极及制备得到的硬币电池，对其中关键特征"不含锂的氧化物的前体的含量""表面处理层材料的选择"进行调整得到不同的实施例。

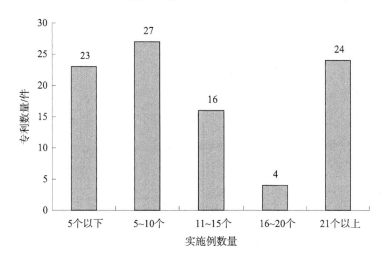

图4-1-8　新能源动力电池正极材料领域全球重点专利中国同族实施例数量分布情况

对比例对于证明专利的技术效果有着重要作用，特别是在后续审查过程中可作

为创造性争辩的重要依据。如图 4 - 1 - 9 所示，从重点专利的实施例数量来看，有
30 件专利不存在对比例，35 件专利存在 1 ~ 5 个对比例，17 件专利存在 6 ~ 10 个
对比例，9 件专利存在 11 ~ 20 个对比例，3 件专利存在 21 个以上的对比例。

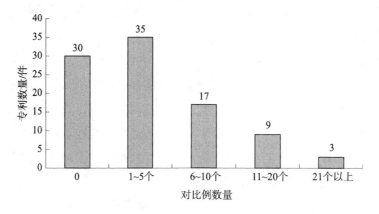

图 4 - 1 - 9　新能源动力电池正极材料领域全球重点专利中国同族对比例数量分布情况

其中对比例最多的专利（CN1732581A）来自三菱化学株式会社，该专利拥
有 36 个实施例、29 个对比例。其发明点在于在正极活性物质的表面设置富勒烯，
使得电解质溶液在正极表面的电解，特别是浮充电时的电解受到抑制，从而增强
锂二次电池的安全性。此外，正极活性物质表面上富勒烯的存在，还使得满充电
贮存时的电阻增加得到抑制。其对比例与实施例的区别就在于没有采用富勒烯对
正极活性材料进行处理，进而测试电学性能以表明其技术效果。

4.1.3.4　实验数据

在化学领域，对于发明技术效果的可预期性较低，因此对于新能源电池正极
材料领域专利申请而言，实验数据作为证明技术效果的关键内容，在申请文件中
具有极为重要的地位，在公开充分、权利要求以说明书为依据、创造性的判断及
争辩中都起到至关重要的作用，关系到案件的走向。通常，实验数据内容上属于
具体实施方式的一部分，也是具体实施方式的结果和效果证明。

新能源电池正极材料的实验数据主要分为两类：一是正极材料的表征，如粒
径分布图、SEM 图像、X 射线衍射图谱；二是正极材料应用于电池的电学性能测
试，如充放电寿命、充电/放电特性等。

对重点专利说明书中的实验数据进行统计，94 件重点专利中仅有 1 件没有
实验数据，其余 93 件均具有实验数据。具体实验数据的类型如图 4 - 1 - 10 所
示，1 件专利仅有材料性能表征，45 件专利仅对应用该正极材料的电池进行了电

学性能测试，超过一半的专利既有材料性能表征又有电学性能测试。可见，新能源正极材料作为特定领域应用的材料，其作为电极的电池性能尤为重要。

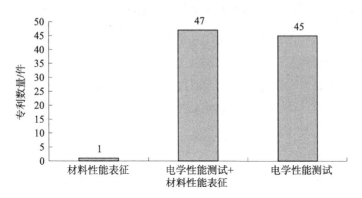

图4-1-10　新能源动力电池正极材料领域全球重点专利中国同族实验数据类型分布情况

4.2　权利要求书撰写特点

4.2.1　权利要求书的组成及作用

权利要求书限定了专利权人获得专利保护的范围。《专利法》第六十四条第一款规定："发明或者实用新型专利权的保护范围以其权利要求的内容为准，说明书及附图可以用于解释权利要求的内容。"可见，权利要求书的作用在于确定专利权的保护范围。申请时提交的权利要求书，表明了申请人希望获得多大范围的法律保护；授权之后公告的权利要求书，确定了专利权人获得该专利保护范围的依据，处理侵权纠纷时，应当以权利要求书确定的保护范围为准。

权利要求分为独立权利要求和从属权利要求。一件专利申请的权利要求书中，应当至少有一项独立权利要求。按照性质划分，权利要求有两种基本类型；一种是物的权利要求，通常称为产品权利要求；另一种是活动的权利要求，通常称为方法权利要求。权利要求的类型是由主题名称来确定的，在类型上区分权利要求的目的是确定权利要求的保护范围。

4.2.2　权利要求书整体情况分析

为研究新能源动力电池权利要求书整体情况，本书采用 HimmPat 对专利权利要求项数、首项权利要求字数、权利要求的类型进行了统计分析。

　　权利要求书是确定专利保护范围的依据，因此权利要求的项数就显得至关重要。一般情况下，申请人会综合考虑希望获得授权的核心技术方案，以及为了提高授权概率适当地限缩范围，利用独立权利要求和从属权利要求的范围梯度进行权利要求书的撰写。独立权利要求的技术特征最少，保护范围最大，但是因为现有技术导致的新颖性和创造性缺陷的可能性也最大。从属权利要求是对独立权利要求的进一步限定，随着附加技术特征的限定，从属权利要求的保护范围逐渐缩小，但获得专利权的可能性会适当增加。因此，适当的权利要求项数是撰写专利申请文件必须慎重考虑的问题。

　　对新能源动力电池正极材料领域的13757件中国专利的权利要求项数进行分析，参见图4-2-1。可以看出，申请时包含1～5项和6～10项权利要求的专利数量最多，尤其是6～10项的达到了9876件，超过了其他情况数量的总和；11项以上的专利数量急剧下降，31～40项、41项以上的都只有两位数，分别为82件、62件。授权后权利要求的项数除6～10项以外，其他的分段值均呈现上升态势，1～5项的件数由申请时的1829件上升到4166件，上升幅度超过1倍，其他分段值的件数也都有小幅上升。

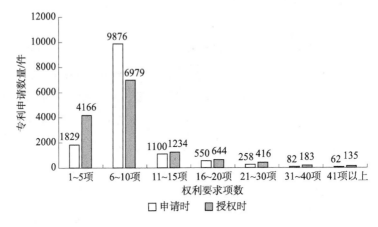

图4-2-1　新能源动力电池正极材料领域中国专利权利要求项数分布情况

　　究其原因，这是由于受国家知识产权局相关规定的限制。国家知识产权局规定，如果申请日提交的权利要求项数超过10项，需要缴纳额外的专利权利要求附加费，从第11项起每项加收150元，这笔费用是不能申请减免的。但是这个附加费并不涉及审查过程中修改或者最终授权的权利要求项数。因此，如果不是绝对必要，申请人通常不会选择在申请日提交超过10项的权利要求书版本，其可以在后续审查过程中通过修改，将权利要求书中的技术方案进行拆分，或者从说明书的内容中补充新的技术方案增加到后续的权利要求书版本内。

首项权利要求一般代表了该专利最核心或者申请人最期望获得授权的技术方案，因此对于首项权利要求字数的控制也是很有必要的。以新能源动力电池领域专利文件为例，如图 4-2-2 所示，在申请时首项权利要求字数分段值在 101～200 字的申请数量最大，达到了 4992 件；其次是 51～100 字的 3095 件和 201～300 的 2437 件。呈现这样趋势的原因是权利要求限定了保护范围，对于同一件申请而言，一般情况下，字数越少代表写入该权利要求的技术特征越少，限定出的保护范围就越大。申请人通常是期望获得最大的保护范围，但是撰写出的首项权利要求的最大保护范围并不一定是对申请人最有利。专利文件尤其是权利要求书是一个技术类文件，在一个权利要求中需要将一个技术方案表述得基本完整和清晰，不可能无限制地减少技术特征的数量。而且，正如前文分析，权利要求保护范围过大，通常被现有技术破坏新颖性或创造性的可能性也较大。因此，字数低于 50 字和高于 300 字的分段值申请数量明显较小。

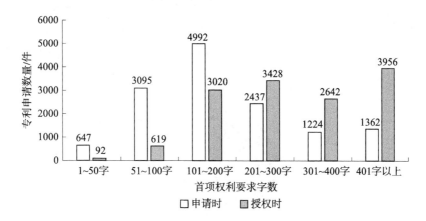

图 4-2-2 新能源动力电池正极材料领域中国专利首项权利要求字数分布情况

专利申请在经过审查过程后，申请人通过修改权利要求克服新颖性、创造性或者其他权利要求的缺陷，一般情况下独立权利要求的字数会有所增加。新能源动力电池领域专利授权时首项权利要求字数在 401 字以上的分段值所包含的文献数量最大，达到 3956 件；其次是 201～300 字和 101～200 字分段值，文献数量均超过 3000 件。

权利要求的类型主要包括产品权利要求和方法权利要求，新能源动力电池正极领域对于生产方法和用途的研究占比较大，这也体现在专利申请文件的撰写上。如图 4-2-3 所示，申请日提交的权利要求书中，权利要求的类型只包括产品的仅占 18.2%，只包括方法的仅占 24.1%，同时包括产品和方法的占到了 57.7%。可见，大部分申请人倾向于在提交申请时，在权利要求书中同时撰写产品和方法两种类型的权利要求，从不同的角度对自己的技术寻求保护。

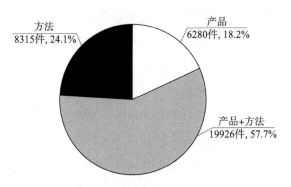

图 4-2-3　新能源动力电池正极材料领域中国专利
申请权利要求类型分布情况（申请时）

图 4-2-4 显示了授权时权利要求书中权利要求类型的分布情况。相比较提交申请时的情况，权利要求书中仅包含方法的占比小幅上升到了 28.7%，既包含产品又包含方法的占比下降到 52.7%。这可能是由于审查过程中产品权利要求的保护范围较大，容易被现有技术影响新颖性或创造性，通过修改为方法权利要求后克服上述缺陷，最终得到授权后的占比有所变化。

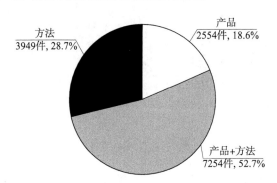

图 4-2-4　新能源动力电池正极材料领域中国授权
专利权利要求类型分布情况（授权时）

4.2.3　权利要求书撰写特点分析

课题组参照本章 4.1.3 节的筛选方式获得 94 件重点专利申请（其中 74 件为授权专利），针对上述专利文件进行标引研究后，对权利要求书的撰写特点进行进一步的深入分析。

4.2.3.1　权利要求数量

权利要求书的项数情况如图 4 - 2 - 5 所示，11 ～ 20 项分段值范围数量在申请时分布最多，达到 41 件（43.6%）；1 ～ 10 项分段值在授权时分布最多，达到 29 件（39.2%）。这与全球专利权利要求项数分布稍有差别，原因是重点专利大多数具有相当的技术价值，创新主体对于专利申请在附加费用方面的考虑影响因素较小，但同时也可以看出重点专利并不会盲目增加权利要求项数，21 项以上的申请数量总和不超过 30 件（仅 29 件，30.9%），授权仅为 21 件（28.4%）。

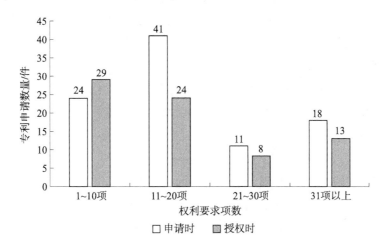

图 4 - 2 - 5　新能源动力电池正极材料领域全球重点专利申请中国同族权利要求项数分布情况

权利要求书中独立权利要求的组数通常代表了申请人对于一项整体技术内容的不同保护倾向，申请人可以选择从不同角度（可以是技术分支或者保护类型）来对技术内容进行撰写形成多组相关联的权利要求。图 4 - 2 - 6 显示了权利要求书中独立权利要求的组数分布情况。可以看出，1 ～ 3 组独立权利要求的分段值申请数量和授权数量都是最大的，分别达到了 61 件（64.9%）、48 件（64.9%）。7 组以上的分段值数量明显较少，除非有必要（如具有相当商业价值的申请或者关联技术较为复杂的申请），一般申请人不会在权利要求书中包含数量较多的独立权利要求，这个分段值中申请数量为 12 件（12.8%），授权数量为 7 件（9.5%）。

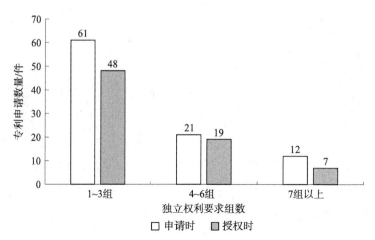

**图 4 - 2 - 6　新能源动力电池正极材料领域全球重点专利申请
中国同族独立权利要求组数分布情况**

4.2.3.2　权利要求主题

对上述 94 件重点专利申请的权利要求主题进行具体的分析，可以将申请人对技术方案的撰写分为正极材料（仅保护正极材料本身）、制备方法（制备工艺流程）、应用（包括电极、电池，以及应用到相关领域的用途）、生产设备（仅涉及生产装置、设备等）。为便于理解，以下对权利要求技术方案的主题类型进行举例，其中撰写方式仅作为示例，具体的撰写内容不仅限于此。

（1）对于正极材料本身的保护

权利要求的撰写方式例如：

1. 一种正极活性材料，包括：

由至少含有锂（Li）和钴（Co）的氧化物制得的复合氧化物颗粒；以及

设置在复合氧化物颗粒的至少部分上且由含有锂以及镍和锰中至少一种的氧化物制得的包覆层。

……

（2）对于制备方法的保护

权利要求的撰写方式例如：

1. 一种电解质被覆型正极活性物质粒子的制造方法，其特征在于，具有被覆工序：对正极活性物质粒子与硫化物固体电解质的混合物实施剪切力赋予处理，使所述硫化物固体电解质被覆于所述正极活性物质粒子的表面。

……

（3）对于制备方法的保护

权利要求的撰写方式例如：

1. 一种电池，包括：

正极；

负极；和

电解质，

其中该正极含有正极活性材料，其中在至少部分复合氧化物颗粒上设置包覆层，

该复合氧化物颗粒由至少含有锂（Li）和钴（Co）的氧化物制得，以及该包覆层由含有锂以及镍和锰中至少一种的氧化物制得。

……

（4）对于生产设备的保护

权利要求的撰写方式例如：

1. 一种制备正极活性物质的装置……

参见图4-2-7的分布情况，可见对于新能源正极材料本身寻求的保护稍弱于对正极材料在应用方面的保护，申请时，正极材料应用方面的申请数量在全部94件专利申请中有84件（89.4%），正极材料申请数量为59件（62.8%）。授权时，仍然保留正极材料应用的专利申请数量在全部获得授权的73件专利中有55件（75.3%），正极材料授权数量为45件（61.6%）。可以看到，重点专利范围内，没有明确针对生产设备进行的专利申请（数量为0），原因可能在于目前的生产加工方法，每个工艺流程涉及的装置仍然是常规的混合、煅烧、涂覆等工艺设备，具有创新性的工艺生产设备不属于该领域的研发重点。

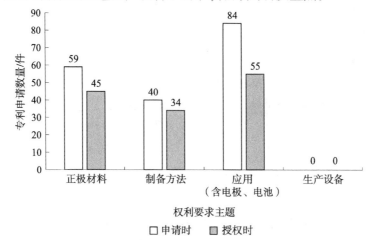

图4-2-7　新能源动力电池正极材料领域全球重点专利申请
中国同族权利要求主题分布情况

4.2.3.3 权利要求类型

以下将上述重点专利申请按照权利要求的类型分为产品权利要求和方法权利要求，并分别对产品权利要求和方法权利要求的撰写方式进行分类。

4.2.3.3.1 产品权利要求

产品权利要求的主题名称为物品、物质、材料等，但是可以仅将结构组成撰写成权利要求，或者在权利要求技术特征中包含性能参数、工艺方法等。根据具体情况将产品权利要求的撰写方式分为五类：由组成限定、由参数限定、由方法限定、既包含组成也包含参数、既包含组成也包含方法。为便于理解，以下对产品权利要求的五类撰写方式进行举例，其中撰写方式仅作为示例，具体的撰写内容不仅限于此。

（1）由组成限定的产品权利要求

其撰写方式例如：

1. 一种正极活性材料，包括：

由至少含有锂（Li）和钴（Co）的氧化物制得的复合氧化物颗粒；以及

设置在复合氧化物颗粒的至少部分上且由含有锂以及镍和锰中至少一种的氧化物制得的包覆层；

其中该复合氧化物颗粒的平均组成用化学式1表示，

$$Li_{(1+w)}Co_{(1-x-y)}M1_xM2_yO_{(2-z)} \qquad （化学式1）$$

其中 M1 表示选自镁（Mg）、铝（Al）、钛（Ti）和锆（Zr）的至少一种，M2 表示选自硼（B）、钒（V）、铬（Cr）、锰（Mn）、铁（Fe）、镍（Ni）、铜（Cu）、锌（Zn）、钼（Mo）、锡（Sn）、钨（W）、钇（Y）、铌（Nb）、钙（Ca）和锶（Sr）的至少一种；以及 w、x、y 和 z 的值分别在 $-0.10 \leqslant w \leqslant 0.10$，$0.001 < x < 0.10$，$0 \leqslant y < 0.40$ 以及 $-0.10 \leqslant z \leqslant 0.20$ 的范围中。

......

（2）由参数限定的产品权利要求

其撰写方式例如：

1. 一种适用于制作二次电池的正极的复合材料，其特征在于该复合材料是呈粉末状，并具有橄榄石结构或钠硅康（NASICON）结构，且该复合材料粉末具有粒径介于 10 ~ 500 nm 的一次粒子，以及由所述一次粒子形成的粒径大于 1 μm 的二次粒子。

……

或者：

1. 一种锂二次电池正极用复合粒子，其含有包覆活性物质粒子及黏合剂，其中，

所述包覆活性物质粒子含有正极活性物质粒子和包覆所述正极活性物质粒子表面的包覆材料，

所述包覆材料含有 SP 值为 9.5 ～ 13（cal/cm³）$^{1/2}$ 的包覆聚合物及导电剂。

……

（3）由方法限定的产品权利要求

其撰写方式例如：

1. 一种锂二次电池正极活性物质，所述正极活性物质的方法包括下述步骤：

同时将金属前驱体、氨水溶液和碱性溶液加入到反应器中，并将它们混合和预沉淀，以获得金属复合氢氧化物；以及

将金属复合氢氧化物与锂前驱体混合反应，以获得锂金属复合氧化物。

……

（4）既包含组成也包含参数的产品权利要求

其撰写方式例如：

1. 一种正极活性物质，其为非水电解质二次电池用正极活性物质，

所述正极活性物质具有包含锂和除锂之外的金属 M 的复合氧化物，

M 含有 Ni、Mn 以及 Co，

Ni 相对于 Ni、Mn 和 Co 的合计的摩尔比为 0.45 ～ 0.65，

Mn 相对于 Ni、Mn 和 Co 的合计的摩尔比为 0.15 ～ 0.35，

所述正极活性物质在 60 MPa 加压的状态下的压缩密度为 3.3 g/cm³ 以上且 4.3 g/cm³ 以下，

所述正极活性物质在 60 MPa 加压的状态下的体积电阻率为 100 Ω·cm 以上且小于 1000 Ω·cm。

……

（5）既包含组成也包含方法的产品权利要求

其撰写方式例如：

1. 一种高镍三元锂离子电池正极材料，其特征在于：所述的高镍三元锂离子电池正极材料的化学组成为 $Li_mNi_xCo_yMn_zM_{1-x-y-z}O_2$，其中 $1 \leqslant m \leqslant 1.2$，$0.5 \leqslant x \leqslant 0.9$，$0 \leqslant y \leqslant 0.3$，$0 \leqslant z \leqslant 0.2$，$0 \leqslant 1-x-y-z \leqslant 0.1$；M 选自碱金属元素、碱土金属元素、第 13 族元素、第 14 族元素、过渡金属及稀土元素中的一种或多种；

所述正极材料的制备方法包括以下步骤：

（1）将可溶性的镍、钴、锰及 M 盐配成金属离子的溶液；分别将沉淀剂、络合剂配成溶液；

（2）在合适的反应温度下，在搅拌和惰性气体保护下，将金属离子的溶液、沉淀剂溶液、络合剂溶液缓慢混合，得到反应液，控制反应液的 pH 值，经过生长、陈化、过滤、洗涤、干燥，得到高镍三元正极材料的前驱体；

（3）得到的前驱体与锂盐混合后进行高温烧结，得到一种高镍三元正极材料。

……

产品权利要求的撰写方式分布情况如图 4-2-8 所示，可以看出有 43 件采用了仅由组成限定的产品权利要求的撰写方式，在所有采用产品权利要求进行撰写的重点专利申请中占比最高，达到了 72.9%。仅采用方法限定，以及既包含组成也包含方法的撰写方式的申请数量均只有 1 件（1.7%）。

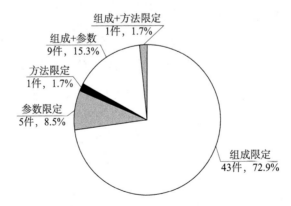

图 4-2-8 新能源动力电池正极材料领域全球重点专利申请中国同族产品权利要求撰写方式（申请时）❶

---

❶ 因四舍五入，导致各占比之和不等于 100%。

同样对获得授权的重点专利进行产品权利要求撰写方式的分析，分类方法相同，结果如图 4 - 2 - 9 所示。占据绝对优势地位的依然是仅由组成限定的权利要求，达到 27 件，占总授权专利案件的 60.0%。还可以看到既包括组成又包括参数的产品权利要求由申请时占比和 15.3%（9 件）上升为授权时占比 24.4%（11 件）。

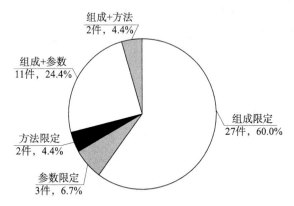

图 4 - 2 - 9　新能源动力电池正极材料领域全球重点专利申请中国同族产品❶
权利要求撰写方式（授权时）

4.2.3.3.2　方法权利要求

对方法权利要求，可以进行类似的分类，主题名称为制造方法、使用方法、处理方法以及将产品用于特定用途等，可以仅将工艺步骤撰写成权利要求，或者在权利要求技术特征中包含产品的结构组成等。根据具体情况将方法权利要求的撰写方式分为三类：仅包含工艺步骤、仅包含产品特征、既包含工艺步骤也包含产品特征。为便于理解，以下对方法权利要求的三类撰写方式进行举例，其中撰写方式仅作为示例，具体的撰写内容不仅限于此。

（1）仅包含工艺步骤的方法权利要求

其撰写方式例如：

1. 一种正极活性物质的制造方法，其是具有包含锂和除锂之外的金属 M 的复合氧化物的非水电解质二次电池用正极活性物质的制造方法，该制造方法包含下述步骤：

（i）将过渡金属化合物与锂盐混合，使得 Li 相对于 M 的摩尔比为 1.00 ~ 1.05，

所述过渡金属化合物含有除锂之外的金属 M，M 含有 Ni、Mn 以及 Co，

---

❶　因四舍五入，导致各占比之和不等于 100%。

Ni 相对于 Ni、Mn 和 Co 的合计摩尔比为 0.45～0.65，Mn 相对于 Ni、Mn 和 Co 的合计摩尔比为 0.15～0.35，Co 相对于 Ni、Mn 和 Co 的合计摩尔比为 0.15～0.25；

（ⅱ）一边使得到的混合物在旋转窑炉内流动，一边在氧中或空气中以 650～850 ℃ 的第一烧成温度进行第一烧成；

（ⅲ）将由第一烧成得到的第一烧成物在烧成炉内于氧气中或空气中以比第一烧成温度高 50 ℃ 以上的第二烧成温度进行第二烧成，得到所述复合氧化物。

……

（2）仅包含产品特征的方法权利要求

其撰写方式例如：

1. 一种制造方法，其包括制造包含具有密度梯度的电极活性材料层的二次电池电极。

……

（3）既包含工艺步骤也包含产品特征的方法权利要求

其撰写方式例如：

1. 一种钠电池用正极活性物质的制造方法，钠电池用的正极活性物质由以下述通式（1）表示，

通式（1）：$Na_x M_y (AO_4)_z (P_2O_7)_w$

[式（1）中，M 是选自 Ti、V、Cr、Mn、Fe、Co、Ni、Cu 以及 Zn 中的至少一种，A 是选自 Al、Si、P、S、Ti、V 以及 W 中的至少一种，其中 $4 \geqslant x \geqslant 2$，$4 \geqslant y \geqslant 1$，$4 \geqslant z \geqslant 0$，$1 \geqslant w \geqslant 0$，z 和 w 的至少一者为 1 以上]；

其特征在于包含如下工序：

临时煅烧工序，在大气气氛下以 150～500 ℃ 对至少包含含 Na 化合物、含有所述 M 的含 M 化合物、含有所述 A 的含 A 化合物以及含 P 化合物的原料混合物进行煅烧；和

正式煅烧工序，在所述临时煅烧后，在大气气氛下以 500～800 ℃ 对所得临时煅烧物进行煅烧。

……

方法权利要求的撰写方式分布如图 4-2-10、图 4-2-11 所示，可以看出申请时有 22 件采用了既包含工艺步骤也包含产品特征的方法权利要求的撰写方式，在所有采用方法权利要求进行撰写的重点专利申请中占比最高，达到了

55.0%。仅包含工艺步骤的申请文件为17件（42.5%），仅包含产品特征的申请文件仅有1件（2.5%）。授权时没有仅包含产品特征的专利案件，仅包含工艺步骤的案件（7件）和既包含工艺步骤也包含产品特征的案件（23件）分别占23.3%和76.7%。

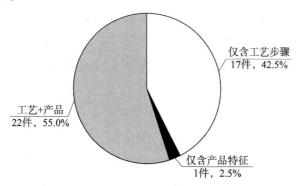

图4-2-10　新能源动力电池正极材料领域全球重点专利申请中国同族方法权利要求撰写方式（申请时）

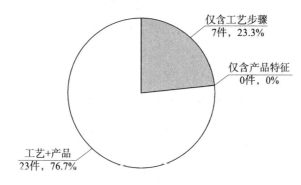

图4-2-11　新能源动力电池正极材料领域全球重点专利申请中国同族方法权利要求撰写方式（授权时）

4.3　本章小结

对于一份专利文件来说，必要的组成部分为说明书摘要、说明书和权利要求书。摘要是说明书公开技术内容的概述，其本身不具有法律效力，主要是起到对技术信息进行归纳总结的作用。如果是涉及结构的技术方案，通常会包括用于辅助理解的说明书附图，一般也把说明书附图归为说明书的一部分。此时也可以选定或指定一幅说明书附图作为摘要附图，摘要附图属于摘要的一部分。

《专利审查指南 2023》第二部分第二章第 1 节中规定："根据专利法第二十六条第一款的规定，一件发明专利申请应当有说明书（必要时应当有附图）及其摘要和权利要求书；一件实用新型专利申请应当有说明书（包括附图）及其摘要和权利要求书。说明书和权利要求书是记载发明或者实用新型及确定其保护范围的法律文件。"可见，说明书和权利要求书是专利申请文件中最重要的组成部分。对于申请人（或专利权人）来说，撰写一份高质量的说明书和权利要求书既能够准确记录自己的技术内容和申请诉求，也能够在一定范围内提升获得授权的可能性。

根据本章的介绍，结合新能源动力电池正极材料的领域特点，这里对于说明书和权利要求书撰写要点作简要总结。

对于说明书的撰写，首先说明书页数主要取决于技术内容，也在一定程度上反映了撰写质量。就全球范围申请量而言，说明书页数主要分布在 1 ~ 10 页，但是重点专利范围中 11 ~ 20 页占比最大，这在一定程度上也说明了说明书页数与专利质量呈正相关。说明书中应当设置适当数量的实施例用以描述技术方案的具体实现过程，并且通常情况下，实施例能够实现对于数据点的记载，有利于对权利要求中保护的数值范围进行支持。几乎所有的重点专利都有实施例，其中最多的实施例数量达到了 150 个。对比例能够充分说明专利技术相对于现有技术的优势，近 70% 的重点专利都拥有对比例。由于材料科学属于实验性科学领域，因此说明书中应当包含适当的实验数据，这也有利于说明技术方案的具体效果。说明书附图的作用在于用图形补充文字描述，直观、形象地呈现技术方案。新能源动力电池正极领域专利申请中的附图可以包括电池结构图、物质的 XRD 图、电化学性能图等，附图的数量满足技术内容本身的需求，能够呈现专利技术相对于现有技术的先进性、改进性即可。

对于权利要求的撰写，权利要求的数量一般控制在 6 ~ 10 项的申请数量较多，这主要受制于国家知识产权局关于申请附加费的规定，但重点专利的权利要求项数会明显较多，但也主要分布在 20 项以内。首项独立权利要求基本上能够代表创新主体最关注、最期望获得保护的技术方案，而从保护范围和表述完整两个方面进行考量，字数通常控制为 50 ~ 300 字，审查后由于修改，尤其是为了规避现有技术的新颖性、创造性缺陷，授权权利要求的字数有明显增加，超过400 字的也具有相当数量。作为实验性科学领域，新能源动力电池正极材料方面的专利申请，大部分会既包含产品权利要求，也包含方法权利要求，从不同方向、不同维度对专利技术进行保护。对于权利要求的技术分支，可以看出在重点专利中，没有对专用设备的申请，可见该技术发展方向不是目前的研究热点。产品权利要求中，由组成限定的产品权利要求无论是申请时还是授权时占比都是最大的，可见创新主体期望尽可能获得最大的保护范围。方法权利要求中，既包含工艺步骤又包含产品特征的占比最大，也可以体现创新主体希望将产品的组成限定进一步以方法权利要求的方式进行保护。同时也可以说明，新材料物质本身仍然是目前的主要研究方向。

第 5 章

新能源动力电池正极材料专利的法条适用探究

5.1 新颖性

5.1.1 "新颖性"条款的立法本意

《专利法》第二十二条第一款规定："授予专利权的发明和实用新型，应当具备新颖性、创造性和实用性。"申请专利的发明和实用新型具备新颖性是其被授予专利权的必要条件之一。这是由专利制度的性质所决定的。之所以对一项发明创造授予专利权，使专利权人享有一定期限内的独占权，是因为该项发明创造是前所未有的，值得被授予这样的权利。而已经为公众所知的发明创造，公众就享有了实施它的权利，任何人都不能再通过专利权进行独占，否则就损害了公众的利益。

新颖性法条的确立，目的就是防止将已经为公众所知的技术批准为专利权。这是授予发明和实用新型专利权最为基本的条件。

5.1.2 新能源动力电池正极材料领域新颖性审查的特点

《专利法》第二十二条第二款规定："新颖性，是指该发明或者实用新型不属于现有技术；也没有任何单位或者个人就同样的发明或者实用新型在申请日以前向国务院专利行政部门提出过申请，并记载在申请日以后公布的专利申请文件或者公告的专利文件中。"

由于方法权利要求在侵权诉讼时取证困难，越来越多的新能源动力电池正极材料专利在权利要求中请求对产品的保护，而产品往往保护范围较大，相较于方法权利要求而言，产品权利要求会更多地涉及新颖性问题。根据《专利审查指南2023》第二部分第二章第3.2.2节的规定，只有当产品权利要求中的一个或多个技术特征无法用结构特征予以清楚地表征时，允许借助物理或化学参数表征，因此对于参数特征采取的是不提倡的措施。但是在材料、化学领域的审查实践中，有时候仅仅使用结构和/或组成特征不能清楚地在表征化学产品的同时将其与现有技术的产品区分开，还有一部分申请人出于扩大保护范围的目的，有很大一部分的新能源动力电池正极材料领域的权利要求中引入了物理或化学参数的表征。

目前锂电池行业的专利在社会上受到了广泛关注，对于专利文件中的参数限定尤其突出。2022年"两会"期间，全国人大代表潘雪平提交了一份《关于规范锂电池行业市场秩序避免滥用问题专利的恶意竞争行为的建议》，其中提到的"问题专利"一层意思就是通过数据杜撰和利用若干参数编造复杂公式的撰写方式申请专利，将现有技术纳入专利保护范围。国家知识产权局在针对该建议的答复函中表示：针对公式参数及相关特征限定的专利，严格依法审查专利申请，把好授权关口，并加大非正常专利申请排查处置力度。

另外，新能源动力电池是非常成熟的产业，已经大规模产业化，正极材料在市场上有广泛的应用，因此在该领域，"使用公开"在新颖性的判断中也是非常重要的一个方面。

5.1.3 新能源动力电池正极材料领域新颖性审查标准探究

本节从无效、复审案例出发，探讨新能源动力电池正极材料这一特定领域中涉及新颖性的几种情形的审查标准，同时给出专利申请撰写实践中的建议。

5.1.3.1 参数限定

采用参数特征限定产品的撰写方式越来越受到申请人的推崇，然而参数特征限定的权利要求一直是审查的难点，这是由于现有技术中一般来说并没有记载这些参数，根据该参数从整体上判定发明对现有技术的贡献时，与现有技术的对比相对困难，对审查员站位本领域技术人员的能力要求更高。

参数最大的特点是复杂性。参数的表现形式多种多样，通常可分为标准参数、通用参数、不常见参数、自定义参数等。根据参数与产品组成的关系，又可分为表征产品结构和/或组成的参数、表征产品功能和/或效果的参数等。比如最常见的物质水（H_2O），其能通过直接测定的熔点、沸点、密度等性能数值表征，也可被定义为公式形式的几个变量的简单或复杂的数学组合，如利用在不同温度下水的运动黏度的比值为参数进行限定。基于参数本身的复杂性和多样性，采用参数限定或表征的产品权利要求的解读和认定变得更为复杂。

《专利审查指南2023》第二部分第十章第5.3节中规定："如果无法依据所记载的参数对由该参数表征的产品与对比文件公开的产品进行比较，从而不能确定采用该参数表征的产品与对比文件产品的区别，则推定用该参数表征的产品权利要求不具备专利法第二十二条第二款所述的新颖性。"该规定是比较泛泛的，实际审查中，通常会借助参数表征的含义、现有技术中已有的关联参数、制备方法等来进行判断。

实际中采用参数限定主要有以下几个原因：一是保护特定的产品需要；二是将新方法用产品权利要求来保护；三是不当延长保护期，有的申请人在申请产品专利之后，为了不当延长产品专利的保护期，在后续专利申请的产品权利要求中采用现有技术中未披露的自定义参数进行限定。❶ 本小节中介绍两种参数限定产品新颖性的判断方法：一是借助参数表征的含义判断；二是借助与参数相关联的制备方法判断。

（1）借助参数表征的含义判断

下文引用一个专利权无效宣告请求案例，对参数限定的权利要求的新颖性展开探讨。

▶【案例5-1-1】201280008003.9

该案专利权人为尤米科尔公司，无效宣告请求人为容百科技。该案号称科创板"锂电专利第一案"。2020年9月，尤米科尔公司针对容百科技提起专利侵权诉讼，称该公司"镍钴锰酸锂S6503"产品落入专利ZL201280008003.9的保护范围，请求判令该公司赔偿其6203.35万元经济损失。面对这一诉讼，容百科技提出专利权无效宣告请求。该无效宣告请求涉及多个法条，本小节仅讨论关于新颖性中参数限定的内容。

▶【案例介绍】

该案涉案专利的发明名称为"具有低可溶性碱含量的高镍阴极材料"，优先权日为2011年2月7日，申请日为2012年1月31日，授权公告日为2016年1

---

❶ 李德宝. 参数限定的产品权利要求［J］. 专利代理，2021（4）：39-40.

月 20 日。该专利授权公告的独立权利要求 1 如下：

1. 用于锂离子电池的正极材料，包括一种具有通式为 $Li_a((Ni_z(Ni_{1/2}Mn_{1/2})_yCo_x)_{1-k}A_k)_{2-a}O_2$ 的锂过渡金属氧化物粉末，其中 $x+y+z=1$、$0.1 \leqslant x \leqslant 0.4$、$0.36 \leqslant z \leqslant 0.50$，$A$ 是一种掺杂剂，$0 \leqslant k \leqslant 0.1$ 以及 $0.95 \leqslant a \leqslant 1.05$，并且具有一个可溶性碱含量 SBC，该可溶性碱含量在将该氧化物粉末在至少 500 ℃ 并且小于其中该粉末的形貌通过烧结而改变的温度的温度下、在空气中 5 至 10 个小时的过程中进行加热时以小于 10% 来增加。

无效宣告请求人提交的用以证明涉案发明不具备新颖性的证据如下：

证据 1：CN101300696A 号中国专利申请公开文本，公开日 2008 年 11 月 5 日；

证据 2：CN101300698A 号中国专利申请公开文本，公开日 2008 年 11 月 5 日；

证据 4：CN101765934A 号中国专利申请公开文本，公开日 2010 年 6 月 30 日。

无效宣告请求人认为：权利要求 1 分别相对于证据 1、2、4 不具备新颖性。主要理由在于：权利要求 1 中限定了"具有一个可溶性碱含量 SBC，该可溶性碱含量在将该氧化物粉末在至少 500 ℃ 并且小于其中该粉末的形貌通过烧结而改变的温度的温度下、在空气中 5 至 10 个小时的过程中进行加热时以小于 10% 来增加"（以下简称"可溶性碱含量特征"），尽管证据 1、2、4 没有公开上述特征，但是都表明了基本不含或者尽可能减少水溶性碱杂质，故可以推定公开了权利要求 1 所述可溶性碱含量特征，因此公开了权利要求 1 的全部技术特征。

对此，合议组根据涉案专利的说明书对可溶性碱含量特征进行了详尽的分析：根据说明书内容，该特征是正极材料具有平衡的可溶性碱含量 SBC_e（说明书第 0029 段）的表征，所述可溶性碱的一部分是 Li_2CO_3，但其对应于且表达了一个表面特性并且不是源于一种杂质（说明书第 0030 段），SBC_e 平衡值取决于材料的形貌、有效的表面积以及其组成（说明书第 0079 段）。即，符合权利要求 1 中可溶性碱含量特征（具有 SBC_e 平衡值）的正极材料，其可溶性碱含量的数值不完全排除 Li_2CO_3，且更紧密地与正极材料表面的特征关联。因此即使证据 1、2、4 基本不含或者尽可能减少水溶性碱杂质，但是并不能说明阴极材料的表面特性，如形貌、离子状态、晶体结构稳定性等。即不能推定公开了权利要求 1 中的"可溶性碱含量特征"。❶

---

❶ 参见国家知识产权局第 51308 号无效宣告请求审查决定书。

▲【案例分析】

产品权利要求性能参数特征的表征方式是除结构和/或组成表征这种直接限定方式之外的间接表征方式，在无法利用结构和/或组成特征来进行准确定义时使用。但是参数限定也存在一定问题。

实际上，为了避免出现申请人采用性能参数特征方式限定已知产品并获得专利权使公众利益受损的情况，《专利审查指南 2023》中规定了推定新颖性的概念，即对于包含性能、参数特征的产品权利要求，应当考虑权利要求中的性能、参数特征是否隐含了要求保护的产品具有区别于对比文件产品的结构和/或组成：如果该性能、参数隐含了要求保护的产品具有区别于对比文件产品的结构和/或组成，则该权利要求具备新颖性；相反，如果所属技术领域的技术人员根据该性能、参数无法将要求保护的产品与对比文件产品区分开，则可推定要求保护的产品与对比文件产品相同，因此申请的权利要求不具备新颖性，除非申请人能够根据专利申请文件或现有技术证明权利要求中包含性能、参数特征的产品与对比文件产品在结构和/或组成上不同。对于采用参数限定的产品权利要求，在解读、分析权利要求时着重考虑性能、参数特征是否隐含了要求保护的产品具有区别于对比文件产品的结构和/或组成。

基于"谁主张，谁举证"的原则，在不同的审查阶段，面对推定新颖性，举证责任也是不同的。授权程序是专利申请人因申请专利权而发起的行政审批程序，申请人对于其提交的申请文件的内容和撰写方式有自由决定权，其既然采用了参数特征进行限定，便具有说明专利申请区别于现有技术的义务。因此，当审查员站在本领域技术人员的角度对所请求保护的权利要求能否与现有技术形成区别存疑从而推定其不具备新颖性时，就应当由申请人一方承担举证责任，在举证不力的情况下由申请人承担所带来的相应后果。而在专利无效宣告程序中，无效宣告请求人对其主张的事实、理由负有主要的举证责任，基于同样的理由，无效宣告请求人举证充分与否会导致不同的审查结论。

站位本领域技术人员，合理分析理解性能/效果类参数特征与产品结构和/或组成之间的关联，是性能/效果类参数限定的产品权利要求实质审查中的关键所在。❶ 该案中无效宣告请求人认为证据 1、2、4 的锂的过渡金属氧化物基本上不

---

❶ 梁翠，武茂蒙. 性能/效果类参数限定的产品权利要求新创性审查［J］. 中国科技信息，2020（13）：22.

含水溶性碱杂质，特别是 Li_2CO_3，因此公开了权利要求 1 中的可溶性碱含量特征。而根据涉案申请的记载，可溶性碱含量 SBC 取决于材料的形貌、有效的表面积以及其组成，其可溶性碱含量的数值不完全排除 Li_2CO_3，且更紧密地与正极材料表面的特征关联。因此证据中的"基本上不含水溶性碱杂质"并不能等同于权利要求 1 限定的可溶性碱含量特征。

该案的无效宣告请求人从参数表征的含义出发，分析了该参数与产品结构、组成间的关系，认为权利要求 1 限定的"具有一个可溶性碱含量 SBC，可溶性碱含量在将该氧化物粉末在至少 500 ℃并且小于其中该粉末的形貌通过烧结而改变的温度的温度下、在空气中 5 至 10 个小时的过程中进行加热时以小于 10% 来增加"，其表征的就是正极材料的可溶性碱含量比较低。因此从证据 1、2、4 中基本不含或者尽可能减少水溶性碱杂质推定公开了权利要求 1 中的该特征。但是参数往往是复杂的，其表征的性能也往往是多方面的，涉案申请中"可溶性碱含量特征"主要表征的是可溶性碱的含量，但是涉案申请说明书中明确记载了 SBC_e 平衡值取决于材料的形貌、有效的表面积以及其组成（说明书第 0079 段）。即符合权利要求 1 中可溶性碱含量特征（具有 SBC_e 平衡值）的正极材料，其可溶性碱含量的数值不完全排除 Li_2CO_3，且更紧密地与正极材料表面的特征关联。

▼【撰写建议】

根据《专利审查指南 2023》第二部分第二章第 3.2.2 节的规定，当产品权利要求中的一个或多个技术特征无法用结构特征予以清楚地表征时，允许借助物理或化学参数表征，但使用参数表征时，所使用的参数必须是所属技术领域的技术人员根据说明书的教导或通过所属技术领域的惯用手段可以清楚而可靠地加以确定的。《专利审查指南 2023》第二部分第十章第 4.3 节中对参数限定作了进一步规定：对于仅用结构和/或组成特征不能清楚表征的化学产品权利要求，允许进一步采用物理、化学参数和/或制备方法来表征，但参数必须是清楚的。

因此，对于产品权利要求，尤其对于化学产品权利要求，优先使用名称、结构和/或组成等特征来限定，在不能清楚限定的情况下，允许采用参数和/或制备方法来表征。

在撰写涉及参数限定的专利申请时，应当注意以下几个方面：

①权利要求中的参数限定应确保其表达清晰，不能产生歧义。

②在说明书中应写清参数的测量方法，特别是对于非常规参数、自定义参数，需要给出详细的测量方法、测量手段和计算方法，达到本领域技术人员能够

完成测量的程度，同时应给出实验效果数据。

③对于自定义参数，需要在权利要求限定参数时也写清参数的测量方法。如果测量方法是已知的测量方法，但是不同的测量方法所得到的参数数值可能不同时，则应当在权利要求中记载该参数的测量方法。

④说明书中应当记载具有相应参数产品的制备方法，并且强调该参数与现有技术的不同，同时给出技术效果数据。

⑤尽量不要编写过于复杂的公式、不常见的参数来进行无意义的限定。

（2）借助与参数相关联的制备方法判断

下文引用一个专利申请复审案例，对与参数相关联的制备方法表征的权利要求的新颖性展开探讨。复审请求人是日立麦克赛尔能源株式会社。

【案例 5 - 1 - 2】 201080002512. 1

涉案发明名称为"电极用活性物质、其制造方法、非水二次电池用电极以及非水二次电池"。本小节仅讨论涉及制备方法的产品权利要求的新颖性问题。

【案例介绍】

驳回决定所针对的独立权利要求 1 如下：

1. 一种电极用活性物质，其特征在于，为由以一般通式 $Li_{1+x}MO_2$ 表示的含锂复合氧化物的粒子构成的电极用活性物质，

在所述一般通式中，x 为 $-0.15 \leq x \leq 0.15$ 的范围内，且 M 表示至少含有 Ni、Co 和 Mn 的 3 种以上的元素群，

Ni、Co 和 Mn 相对于构成 M 的元素整体的比例分别以 mol% 单位表示为 a、b 和 c 时，$45 \leq a \leq 90$，$5 \leq b \leq 30$，$5 \leq c \leq 30$，且 $10 \leq b+c \leq 55$，

所述粒子整体的 Ni 的平均价数 A 为 2.2～3.2 价，所述粒子表面的 Ni 的价数 B 具有 B＜A 的关系，

所述粒子整体的 Co 的平均价数 C 为 2.5～3.2 价，所述粒子表面的 Co 的价数 D 具有 D＜C 的关系，

所述粒子整体的 Mn 的平均价数为 3.5～4.2 价。

驳回决定中引用对比文件 1：层状锂离子电池正极材料 $LiNi_{0.8}Co_{0.1}Mn_{0.1}O_2$ 的制备及性能，王希敏等，《过程工程学报》，2007，7（4）：817 - 821，公开日为 2007 年 8 月 31 日。

驳回决定中认为：对比文件 1 中记载的制造方法除了"用水或有机溶剂洗净

Li 和元素群 M 的复合氧化物的工序（A）；以及在含有 18 体积% 以上的氧的气氛中、600 ～ 1000 ℃ 的温度下，将所述复合氧化物进行热处理的工序（B）"之外，该发明与对比文件 1 的制造方法几乎相同，因此，推定对比文件 1 中记载的含锂复合氧化物满足权利要求 1 记载的元素的价数。

复审请求人对驳回决定不服，并认为：根据该申请说明书的记载，通过除了不实施所述工序（A）、（B）之外与实施例 1 和实施例 2 以相同工序制造的比较例 1 和比较例 2 的含锂复合氧化物，粒子表面的 Co 的价数 D 大于粒子整体的 Co 的平均价数 C，不满足 D < C 的关系。由该发明说明书记载的结果可知，所述工序（A）、（B）对于含锂复合氧化物的粒子表面的 Co 的价数的影响是非常关键的。因此，不实施所述工序（A）、（B）而制造的对比文件 1 中记载的含锂复合氧化物满足该发明的要件的审查员的认定是不妥的。

合议组支持了复审请求人的意见。❶

▼【案例分析】

新能源动力电池正极材料的发明专利中，通常都会包括产品权利要求，产品权利要求通常采用产品的结构和/或参数特征来限定产品权利要求要保护的产品，但当产品权利要求中的一个或多个技术特征无法用结构特征并且也不能用参数特征予以清楚地表征时，允许借助方法特征表征。

该案中是借助与参数相关联的制备方法来进行判断。在《欧洲专利审查指南》中亦有相应的规定：当权利要求中使用参数来限定发明或技术特征，现有技术文件中使用了不同的参数，或者根本没有参数限定，若已知产品或现有技术文件中的产品在所有的其他方面均相同，例如起始原料和制备方法均相同，则可能首先会认为其不具备新颖性。❷

该案的产品权利要求虽然没有限定制备方法，但是实质审查阶段审查员仍是从制备方法出发来对参数进行认定：认为对比文件 1 采用了与该申请基本相同的方法得到了符合该申请通式的正极活性材料，本领域技术人员根据上述进一步的限定并不能将其与对比文件 1 中公开的正极材料区分开，因此推定两者的技术方案相同，且两者属于相同的技术领域，能够解决相同的技术问题并能产生相同的技术效果，因此权利要求 1 不具备新颖性。

---

❶　参见国家知识产权局第 94736 号复审决定书。

❷　European Patent Office. Guidelines for Examination in the European Patent Office ［M］. 2019：Part G – Chapter Ⅵ – 2.

首先来分析对比文件 1 没有公开的特征：所述粒子整体的 Ni 的平均价数 A 为 2.2～3.2 价，所述粒子表面的 Ni 的价数 B 具有 B＜A 的关系，所述粒子整体的 Co 的平均价数 C 为 2.5～3.2 价，所述粒子表面的 Co 的价数 D 具有 D＜C 的关系，所述粒子整体的 Mn 的平均价数为 3.5～4.2 价。申请人或专利权人对于产品权利要求中参数的选取、描述的空间较大，有一些还会采用现有技术中从未出现或者从未关注过的参数，因此往往在现有技术中难以找到涉案专利申请权利要求中所记载的参数，进而无法对由该阐述表征的产品与对比文件公开的产品进行比较的情况。该案中就采用了限定粒子中元素的价态关系。这一限定在现有技术中往往没有进行表征，难以对比。因此审查员在检索和审查过程中就从制备方法出发，认为制备方法基本相同，并且得到了符合该申请通式的三元正极材料，本领域技术人员根据上述进一步的限定并不能将其与对比文件 1 中公开的正极材料区分开。

但是该种判断方式对于原料、方法是比较严格的，若制备方法存在区别，则要分析制备方法对于产品结构、组成的影响。而根据该申请说明书的记载制备方法与上述未公开的特征是息息相关的。该申请的制造方法具有用水或有机溶剂洗净 Li 和元素群 M 的复合氧化物的工序（A）；以及在含有 18 体积% 以上的氧的气氛中、600～1000 ℃ 的温度下，将所述复合氧化物进行热处理的工序（B）。即，通过该申请的制造方法来制造由含锂复合氧化物的粒子构成的电极用活性物质，该含锂复合氧化物的粒子具有所述的组成以及各种元素的价数、所示的真密度和振实密度、各种形态。其中洗净工序是来除去 Li 和元素群 M 的复合氧化物中的杂质和副产物。通过该热处理，使复合氧化物内的过渡金属再排列。另外，促进复合氧化物内的 Li 的扩散，从而使复合氧化物粒子整体的和在表面的过渡金属的价数稳定。由此可见，制备方法决定了上述未公开的特征，会导致产品具有特定的结构/组成。特别是，从该申请的实施例 1～2 与对比例 1～2 的比较也可以看出，不包括工序（A）、（B）产品的粒子表面的 Co 的价数 D 大于粒子整体的 Co 的平均价数 C，不满足 D＜C 的关系。

而对比文件 1 的制备方法并不存在工序（A）、（B），因此该申请与对比文件 1 的产物是并不相同的，本领域技术人员根据上述进一步的限定可以将其与对比文件 1 中公开的正极材料区分开，因此不能推定两者的技术方案相同。

▼【撰写建议】
▲

新能源动力电池正极材料的发明申请中的产品权利要求，常见的撰写形式有两种：一种是采用结构和/或参数特征来进行限定，如该案中权利要求1的写法；另一种是采用制备方法进行限定，比如先撰写新能源动力电池正极材料制备方法的权利要求，再采用引用的方式撰写产品权利要求。

由于申请人或专利权人可能会采用一些不常见的参数来对产品进行限定，现有技术中难以找到涉案专利申请的权利要求中所记载的参数，进而无法直接对比。故对于参数特征限定的产品权利要求，在审查过程中也会从制备方法入手。因此说明书中制备方法是非常关键的。该案中记载了制备方法对于产品结构和/或组成的影响，并且又有对比例及相关的实验数据来进行证明，所以得到了合议组的支持。

综上，对于新能源动力电池正极材料的发明应详细记载制备方法，并且写明制备方法对于产品结构和/或组成的影响，最好有相关的实验数据予以支持；难以表征时，也可以通过性能参数来表明产品具有特定的结构和/或组成。

5.1.3.2 隐含公开

新颖性审查是专利审查工作的重要组成部分，而利用对比文件隐含公开的内容评价申请新颖性是较常见的审查手段。隐含公开的内容即隐含的且本领域技术人员可直接地、毫无疑义地确定的技术内容。对隐含公开内容的事实认定，应当准确站位本领域技术人员进行客观分析，如对于一个标准大气压下水的沸点温度，本领域技术人员能够直接地、毫无疑义地确定为100 ℃，该沸点温度即属于隐含公开的内容。在新能源动力电池正极材料的新颖性判断中，"隐含公开"也是常见的事实认定方式。本小节引用一个无效宣告请求案例对隐含公开进行探讨。

▼▲【案例5-1-3】201580030857.0

该案专利权人为尤米科尔公司、韩国尤米科尔有限责任公司，无效宣告请求人为容百科技。2021年，尤米科尔公司针对容百科技提起专利侵权诉讼，称该公司侵犯了ZL201580030857.0号专利权（发明名称为"具有优异的硬度强度的正电极材料"），涉诉金额达到人民币25245.52万元。面对这一诉讼，容百科技针对该专利权提出无效宣告请求，理由涉及《专利法》第二十二条第二款、第三款，《专利法》第三十三条，《专利法》第二十六条第四款等多个法条。此处仅讨论与新颖性相关的案情。

▼▲【案例介绍】

涉案专利授权公告时的独立权利要求1如下：

1. 一种用于锂二次电池的粉末状正电极材料，该材料具有通式 $Li_{1+x}[Ni_{1-a-b-c}MaM'_bM''_c]_{1-x}O_{2-z}$；

M 是组 Mn、Zr 和 Ti 中的任一种或多种元素，

M′是组 Al、B 和 Co 中的任一种或多种元素，

M″是不同于 M 和 M′的掺杂剂，

x、a、b 和 c 是以 mol 表示，其中 $-0.02 \leqslant x < 0$、$0 \leqslant c \leqslant 0.05$、$0.10 \leqslant (a+b) \leqslant 0.5$ 并且 $0 \leqslant z \leqslant 0.05$；并且其中该粉末状材料的特征在于具有的 BET 值为 $\leqslant 0.37$ m^2/g，D_{max} 为 < 50 μm，以及对于 $P = 200$ MPa，硬度强度指数 $\Delta\Gamma(P)$ 为不大于 $100\% + (1 - 2a - b) \times 160\%$，其中，以百分比计，

$$\Delta\Gamma(P) = \frac{\Gamma^P(D10_{P=0}) - \Gamma^0(D10_{P=0})}{\Gamma^0(D10_{P=0})} \times 100$$

其中 $D10_{P=0}$ 是 $P = 0$ MPa 时非限制粉末的 D10 值，$\Gamma^0(D10_{P=0})$ 是在 $D10_{P=0}$ 下非限制粉末的累积体积粒径分布，并且 $\Gamma^P(D10_{P=0})$ 是在 $D10_{P=0}$ 下压制样品的累积体积粒径分布，其中 P 是以 MPa 表示。

无效宣告请求人提供了如下证据：

证据1：CN101595581A，公开日为 2009 年 12 月 2 日；

证据2：CN1706058A，公开日为 2005 年 12 月 7 日。

无效宣告请求人认为权利要求 1 相对于证据 1 或 2 不具备新颖性。其中对于权利要求 1 限定的 D_{max} 和硬度强度指数 $\Delta\Gamma(P)$，无效宣告请求人借助关联参数进行对比，认为构成了隐含公开。

（1）关于 D_{max}

无效宣告请求人认为：尽管证据 1、2 均没有公开 $D_{max} < 50$ μm，但是证据 1 公开的平均粒径与该专利实施例 D50 接近或更小，因此必然可以推论其 $D_{max} < 50$ μm；在证据 2 公开该微粒大量凝集形成的复合氧化物粉末的平均粒径远小于 50 μm 的情况下，D_{max} 必然小于 50 μm，构成隐含公开。

对此，合议组认为：由于平均粒径的计算与粉末粒径正态分布形态相关，不同的分布形态下，即使 D_{max} 相同，平均粒径也不相同；反之亦然，即不能通过平均粒径的比较结果推断 D_{max} 的比较结果，更不能仅依据平均粒径数值计算 D_{max} 的数值。

（2）关于硬度强度指数 $\Delta\Gamma(P)$

无效宣告请求人认为：硬度强度指数主要体现了产物的硬度。证据 1 中的 Li – Ni 复合氧化物颗粒粉末，以 $1t/cm'$ 加压前后的平均粒径的变化率为 10% 以

下。而该专利中样品 EX1 – EX10 在 P = 300 MPa 与 P = 200 MPa 的压力下（即增加 100 MPa 的压力），$\Delta\Gamma(P)$ 增加最大量也不超过 50%，证据 1 的压力 P = 100 MPa，增加 100 MPa 调整为 P = 200 MPa，按照 $\Delta\Gamma(P)$ 增加 100% 计算，证据 1 的平均粒径变化也在 20% 以下，远小于涉案专利权利要求 1 限定的上述范围。证据 2 中压缩强度是 80～300 MPa，即在压强为 200 MPa 的情况下，其颗粒不会发生破碎，因而其硬度强度指数不会发生变化，即 $\Delta\Gamma(P)$ 为 0。因此，证据 1、2 公开了硬度强度指数 $\Delta\Gamma(P)$ 特征。另外，锂复合氧化物的烧结温度决定了 $\Delta\Gamma(P)$ 的数值范围，而证据 1、2 已经公开了烧成温度，故也公开了上述特征。

对此，合议组认为：请求人所述的 $\Delta\Gamma(P)$ 增加量与平均粒径变化量的对应没有充分的依据，本领域技术人员无法直接地、毫无疑义地确定这种对应关系，因此不能由证据 1 的平均粒径变化数值推论其公开了权利要求 1 硬度强度指数 $\Delta\Gamma(P)$ 特征。对于证据 2，压缩破坏强度的描述并不是指所述强度下该粉末绝对不发生碎裂，不能认为 $\Delta\Gamma(P)$ 为 0，即不能确定其公开了硬度强度指数 $\Delta\Gamma(P)$ 特征。烧结温度并非单一参数，而是随材料组成变化，二者紧密联系，硬度强度指数 $\Delta\Gamma(P)$ 特征则体现了这种紧密联系的结果。❶

▼【案例分析】

对于明确记载在对比文件中的内容，显然可用于评价专利申请的专利性；而对于那些并未明确记载在对比文件中的内容，但对于本技术领域的技术人员来说可直接地、毫无疑义地确定的技术内容，也可用于评价专利申请的专利性。通常将对比文件中这种隐含的且可直接地、毫无疑义地确定的技术内容称为隐含公开。对于未明确记载在对比文件中的技术特征，如果对所属领域的技术人员而言，该技术特征是申请日之前已知产品的固有部件或属性，或者方法的固有步骤，则这些部件、属性属于对比文件中隐含的且可直接地、毫无疑义地确定的技术内容。

认定隐含公开应遵循必然性、具体性、唯一性原则以及符合发明目的的原则，❷ 并要求所属领域技术人员不得采取任何创造性劳动。必然性是指遵循事物发展、变化中的不可避免和一定不移的趋势。具体性是指能够得到具体的结论。唯一性是指能得到唯一的结果。符合发明目的原则是指隐含的技术特征要与技

---

❶　参见国家知识产权局第 58561 号无效宣告请求审查决定书。
❷　商建刚. 专利侵权民事诉讼程序中的隐含技术特征［J］. 电子知识产权，2021（5）：94.

目的相符。

判断对比文件是否包含隐含公开的技术内容，要以本领域技术人员为主体，结合对比文件的整体内容，考虑技术上的要求和内在关联，只有那些能够直接且毫无疑义地确定的、必然存在于对比文件中的内容，才可以作为对比文件隐含公开的技术内容。

认定隐含公开应当适用严格标准，如刑事诉讼中的排除合理怀疑标准。排除合理怀疑，有正反两种方式❶：一种是根据经验、逻辑和个人常识足以排除怀疑的合理性，即充分证明必然存在隐含的技术内容；另一种是间接地从反面排除，确信只存在唯一的结论。无论以哪种方式，审查员或法官都需要站在"所属领域技术人员"的本位考虑问题。从正面考虑的话，需要"所属领域技术人员"按照申请日以前的技术常识进行客观理性的分析、判断。从反面考虑的话，"所属领域技术人员"质疑案件是否能达到直接地、毫无疑义地肯定结论，并尽可能寻找可能的情形来试图推翻结论。只要能列举出一种不符合情形的例子，就不能认定为属于隐含公开。

具体到该案，权利要求中限定了"D_{max} 为 $< 50\ \mu m$"，D_{max} 为最大粒径，请求人认为最大粒径与平均粒径有一定关系，通过证据 1、2 公开的平均粒径推测其最大粒径必然小于 $50\ \mu m$。首先，请求人主张证据 1 公开了"用研钵研碎后且通过 $45\ \mu m$ 的筛子后的平均粒径"（说明书第 11 页倒数第 2～3 行）必然公开了 D_{max} 为 $< 50\ \mu m$。但是从对比文件 1 来看，用研钵研碎后且通过 $45\ \mu m$ 的筛子是制备出产物后测量比表面积时的操作，并不是材料制备过程中的研碎过筛，故不能认为最大粒径必然小于 $50\ \mu m$。证据 2 中仅公开了平均粒径，并没有公开粒径分布状态，因此无法从 D50 推测 D_{max} 的数值范围，仍可能存在最大粒径不小于 $50\ \mu m$ 的可能性，因此就不满足上述的"排除合理怀疑"的要求，更不能认定为隐含公开。

对于权利要求 1 中限定的硬度强度指数 $\Delta \Gamma(P)$，请求人认为其表征的是硬度，与证据 1 中的加压前后平均粒径变化率、证据 2 中的压缩强度相关联。但是该申请中硬度强度指数 $A\Gamma(P)$ 特征中 $r(D10_{P=0})$ 是在 $D10_{P=0}$ 下非限制粉末的累积体积粒径分布，并且 $r''(D10_{P=0})$ 是在 $D10_{P=0}$ 下压制样品的累积体积粒径分布，累积体积粒径分布的数值是指小于某粒径的粒子体积占所有粒子总体积的百分比，而平均粒径则是反映粒子直径分布的中间数值，累积体积粒径分布的计

❶ 方文兵. "排除合理怀疑"的实践思考 [J]. 中国检察官，2022（4）：42.

算与粉末粒径正态分布形态密切相关，平均粒径不能与累积体积粒径分布数值简单对应，平均粒径的变化与累积体积粒径分布的变化也非简单线性相关，请求人所述的 $\Delta\Gamma(P)$ 增加量与平均粒径变化量的对应没有充分的依据，本领域技术人员无法直接地、毫无疑义地确定这种对应关系，因此不能由证据 1 的平均粒径变化数值推论其公开了权利要求 1 硬度强度指数 $\Delta\Gamma(P)$ 特征。对于证据 2，压缩破坏强度的描述并不是指所述强度下该粉末绝对不发生碎裂，只是耐受程度较高，本领域技术人员无法直接地、毫无疑义地确定其硬度强度指数不发生变化，即 $\Delta T(P)$ 为 0，即不能确定其公开了硬度强度指数 $\Delta\Gamma(P)$ 特征。证据 1、2 虽然涉及烧制温度，但仅需考虑低于温度下限时锂化不完全、高于上限时充放电循环耐久性和初始容量下降，无须对应具体的材料组成，且在一个较大的温度范围内（100 ℃，甚至 350 ℃）变动皆无不可。本领域技术人员根据证据 2 公开的内容，同样无法直接地、毫无疑义地确定其制备的材料与权利要求 1 同样具备硬度强度指数 $\Delta\Gamma(P)$ 特征。

▲【撰写建议】

除利用对比文件隐含公开的内容评述新颖性或创造性外，在申请文件修改时也涉及隐含公开的内容。

而在各个阶段中，为了克服不具备新颖性、不具备创造性、权利要求不清楚等缺陷，对申请文件进行修改是非常重要的手段。

《专利审查指南 2023》中规定，如果申请的内容通过增加、改变和/或删除其中的一部分，致使所属技术领域的技术人员看到的信息与原申请记载的信息不同，而且又不能从原申请记载的信息中直接地、毫无疑义地确定，那么，这种修改就是不允许的。这里所说的申请内容，是指原说明书（及其附图）和权利要求书记载的内容，以及基于申请日前的技术水平根据说明书和权利要求书以及说明书附图对本领域技术人员来说可以直接地、毫无疑义地确定的内容，也就是隐含公开的信息。隐含公开的内容主要有以下几个方面：

对于技术效果，当技术方案清楚地记载于原申请文件中，但其技术效果或发明所要解决的技术问题没有明确记载时，如果技术效果可以由本领域技术人员从技术方案直接地、毫无疑义地确定，例如根据申请文件记载的发明的原理、作用或功能可以没有困难地直接预期到这种效果，则允许申请人进行澄清性修改；如果所要解决的技术问题可以由本领域技术人员根据说明书记载的技术效果或技术方案直接地、毫无疑义地确定，则允许申请人进行澄清性修改。

对于附图，从原说明书附图中可以直接地、毫无疑义地确定且与原记载的技术方案相符合的内容（包括结构和功能），可以补入说明书和权利要求书中。例如，如果附图中某个部件的图示具有所属技术领域通常的含义，其功能与原说明书和权利要求书记载的技术方案相符合，而且说明书没有对其作出有别于该通常含义的说明，则该通常的含义可以作为直接地、毫无疑义地确定的技术内容。

对于固有特征，对于未明确记载在对比文件中的技术特征，如果对所属领域的技术人员而言，该技术特征是申请日之前已知产品的固有部件或属性，或者方法的固有步骤，则这些部件、属性或步骤都是固有特征，属于对比文件中隐含的且可直接地、毫无疑义地确定的技术内容。但是，在申请日之前尚未被所属领域技术人员知晓的那些固有特征，不属于隐含的且可直接地、毫无疑义地确定的技术内容。

5.1.3.3　使用公开

在实质审查等程序中所引用的对比文件主要是公开出版物，这主要是由于审查员一般较难获得在国内外公开使用或者以其他方式为公众所知的技术。而在无效等程序中，无效宣告请求人对于产业更加熟悉，并且新能源动力电池产业化非常成熟，无效宣告请求人往往不囿于书面证据，所采用的证据类型就更加多样，使用公开就是常见的一种。

下文以一件专利权无效宣告请求案例为例，对使用公开的认定进行探讨。

▼【案例 5 – 1 – 4】201810695585.1

宁德时代多次诉江苏塔菲尔新能源科技股份有限公司侵犯其专利权，要求高额的赔偿金。对此，江苏塔菲尔新能源科技股份有限公司也展开了反击，针对宁德时代多项专利权提起无效宣告请求。该案涉及名称为"锂离子电池"的发明专利，无效理由涉及《专利法》第二十二条第二款、第三款，《专利法》第二十六条第三款、第四款等多个法条。本小节仅讨论使用公开相关内容。

▼【案例介绍】

无效宣告请求人在无效宣告请求审查过程中提交了以下证据：

公证书1：由江苏省南京市南京公证处出具的（2020）苏宁南京证字第40388号公证书，请求人声称为吉利帝豪牌新能源汽车（车架号为"LB378Y4W5JA175589"，

以下简称"车辆1")所搭载电池(以下简称"电池1")的相关公证书;

司法鉴定意见书1:由工业和信息化部软件与集成电路促进中心知识产权司法鉴定所出具的工信促司鉴中心【2020】知鉴字第 423-1 号司法鉴定意见书,请求人声称为电池1的相关司法鉴定意见书;

公证书2:由广东省广州市广州公证处出具的(2020)粤广广州第 194112 号公证书,请求人声称为吉利知豆牌新能源汽车(车架号为"LB370X1Z2JJ001110",以下简称"车辆2")所搭载电池(以下简称"电池2")的相关公证书;

司法鉴定意见书2:由工业和信息化部软件与集成电路促进中心知识产权司法鉴定所出具的工信促司鉴中心【2020】知鉴字第 423-2 号司法鉴定意见书,请求人声称为电池2的相关司法鉴定意见书。

无效宣告请求人具体的意见认为:公证书1、2对车辆1、2和三元锂离子电池1、2进行了公证,并公证拆卸了电池包,工业和信息化部软件与集成电路促进中心知识产权司法鉴定所对公证处取得的三元锂离子电池1、2的正极极片、负极极片、正极活性材料、负极活性材料,委托第三方检测机构国家动力电池创新中心检测中心进行了检测,并对三元锂离子电池1、2的技术特征与本申请进行了对比,出具了司法鉴定意见书1、2。

无效宣告请求人认为上述三元锂离子电池1或2的生产和销售时间均在涉案专利申请日之前,可以用于评价涉案专利的新颖性和创造性,构成了使用公开。并且其对司法鉴定意见书中的三元锂离子电池与权利要求进行了特征对比,认为专利权人在申请日之前制造和销售的三元锂离子电池1、2已经公开了涉案专利权利要求的全部技术特征,因此不具备新颖性。

对此,合议组主要从三方面分析了电池1、2是否为原装电池:

一是证据的相互印证关系。公证书1、2都涉及汽车销售、持有的承诺书,但是证人未出庭质证,其承诺书不能单独作为定案的依据。承诺书出具的时间早于公证过程,出具的过程未经公证,在未提交其他证据加以佐证的情况下,承诺书(证言)内容不能被采信,即不能证明车辆1、2搭载的电池是原装电池。

二是证据的时间性。公证书1中的《二手车销售统一发票发票联》复印件显示的开票日期、《机动车登记证书》的转移登记日期早于公证日期,公证书1对车辆1所载电池为车辆1出厂首次销售时搭载的原装电池的证明力不足。

三是证据的有效性。电动车用动力电池为易耗部件,这是由于电池随着充放电次数增加,性能通常呈现逐渐下降的趋势,出现故障的可能性增大,电动车出于安全性的更高要求,其所搭载的动力电池出现问题必须更换。机动车登记证书记载发动机号、车架号等内容，但不对车辆易耗部件进行记录。证据 1、2 仅记载了电池 1、2 的生产日期，但是并没有提供电池安装于相关车辆的时间信息。

因此，电池 1 和电池 2 均不满足相对于涉案专利的使用公开的构成条件，不能用于评述涉案专利权利要求的新颖性和创造性。对使用公证书 1 和司法鉴定意见书 1 以及公证书 2 和司法鉴定意见书 2 的无效理由不再评述。❶

【案例分析】

专利领域所讨论的"使用公开"是指申请日以前，由于使用而导致技术方案的公开，或者导致技术方案处于公众可以得知的状态的方式。也就是说，只要通过一定方式使有关技术内容处于公众想得知就能够得知的状态，就构成"使用公开"，而不取决于是否有公众实际得知。因发明创造在申请专利前，已经公开使用且能够被公众所获知，因其不具备专利的新颖性特征，司法实践中存在专利被认定无效的法律风险。

使用公开的证明是一种民事事实的证明，属于既往事实，"客观真实"是可以无限接近但却不能达到的目标。在无效宣告请求审查过程中使用公开的证明标准，采用的是民事诉讼中的高度盖然性证明标准。对于用来证明使用公开的多份证据，应当根据案情进行综合审查判断。如果所述多份证据均指向同一案件事实，并且证明该事实存在的盖然性高于反对该事实存在的盖然性，则应该对所述多份证据及其所证明的案件事实予以确认。该案中多份证据存在瑕疵，但是如果证据之间能够相互印证，可以证明使用公开的事实的情况下，且证据的瑕疵属于合理范围，在专利权人拿不出更进一步的证据来质疑证据的真实性时，合议组则会根据现有证据，形成内心确信，认可证据所指向的事实。

要证明发明创造由于使用公开而不具备新颖性，需要证明以下几点：

首先，关于公开的时间。要证明发明创造已经被使用公开，主要是要证明在申请日以前已经公开。使用公开的方式包括能够使公众得知其技术内容的制造、使用、销售、进口、交换、馈赠、演示、展出等方式。要证明上述某一事实在申请日前已经发生，往往需要多个证据构成证据链，时间证据最为关键。不同于出版物的公开，出版物上通常会有出版时间，比较容易被认可，而在使用公开中，使用人往往没有意识到保留时间证据，并且时间跨度较长，涉及的证据可能会部分丢失，并且等到后续利用该证据时一般都是由请求人一方来提供，很

---

❶ 国家知识产权局第 50123 号无效宣告请求审查决定书。

难被采信。

其次，关于公开的认定。只要通过上述方式使有关技术内容处于公众想得知就能够得知的状态，就构成使用公开，而不取决于是否有公众得知。但是，未给出任何有关技术内容的说明，以致所属技术领域的技术人员无法得知其结构和功能或材料成分的产品展示，不属于使用公开。例如：如果"使用公开"的是一种产品，即使所使用的产品或者装置需要经过破坏才能够得知其结构和功能，也仍然属于"使用公开"。就该案而言，正极材料存在于电池中，虽然需要经过破坏才能得知其结构，但是仍然属于上述范畴。

最后，关于公开的内容。使用公开的内容需要体现涉案专利的技术方案，更重要的是要证明使用公开中的"实物"没有经过改造，其承载的信息没有被改变。这是非常重要的。

就该案而言，合议组认定不构成使用公开的原因主要就在于对于使用公开时间的认定。首先，汽车服务公司用于证明车辆所搭载的动力电池为原车搭载的原装电池的《承诺书》没有其他证据加以佐证，并且证人也没有出庭质证，因此不能认定车辆所搭载的电池为原装电池。其次，公证书1的公证日期晚于车辆所有权转移日期，车辆2所有权归属以及其他信息在公证书2中并未涉及，因此也不能证明车辆所搭载的电池为原装电池。最后，电动车中的电池为易耗部件，很有可能进行更换，机动车登记证书上记载发动机号、车架号等，但是并不会登记电池信息，因此也不能证明电池安装于车辆的时间。

该案中对于使用公开的争议点都集中在对于使用公开的时间认定上，这正是由于前面提到过的使用公开时间认定上存在不小的难度。想要证明公开时间，最好有多件证据构成证据链，并且公开时间要聚焦于关键部件上，如该案的电池。

▲【撰写建议】

通过以上分析可知，在无效宣告请求审查程序中，使用公开的证明存在其特殊性。使用公开通常是事实行为，在使用过程中的证据难以保留，证明力较低。在此，对无效程序中请求人如何形成完整的证据链证明使用公开提出具体建议。

首先，证明使用公开中的时间节点。如销售行为，需要正式的销售合同、双方的正式签章以认定其真实性；产品验收报告、发票等的产品名称、型号、编号等与销售合同一致；另外，还需要交付行为。公开的时间以发票开具时间等来体现。需要注意的是，该时间节点要与涉案产品直接相关。新能源电池正极材料通常涉及电池，此时证明时间需要集中在电池本身上。

其次，证明产品与案件的关联性。产品的结构、组成等应当在申请日前公开，还需要证明该产品没有经过改造等，对结构、组成没有造成影响。如提供维修、保养等记录，以证明未经拆卸、改变等。

再次，证明处于专利法意义上的公开状态。证明产品的结构、组成等处于公众想得知就能够得知的状态，就构成使用公开，而不取决于是否有公众得知。值得注意的是，由于不同领域的技术破解难度不同，对于未给出任何有关技术内容的说明，以致所属技术领域的技术人员无法得知其结构和功能或材料成分的产品展示，不属于使用公开，如可口可乐的配方。

最后，将使用公开的产品与涉案的技术方案进行对比，对权利要求是否具备新颖性或创造性进行说理。通常需要委托第三方检测机构对产品进行检测，并与涉案专利进行特征对比。

5.2　创造性

5.2.1　"创造性"条款的立法本意

《专利法》第二十二条第一款规定："授予专利权的发明和实用新型，应当具备新颖性、创造性和实用性。"并且，第二十二条第三款对创造性的概念进行了明确规定："创造性，是指与现有技术相比，该发明具有突出的实质性特点和显著的进步，该实用新型具有实质性特点和进步。"

专利制度的性质决定了申请专利的发明或者实用新型应当具备新颖性才能获得授权，但是仅仅具备新颖性是不够的。专利制度的意义在于因为专利权人的发明创造为社会提供了前所未有的技术，这样的创新值得被鼓励，应当通过获得一定期限的独占权来获得奖励。但是，如果发明人的发明创造相对于现有技术来说虽然具备新颖性，但是与现有技术相比其改变很小，改进之处是本领域技术人员容易想到的，对于这样的专利申请也一概授予专利权的话，会出现过多技术价值并不高的专利，这样就会导致公众在应用已知技术过程中受到过度制约，侵害公众的正当利益，对于社会发展和技术水平的提升也会带来干扰，权利和义务之间会出现显著的不平衡，反而不利于实现专利制度鼓励和促进创新的宗旨。因此《专利法》规定，授予专利权的发明或者实用新型除了必须具备新颖性，还必须具备创造性。

5.2.2　新能源动力电池正极材料领域创造性审查的特点

根据之前的专利申请情况分析，新能源动力电池正极材料的专利申请发展到现在已经具备相当规模的技术储备，按照技术方案的类型，该领域专利申请的权利要求可以分为包括由化合物或组合物的结构和/或组成限定的产品权利要求、主要包括具体加工工艺步骤的方法权利要求，以及两类比较特殊的权利要求类型，即包含产品特征的方法权利要求和用方法特征限定的产品权利要求。无论在申请阶段的驳回、复审维持，还是后续阶段的宣告无效，以创造性作为争议焦点的案件占据了相当大的比例。

对于创造性的审查和评判，《专利审查指南2023》分别给出了突出的实质性特点的一般性判断方法和显著的进步的判断标准。判断发明是否具有突出的实质性特点就是基于著名的"三步法"，而显著的进步的判断主要应当考虑发明是否具有有益的技术效果。新能源动力电池正极材料领域作为一个新兴发展并且极具潜力的工业领域，其专利申请通常都能够满足显著的进步的判断标准，因而案件的争议点主要集中在"突出的实质性特点"的判断上。因为创造性的判断方法或者评判标准，都需要基于"所属技术领域的技术人员"这一评判标准，一方面对发明整体进行统一的技术理解，另一方面要对现有技术中不同的技术内容进行有机的统一考虑，从整体出发对发明的技术方案是否具备创造性进行客观评判。创造性的判断与本领域的技术水平和技术特点具有较强的相关性。

5.2.3　新能源动力电池正极材料领域创造性审查标准探究

本节从无效、复审案例出发，探讨新能源动力电池正极材料领域中权利要求创造性的审查标准，同时给出专利申请的撰写建议。

5.2.3.1　结构和/或组成限定的产品权利要求

如前文所述，权利要求的类型按照性质划分，可分为物的权利要求和活动的权利要求，或者简单地称为产品权利要求和方法权利要求。通过在类型上区分权利要求来明确权利要求的保护范围。在专利保护制度范畴内，产品权利要求相对于方法权利要求而言，其无论是保护力度还是侵权认定都具有优越性，因此对于新能源动力电池正极材料领域的专利申请，通常首选产品权利要求，或者将产品权利要求作为第一组权利要求进行撰写，采用结构和/或组成特征对其进行表征。但是新能源动力电池正极材料发展到当今，尤其是作为一个科技发展的热点领域，仅采用组成（结构式或组分比例）将自身的技术方案与现有技术区分开来，并且具备创造性是有一定难度的，因为能够提供优异性能的材料已经作为研究对象被广泛地关注，除非是开拓性的新型材料。下面结合案例分析常见的以结构和/或组成限定的产品权利要求的创造性的判断实践。

（1）以组成配比为特征

组成配比是材料领域专利产品权利要求中常见的限定方式，在实践中通常采用组合物的标准进行判断，即认为其是两种或两种以上的物质按一定比例组合而成的具有特定性质和用途的物质或材料。❶ 而涉及组分及含量等技术特征的创造性的判断往往成为争议焦点，主要是由于同类型产品的组分相差不大，一般都属于改进性发明，多种成分的组合容易被判定为对现有技术的拼凑，组分含量也可能被认为是本领域的常规选择。此类产品权利要求的创造性判断中，发明实际解决的技术问题和是否产生预料不到的技术效果是考量的主要因素。下面结合一个具体案例进行说明。

▼ 【案例 5 – 2 – 1】 201811641940.3

该案例中的发明名称为"一种锂硫电池正极片及其制备方法与锂硫电池"，专利权人为珠海冠宇电池股份有限公司，无效宣告请求人为宁德新能源科技有限公司。无效宣告请求人于 2022 年 3 月 6 日以部分权利要求不符合《专利法》第二十二条第三款为由对该专利提出无效宣告请求，合议组经审查后作出了维持专利权有效的决定。

▼ 【案例介绍】

涉案专利授权公告文本的权利要求 1 如下：

　　1. 一种锂硫电池正极片，其特征在于：所述的正极片包括集流体和涂覆在集流体上的涂膏，所述的涂膏包含活性炭、炭黑、过渡金属、硫、导电剂及黏结剂，活性炭、炭黑、过渡金属、硫、导电剂和黏结剂的质量比为 10 ~ 30：1 ~ 10：1 ~ 10：50 ~ 80：0 ~ 10：1 ~ 10，所述的活性炭的比表

---

❶ 张清奎. 化学领域发明专利申请的文件撰写与审查［M］. 3 版. 北京：知识产权出版社，2010：111.

面积为 $500 \sim 3000 \ m^2/g$；所述的炭黑的比表面积为 $500 \sim 3000 \ m^2/g$。

无效宣告请求人提交了对比文件 $1 \sim 3$ 用于评价权利要求 1 的创造性，其中对比文件 1（CN105742567A）作为最接近的现有技术，公开了一种锂硫电池复合正极。权利要求 1 与对比文件 1 的区别主要在于：①未公开活性炭和炭黑的比表面积；②未公开活性炭、炭黑、过渡金属、硫、导电剂和黏结剂的质量比。

对比文件 2（"过渡金属调制的碳/硫复合锂－硫电池正极材料"，郑时有等，2017 年锂硫电池前沿学术研讨会论文摘要文集，第 105 页）公开了针对锂－硫电池存在活性物质硫的电导率低、放电过程中多硫化物的溶解以及充电过程中硫电极的体积膨胀等关键技术问题，研究中在纳米孔性碳材料对硫的物理限制作用的基础上，通过适宜的方法（如真空反应法、液相浸渍法等）引入过渡金属颗粒，利用其对硫的辅助稳定作用，在微观尺寸上构筑出过渡金属调制下的孔性碳/硫复合电极材料。

对比文件 3（CN106207096A）公开了一种硫碳复合材料，其与导电剂、黏结剂均匀混合形成浆料涂布于基底材料表面形成电极片；所述硫碳复合材料中的碳材料优选比表面积大于 $100 \ m^2/g$，起到担载硫并为硫提供导电通道的作用，同时硫碳复合电极仍然保持足够的孔隙率以便电解液的渗透。

合议组认为，基于与对比文件 1 的区别特征，权利要求 1 实际解决的技术问题是：选择担载硫的多孔碳材料，提高载硫能力及导电性；固定多硫化锂，抑制多硫离子的穿梭效应，提高容量发挥和循环稳定性。对于区别特征①，对比文件 3 给出了选用比表面积足够大的碳材料以得到较好的载硫能力及导电性的技术启示，而所述比表面积数值是本领域常见的，也并未记载有预料不到的技术效果。对于区别特征②，对比文件 2 针对特定的担载硫的多孔碳材料——"纳米孔性碳材料"，采用特定材料、特定方法引入过渡金属，不能给出在活性炭＋炭黑的碳材料组合中再加入过渡金属的启示，其与其他各组分的配比也就不能显而易见地得到。因此，权利要求 1 不具备创造性的理由不能成立。❶

▼【案例分析】

以组分配比为主要特征的产品，其技术创新是以组分及其对应的含量为特征，二者共同作用使得产品具有特定性能。此类技术方案的创造性判断中的关键点不在于组分各自的性能，而在于各组分组合后产品具有的特殊性能，因而其创

---

❶ 参见国家知识产权局第 58176 号无效宣告请求审查决定书。

造性地判断不能对区别组分进行单独判断，而应将其与技术方案中的其他组分结合后产生的效果进行判断。

在该案中，权利要求1的主要创新点在于涂膏的组分配比，其与对比文件1的区别特征①和区别特征②分别在对比文件2和对比文件3中被公开了，其中对比文件3中公开了与区别特征①相关的碳材料的比表面积应大于一定值，其解决的技术问题与涉案申请相同，均为提高载硫能力及导电性，尽管其具体数值范围 $500 \sim 3000 \ m^2/g$ 未被公开，但是该范围被认为是本领域常规参数范围，并且申请文件中并未记载该范围的预料不到的技术效果，因而被认为采用该数值范围的比表面积的碳材料是本领域技术人员容易想到的，且技术效果可以预期。但对于区别特征②中的过渡金属组分，虽然对比文件2也公开了该组分在锂硫电池中的应用，并且发挥稳定硫和提高容量的作用，但其应用于纳米孔性碳材料中，采用真空反应法或者液相浸渍法引入，应用的碳材料与权利要求1中的活性炭＋炭黑组合不同，引入的方法也不是权利要求1中采用过渡金属化合物进行配比的方式，因而本领域技术人员无法在对比文件1中结合对比文件2的启示。可见，对于涂膏中的过渡金属这一区别组分，如果将其单独判断，认为在锂硫电池中所起作用与涉案申请相同，那么对比文件2给出了结合启示；但是将其与技术方案中其他组分结合后进行判断，尽管其在锂硫电池中的应用被对比文件2公开了，但与涉案申请相比，具体应用的碳材料基础不同，引入的方式不同，本领域技术人员难以想到将其以不同基础、不同方式进行结合，产生预期的效果，因而在对比文件1的基础上，无法从对比文件2中得到启示。

▼【撰写建议】

以组分配比为特征的权利要求，因为其通常采用现有技术中的已知物质进行组合得到，在专利实践中容易因为单独组分的已知作用而被质疑创造性，因而其专利申请撰写要注意体现发明的技术创新。根据各组分在产品中发挥的实际作用，按照基本组分、必要组分、选择组分加以区分，以构成独立权利要求和从属权利要求限定的不同层级的保护范围。❶ 其中必要组分是对产品性能起决定性作用的物质，选择组分是对产品性能具有一定优化作用的可选加入的物质，基本组分是产品中占主导地位或补充作用的必要组分。对于各组分的含量和/或配比，要清楚、明确地反映其在产品中的比例。以组分的含量作为技术创新点的，要注

---

❶ 王博. 组合物专利的侵权判定研究［D］. 兰州：兰州大学，2019.

意数值限定符合审查指南的要求，比如通常不允许以"＞X"表示含量范围，组分的上限值和下限值应当满足和为100%的推导要求等；此外，必要组分的含量不能为0，对于含义包括"X＝0"的表示方式，其应该是选择组分。对于仅用组分配比无法体现其特定性能的产品，也可以结合其制备方法、应用方法进行表述。

为了在审查和后续程序中能够使得技术方案的创造性判断具有说服力，需要在说明书中对权利要求的技术方案进行详细说明，包括各组分的作用及其共同作用的技术效果、含量的范围及其上下限确定的理由。为了充分体现组分及其配比具有预料不到的技术效果，可以合理设置实施例和对比例。❶ 实施例的数量应足以覆盖技术方案中所有的创新点或技术贡献点，而对比例的设置以能直观体现区别技术特征导致的效果差异为佳。具体而言，对比例可以采用市售产品、现有技术文献公开例进行设置，也可以自己构建对比体系，通常自建体系基于相同的实验条件，设置与区别技术特征相对应因素的替换对比，更能够反映本申请与现有技术的效果差异，通常的因素替换对比包括单个组分、协同作用、含量选择等，通过合理设计实验，突出本申请预料不到的技术效果，使得本申请具备创造性的理由更具有说服力。为了充分发挥对比例的作用，在设置时还需要注意统一基础设置平行对比例、抓住关键技术特征重点设置对比例、详细描述数据测试方法等问题，以避免因对比例设置失误而不能发挥应有的作用。

（2）以参数限定为特征

《专利审查指南2023》规定："产品权利要求适用于产品发明或者实用新型，通常应当用产品的结构特征来描述。特殊情况下，当产品权利要求中的一个或多个技术特征无法用结构特征予以清楚地表征时，允许借助物理或化学参数表征。"新能源动力电池正极材料具有典型的材料领域特征，其在作为产品权利要求进行保护的技术方案中，绝大多数的主题名称属于化合物或者组合物，而对于化合物和组合物来说，要采用结构特征对产品进行清楚的表述是具有一定难度的，即使用结构特征对产品进行了表述，在后续专利权的维权阶段，也不一定利于专利权人的权益保护。因此，新能源动力电池正极材料领域存在大量采用参数限定的技术方案，即"借助物理或化学参数表征"来对产品权利要求进行限定。

下面结合一件专利权无效宣告请求案例来分析采用参数限定的产品权利要求的创造性判断标准。

---

❶ 林德强．组合物发明专利申请中的对比例设置［J］．当代化工研究，2021（21）：169.

▼【案例 5 – 2 – 2】201810695585.1

该案涉及名称为"锂离子电池"的发明专利，与本章 5.1.3.3 小节中的案例 5 – 1 – 4 为同一案例。专利权人宁德时代新能源科技股份有限公司于 2019 年 3 月 19 日获得该发明专利授权，无效宣告请求人江苏塔菲尔新能源科技股份有限公司于 2020 年 4 月 14 日、2020 年 7 月 1 日两次向国家知识产权局提出无效宣告请求，无效理由均包括权利要求 1～24 不具备《专利法》第二十二条第三款规定的创造性。

▼【案例介绍】

作为该案争议焦点的独立权利要求 1 的技术方案为：

1. 一种锂离子电池，包括正极极片、负极极片、隔离膜以及电解液，所述正极极片包括正极集流体以及设置在正极集流体至少一个表面上且包括正极活性材料的正极膜片，所述负极极片包括负极集流体以及设置在负极集流体至少一个表面上且包括负极活性材料的负极膜片；

其特征在于，所述正极活性材料包括化学式为 $Li_aNi_xCo_yM_{1-x-y}O_2$ 的材料，M 选自 Al、Mn 中的一种或两种，$0.95 \leqslant a \leqslant 1.2$，$0 < x < 1$，$0 < y < 1$，$0 < x + y < 1$，所述负极活性材料包括石墨，且所述正极膜片的 OI 值 OI_c 与所述负极膜片的 OI 值 OI_a 满足关系式：$0.05 \leqslant OI_a/OI_c \leqslant 10$；

其中，正极膜片的 OI 值 OI_c 为正极极片的 X 射线衍射图谱中 003 特征衍射峰的峰面积与正极极片的 X 射线衍射图谱中 110 特征衍射峰的峰面积的比值；

负极膜片的 OI 值 OI_a 为负极极片的 X 射线衍射图谱中 004 特征衍射峰的峰面积与负极极片的 X 射线衍射图谱中 110 特征衍射峰的峰面积的比值。

请求人提交了多份涉及创造性评判的证据，认为权利要求 1 相对于对比文件 2（《层状氧化物锂离子电池正极材料的制备及电化学性能研究》，浙江大学博士学位论文，施少君，扉页、第 1 – 39 页，论文提交日期 2014 年 3 月）与对比文件 3（CN105226266A）以及公知常识的结合不具备创造性。主要理由是：权利要求 1 与对比文件 2 区别在于利用正极膜片的 X 射线衍射图谱中 003 特征衍射峰的峰面积和 110 特征衍射峰的峰面积定义正极膜片的 OI_c 值，并利用 OI_a 值和 OI_c 值的比值构造 OI 值。对比文件 3 公开了该区别特征。而本领域技术人员公知三元镍钴锰酸锂为最常见的具有 α – $NaFeO_2$ 型晶体结构的正极活性材料，因此有动机结合对比文件 2 和对比文件 3。

合议组经过审查认为，对比文件2公开一种锂二次电池，主要关注改进负极极片取向指数与性能的相关性，没有涉及任何有关正极膜层取向指数概念、计算的相关内容，更不涉及正极膜片与负极膜片 OI 值匹配。基于该区别技术特征，权利要求1实际所要解决的技术问题为：使锂离子电池在快速充电过程中正、负极的动力学达到最优匹配。对比文件3公开了在具有 $\alpha - NaFeO_2$ 结构的锂和过渡金属的复合氧化物粉末作为正极活性物质的正极中，所述正极活性物质为将一次电池凝聚成球状的二次粒子，将该正极活性物质涂布 – 压制在电极上时基于 X 射线衍射谱图中的110特征衍射峰与003特征衍射峰的峰强度之比为 $0.10 \sim 0.18$，依据该峰强度比的取值范围计算出 $OI_c = 5.6 \sim 10$。但是，对比文件3的目的在于通过控制正极活性物质在电极上涂布—压制时的正极活性物质晶体取向提高放电时的正极活性物质内的锂离子扩散速度，但未涉及负极膜片取向指数相关性能的改进，更不涉及正极膜片与负极膜片性能匹配，也没有证据表明上述区别技术特征属于本领域公知常识。因此，请求人主张的权利要求1不具备创造性的无效理由不成立。[1]

▼【案例分析】

该案涉及专利的独立权利要求1为主要采用结构和组成特征来进行限定的产品权利要求，除了对电池常规结构的限定，在特征部分主要限定了正极活性材料的化学式和 X 射线衍射图谱特征，其中化学式主要体现了正极材料的元素组成，衍射图谱特征主要表征了正极材料的微观结构，这体现了新能源动力电池正极材料领域对于产品权利要求的常见撰写方式。

该案涉案专利的发明构思是：通过构建一个正极膜片和负极膜片的 X 射线衍射图谱的参数关系，以此来限定锂离子电池在充电过程中正极和负极的动力学的匹配关系。在独立权利要求的技术方案中体现为：将正极极片的 X 射线衍射图谱中003特征衍射峰的峰面积与正极极片的 X 射线衍射图谱中110特征衍射峰的峰面积的比值定义为正极膜片的 OI 值 OI_c，将负极极片的 X 射线衍射图谱中004特征衍射峰的峰面积与负极极片的 X 射线衍射图谱中110特征衍射峰的峰面积的比值定义为负极膜片的 OI 值 OI_a，要求满足关系式：$0.05 \leqslant OI_a/OI_c \leqslant 10$，其技术效果是由于正极极片与负极极片存在上述关系，可以使锂离子电池在快速充电过程中正、负极的动力学达到最优匹配。可以看出，虽然限定权利要求的产品采用

---

❶　参见国家知识产权局第50123号无效宣告请求审查决定书。

了微观结构的表征方式，但是该表征方法具体到通过对于衍射图谱中相关参数的数据处理（如003特征衍射峰的峰面积与110特征衍射峰的峰面积的比值）和相互关系的定义（要求满足一定的关系式），进而获得了正负极之间在充放电过程中性能效果的最优选择提升，取得了技术效果。

对比文件2将XRD（X射线衍射图谱）中的110和004特征峰值的面积比作为取向指数，并限定在0.06～0.08，可以看出该取向指数的定义与该案的OI值定义是类似的。对比文件2关注到了负极极片取向指数与性能的相关性，通过将非晶质碳涂敷于球形天然石墨的表面等技术手段来调节负极的取向指数，可以提高锂二次电池的初始效率、电极黏结力及容量特性，其目的是改进负极性能。对比文件3将正极活性物质涂布—压制在电极上时基于X射线衍射谱图中的（110）面衍射峰强度与（003）面衍射峰强度的比为0.10～0.18，可见该峰强度比的定义方式也与本案OI值定义相类似（相当于倒数）。对比文件3关注到了正极活性物质晶体取向与放电时锂离子扩散速度的相关性，通过控制正极活性物质在电极上涂布—压制时的正极活性物质晶体取向提高放电时的正极活性物质内的锂离子扩散速度，其目的是改进正极性能。合议组审查后认为对比文件2仅考虑通过改进负极材料的微观结构来提升负极极片性能，没有关于正极材料的任何概念、定义、计算、关系等内容，并未关注正极膜片取向指数相关性能的改进；同时，对比文件3虽然涉及正极活性材料，但是仅考虑通过改进正极活性物质微观结构来提高正极性能，没有考虑负极膜片取向指数相关性能的改进。两篇对比文件均是对正负极材料的单方面改进，没有关注另一方面的改进，两者均不涉及正极膜片与负极膜片性能匹配关系，即没有对于正负两极之间的相关性进行研究，因此本领域技术人员无论从对比文件2出发还是从对比文件3出发，仅能得到对单一电极材料的改进教导，无法获得对正极极片OI值与负极极片OI值进行匹配的相互关系的技术启示。而该案是综合考虑了正负两电极之间的匹配机理，通过设计合适的数值范围进行适配，正负极膜片的OI值匹配正是本专利发明点所在，并且由于上述匹配关系获得了锂离子电池在快速充电过程中正、负极动力学最优匹配的有益技术效果，在保证较高充电能力的同时，保证锂离子电池在长期快速充电使用时还具有很好的循环使用寿命和安全性。据此，合议组认为独立权利要求1具备创造性。

可见，该案在产品权利要求中通过结构和组成进行了限定，其与最接近现有技术的区别也存在于微观结构。与新颖性审查的评判方式不同，在创造性审查的评判时，存在区别技术特征是必然的，而在除最接近现有技术以外的其他文献中涉及区别技术特征的情况也可能存在，但是否具备结合启示，并通过结合多个技术方案得到专利所保护的技术方案，通常会就该区别结构和/或组成在现有技术中所起的作用、所达到的技术效果进行讨论。具体到该案，虽然对比文件2、3分别公开了对于正、负两极材料关于X射线衍射图谱的相关数据，在对比文件的各自技术方案中并没有对另一极材料进行研究讨论，而涉案专利同时将正、负两极的数据数值进行相关度的定义，并通过限定相关度的数值匹配范围，再最终对处在快速充电过程的正负极动力学效果进行有益提升，其关注到了对比文件2、3均没有记载的两极同时并且相互作用的改进。据此，合议组认为权利要求具备创造性。

▼【撰写建议】

对于参数限定，美国和日本对参数限定的产品权利要求的规定和审查相对宽松。例如，《日本专利、实用新型审查基准》中规定产品权利要求可以采用结构、作用、功能、性质、特性、方法、用途以及其他各种方式进行表征，未规定组成、结构、参数和方法限定的优先顺序；《美国专利审查程序手册》中也未对产品权利要求表征方式的优先顺序进行规定。❶ 比较而言，《欧洲专利审查指南》中对参数限定的规定非常详细。其中规定产品的特性值可以用与产品的物理结构相关的参数定义，这些参数应能通过本领域常用的客观方法进行清楚且可靠的测量。当产品的特性值是通过参数之间的数学公式来限定时，其中的每一个参数都应是清楚且可靠测量的。❷ 随着新能源动力电池正极材料领域的发展，专利申请的撰写水平也不断提升，对于参数限定的使用已经是本领域产品权利要求的常见限定方式。专利权人可以使用常见的参数，也可以使用自定义参数，还可以根据组分、结构、性能等参数通过公式计算或者数据处理来限定自己的技术方案。

从该案可以看出，所述正极材料从结构式来看并没有与现有技术区分开来，即使是通过XRD图谱对微观结构进行了表征，并且对于XRD图谱中相关参数进行了数据处理，但现有技术中也关注了XRD图谱相关参数的数据处理，区别在于不同的参数数据处理对应了不同电极性能，现有技术没有给出两极相互匹配的参数关系，而该匹配关系直接决定了两极性能的匹配优异性。因此，在撰写新能源动力电池正极材料的相关专利申请时，可以适当关注现有技术的发展现状。为

---

❶ 陈力，何之贤. 关于参数特征限定的产品权利要求新颖性的一点思考 [J]. 科技与创新，2019 (10)：98 - 99.

❷ 李德宝. 参数限定的产品权利要求 [J]. 专利代理，2021 (4)：39.

了期望与现有技术在创造性方面进行区分，应当着重考虑结构和/或组成对应于技术效果的关系。如果现有技术中没有关注到区别所导致的技术效果，本领域技术人员也不能从现有技术的启示中确定区别与技术效果的关系，通常会判定该技术方案具备创造性。

5.2.3.2 装置类产品权利要求

产品权利要求的范畴中还有一类比较特别的类型就是装置，保护装置本身的权利要求也属于产品权利要求。在新能源动力电池正极材料领域，请求保护装置的产品权利要求占比虽然不高，但对于其创造性审查的标准探讨也对申请文件的撰写有一定的借鉴意义。

▼【案例5－2－3】201820853930.5

该案例为专利权无效宣告请求案件，涉及名称为"一种三元前驱体生产优化控制装置"。专利权人浙江东瓯过滤机制造有限公司于2018年12月14日获得该实用新型专利，无效宣告请求人成都思达能环保设备有限公司于2019年9月29日向国家知识产权局提出无效宣告请求，无效理由为权利要求1～5不具备《专利法》第二十二条第三款规定的创造性。经审理，最终合议组认为该无效理由不成立，最终作出维持该案专利权有效的决定。

▼【案例介绍】

无效宣告请求主要争议焦点的权利要求1如下：

1. 一种三元前驱体生产优化控制装置，其特征在于：包括原料罐（10），原料罐（10）经变频泵（8）连接有溶液过滤机（9），溶液过滤机（9）连接有活性炭除油机（11），活性炭除油机经除磁性异物器（7）连接有配料罐（6），配料罐（6）经计量泵（5）连接有反应釜（4），反应釜（4）的顶部经隔膜泵A连接有中间罐（26），中间罐（26）的底部经隔膜泵B连接有浓缩机，浓缩机（23）的底侧部连接至中间罐（26）的顶部，浓缩机（23）内设有微孔过滤介质（24），微孔过滤介质（24）经电动调节球阀（25）连接有反渗透装置（29），反渗透装置（29）连接有电除盐装置（30）；所述反应釜（4）的侧部和底部分别设有工艺接管A和工艺接管B，工艺接管A和工艺接管B连接有陈化釜（3），陈化釜（3）经隔膜泵C（1）连接有洗涤机（2），洗涤机底部连接有翻转干燥机（27），翻转干燥机

（27）经真空装置（31）连接至反渗透装置（29），翻转干燥机（27）的出料口连接有包装装置（32）；所述洗涤机（2）的上部、中部和下部连接有套用洗水罐（28），洗涤机（2）的上部、中部和下部连接至反渗透装置（29）。

无效请求人提供了证据1：《锂离子电池三元材料——工艺技术及生产应用》，第189～193页，出版日期为2015年5月；证据2：CN201510216749.4；证据3：CN201711219583.7；证据4：CN201710632162.0；证据5：CN201711049046.2；证据6：CN201610971652.9。无效请求人将证据1作为对比文件1；以及证据2－6作为对比文件2－6，认为本专利权利要求1相对于对比文件1的区别技术特征被对比文件2－6公开或均为公知常识，从属权利要求的附加技术特征被对比文件4公开或为公知常识，因此全部权利要求不具备创造性。

合议组经审查认为：溶液过滤机连接有活性炭除油机，活性炭除油机经除磁性异物器连接有配料罐，溶液过滤机、活性炭除油机、磁性异物器、配料罐彼此之间是依顺序连接的，其连接关系是一个整体的技术特征，不能再将其分成零散的技术特征；反应釜、中间罐、浓缩机、反渗透装置、电除盐装置的连接关系也属于一个整体技术特征，其形成了一个完整的装置系统，不能将这些装置简单地分割成多个技术特征，以上整体技术特征均没有被证据1公开；对于区别技术特征中的真空干燥、反渗透、电除盐等，其他证据也仅给出了一般方法，没有公开具体的工艺步骤和装置。同时，也没有证据表明上述区别技术特征为本领域的公知常识，且上述区别特征的存在，使得权利要求1具有使原料的含固量、含油量、磁性异物含量均小于1ppm的效果，并且通过溶液过滤机、反应釜、浓缩机、洗涤机和翻转干燥机等有效结合，具有产量高、工艺流程短、处理成本低的技术效果。权利要求1相对于对比文件1具备突出的实质性特点和显著的进步。❶

▼【案例分析】

该案与前文的案例不同，首先该案的涉案专利是实用新型专利。实用新型专利是对产品的形状、构造或其结合提出的适用于实用的新的技术方案，《专利法》第二十二条第三款规定："创造性，是指与现有技术相比，该发明具有突出的实质性特点和显著的进步，该实用新型具有实质性特点和进步。"显然在专利范畴内，实用新型专利的创造性要求要低于发明专利，其技术水平要求也相对较

---

❶ 参见国家知识产权局第44041号无效宣告请求审查决定书。

低。对此，在专利权的审批上，实用新型专利并没有采用发明专利的实质审查制度，而是实行初步审查制度，即简化了审批程序。实用新型专利通常是在经过初步审查后被授予专利权，如果发生专利侵权纠纷，再启动相应的实质审查程序，即由国务院专利行政部门对相关实用新型进行检索、分析和评价后作出专利权评价报告。

涉案实用新型专利的独立权利要求 1 为一个请求保护装置的产品权利要求，其主要发明构思是通过不同设备的顺序连接关系和工艺处理步骤实现对原料的含固量、含油量、磁性异物含量的优化，以提高产量，缩短工艺，降低成本。专利权人在进行意见陈述时也提交了国家知识产权局于 2019 年 9 月 27 日作出的实用新型专利权评价报告，评价报告中显示该专利的全部权利要求具备新颖性和创造性。

无效宣告请求人认为对比文件 2 给出了将金属混合盐溶液先经过精密过滤、除磁器去除磁性物质后，再进行后续反应的技术启示，对比文件 3 给出了利用活性炭去除镍钴锰硫酸盐混合溶液中油分的技术启示，对比文件 4 给出了反应釜与浓缩机相连的技术启示，对比文件 5 给出了利用真空干燥装置对洗涤后的前驱体进行干燥的技术启示，对比文件 6 已经公开了三元前驱体废水主要由三元前驱体浓水和洗涤水组成。因此本领域技术人员有动机将制备三元材料前驱体的盐溶液、碱溶液等原料经过滤、除油、除磁后，再进行后续的反应步骤，也有动机将对比文件 1 公开的溶液过滤机与活性炭除油机、除磁性异物器相连接后，再与配料罐相连，而在反应釜与浓缩机之间设置中间罐是常规技术手段，本领域技术人员很容易想到将洗涤设备产生的废水，利用反渗透装置和电除盐装置进行处理。

但合议组认为对比文件 2、3 仅公开了过滤、除磁，并没有公开具体的设备和连接关系；对比文件 4 中的反应釜与浓缩机是直接连通的，没有公开给出中间罐可以使得反应釜内没有完全反应的有用盐溶液在中间罐中进行后续反应完全以提高反应物料的利用率和直收率的技术启示；对比文件 5 仅公开了真空进行干燥的一般方法，并没有描述具体的工艺步骤和装置；对比文件 6 仅公开了"采用电渗析、反渗透或其他膜分离技术进行二级深度处理"，并未具体公开反渗透装置、电除盐装置、洗涤机等具体设备和连接关系，并且认为上述区别也不属于公知常识，具有相应的技术效果。合议组认为区别技术特征，尤其是具体的设备和之间的连接关系以及工艺步骤之间的连续处理关系并没有被对比文件公开，而对于装置来说，应当将相互成顺序连接的设备作为一个整体的技术特征，其解决的技术问题、实现的技术效果应当从整个处理流程进行考量，不能机械地进行拆分和评价。并且对于实用新型专利的创造性而言，不能仅由工艺手段就推出必然会或者容易想到采用某个处理设备，不同的处理设备具有不同的特点和性能，在没有证据的情况下，对于具体设备的选择，不能轻易地认定为常规技术手段。

▼【撰写建议】

虽然涉案专利是实用新型专利，但是从该案也可以看出，对于装置类的产品权利要求，是否具备创造性也需要从整体进行考察，并不能机械地将单个设备进行独立评判。一个权利要求的技术方案由技术特征构成，关联技术特征应保持整体性。在认定区别特征时，要考虑特征之间的关联，体现发明构思的关键技术手段涉及的技术特征不能割裂；如果区别特征相互关联，共同作用以解决同一技术问题，则应当在考虑它们共同作用、给技术方案带来的技术效果的基础上，确定发明实际解决的技术问题，进而进行技术启示的判断。❶

通过上述案例可以发现，当上下游的设备之间，由于连接关系和工艺处理流程的不同，产生了不同的协同作用和整体效应时，应当将相互关系紧密的设备进行整体的考量。如果连接关系不同，如前后顺序的变化、分支或并联、重复设置等，导致形成了新的处理流程，并且新的处理流程取得了预料不到的技术效果，就不能轻易断言这种连接关系是常规技术手段。现有技术中通常会提及常见的工艺步骤，对于对应工艺步骤所选择的工艺设备虽然有限，但是具体的设备选择也不全都归结为常规选择，不同设备存在的差异如果对工艺处理带来了预料不到的技术效果，那么对设备的选择仍然可能是具有创造性价值的。因此，在撰写新能源动力电池正极材料领域的装置类产品权利要求时，可以通过对现有技术的了解，突出自身技术方案中优于现有技术的设备选择、设备组合、流程配置等相关技术特征，并且在说明书中尽量对上述区别所带来的预料不到的技术效果进行详细的说明，以使本领域技术人员能够将发明构思从现有技术的发展现状和水平中区分开来，通过区别技术特征及其达到的技术效果来说明自身技术方案具备创造性。

5.2.3.3　以工艺步骤限定的方法权利要求

新能源动力电池正极材料领域属于典型的材料化学领域，其专利申请中也存

---

❶ 曲凤丽，邹盼盼 . 浅析创造性评判中的技术启示的认定［J］. 中国发明与专利，2018，15（S1）：182.

在大量的方法发明。根据《专利审查指南2023》的规定，化学领域中的方法发明，无论是制备物质的方法还是其他方法，其权利要求可以用涉及工艺、物质以及设备的方法特征来进行限定。涉及工艺的方法特征包括工艺步骤和工艺条件，例如温度、压力、时间、各工艺步骤中所需的催化剂或者其他助剂等；涉及物质的方法特征包括该方法中所采用的原料和产品的化学成分、化学结构式、理化特性参数等；涉及设备的方法特征包括该方法所专用的设备类型及其与方法发明相关的特性或者功能等。

（1）以工艺步骤为特征

对方法权利要求进行工艺步骤的特征限定是材料化学领域的常见撰写方式，在新能源动力电池正极材料领域也不例外。通常情况下，方法权利要求中会包括原材料的选择、工艺的选择、工艺参数的设置等方面。下面将结合两件专利申请复审案件来讨论对于主要包含工艺步骤的方法权利要求的创造性的判断。案例 5 - 2 - 4 主要探讨采用不同原料和工艺条件选择对于创造性判定的影响，案例 5 - 2 - 5 主要探讨彼此间相关联的工艺对创造性判定的影响。

▼【案例 5 - 2 - 4】201310233763.6

该案中涉案专利申请在实质审查阶段因全部权利要求不具备《专利法》第二十二条第三款规定的创造性于 2017 年 5 月 17 日被驳回，申请人苏州宝时得电动工具有限公司、陈某对驳回决定不服，于 2017 年 9 月 1 日向原国家知识产权局专利复审委员会提出复审请求，最终合议组作出维持驳回决定。

▼【案例介绍】

驳回决定中作为主要争议焦点的权利要求 1 如下：

1. 一种正极材料的制备方法，其特征在于：其包括如下步骤：

（1）将原料进行球磨混合，所述原料包括氢氧化镍、碳酸锰以及氢氧化锂和/或碳酸锂；

（2）在含氧气氛下在 905 ～ 995 ℃下烧结，所述烧结的时间为 2 ～ 7 h；
得到含 Li、Ni 和 Mn 的金属复合氧化物。

驳回决定中引用了一篇对比文件 4（锂离子电池三元正极材料的制备及电化学性能研究，刘环，《中国优秀硕士学位论文全文数据库 – 工程科技 Ⅱ 辑》，2013 年第 1 期，第 17、21 ～ 40 页，公开日为 2013 年 1 月 15 日），其与权利要求 1 的主要区别技术特征为：权利要求 1 限定了镍源是氢氧化镍，烧结的时间为 2 ～

7 h。驳回决定中认为该区别技术特征属于本领域中的公知常识。复审请求人对此提出异议。

合议组经审查认为，基于上述区别技术特征，权利要求 1 实际要解决的技术问题是提供一种替换的镍源用于制备电池正极材料并提供一种具体的烧结时间。经查证，氢氧化锂是本领域常用的锂源材料，并且对比文件 4 还公开了合成时间对材料性能的影响：合成时间太短，材料结晶度不好，阳离子的紊乱程度增加；随着合成时间的延长，逐渐形成了完整的锂离子扩散通道，有利于锂离子的自由运动，对电极的极化有一定的减小，但是合成时间过长，高温下金属锂以锂的氧化物的形式挥发的量也增加，且高温合成的时间太长，晶粒会过于长大，使得锂离子的扩散路径变长，降低锂离子电池正极材料的电化学性能。在对比文件 4 的启示下，本领域技术人员根据实际需要通过有限的调整试验选择合适的烧结时间。因此，权利要求 1 不具备《专利法》第二十二条第三款规定的创造性。❶

▼【案例分析】

该案的独立权利要求 1 为主要采用生产工艺步骤特征来进行限定的方法权利要求，主题名称为"一种正极材料的制备方法"，主要限定了原料物质、工艺步骤和相关工艺的条件（即加工工艺参数）。这体现了新能源动力电池正极材料领域对于方法权利要求的常见撰写方式。

涉案申请的技术方案并不复杂，主要发明构思是通过选定特定的锂源、镍源、锰源混合，在含氧条件下烧结，得到金属复合氧化物。对比文件 4 公开的技术方案与独立权利要求请求保护的技术方案相比，最终均获得正极材料 $LiNi_{1/3}Co_{1/3}Mn_{1/3}O_2$（与 $LiCo_{1/3}Mn_{1/3}Ni_{1/3}O_2$ 等同），即最终获得相同的正极材料产物，区别在于原料的选择。但是原料虽然选择不同的化合物（如涉案申请选择了氢氧化镍，对比文件 4 选择了碱式碳酸镍；涉案申请选择了氢氧化锂或氢氧化锂和碳酸锂，对比文件 4 选择了碳酸锂），但其作用仅是提供最终金属复合氧化物的镍源和锂源，而且上述选择，是正极材料领域常见的镍源和锂源，并没有带来预料不到的技术效果，因此仅以原料物质的不同并不足以说明权利要求具备创造性。对于加工工艺参数，仅是烧结温度没有公开，但是对于本领域技术人员来说，已经公开烧结的重要参数——温度 950 ℃，虽然请求人一再强调原料和烧结温度多个条件共同变化具有协同作用，但是对比文件 4 已经关注到了烧结的时长对正极

---

❶　参见国家知识产权局第 142722 号复审决定书。

材料的电化学性能有影响，也就是说本领域技术人员通过现有技术能够获知：如果需要改变正极材料的电化学性，可以通过调整烧结时长的方式来实现。并且，前述已经分析了，涉案申请和对比文件 4 得到的是相同的正极材料，本领域技术人员只需要通过有限的实验来对工艺参数进行调整，即可以获得该申请的技术方案。因此以烧结这一工艺参数的差异也不能说明权利要求具备创造性。

从该案可以看出，独立权利要求主要包括方法所采用的原料和加工工艺步骤中采用的工艺条件。从撰写方面来看，独立权利要求限定的原料选择和工艺步骤都比较少，保护范围比较大。对于专利权人而言，当然是希望获得最大的保护范围，但是同时，保护范围越大，也越容易被现有技术影响其新颖性或创造性。正如该案所呈现的结果，原料的区别仅是常见类型的选择，工艺参数中温度已经被公开，仅是烧结的时长没有明确公开，但是现有技术已经关注到烧结时长对于最终产品性能的影响，本领域技术人员在现有技术的教导下，采用常规实验方法通过有限的实验即可以获得时长的数值范围，并且该数值范围的确定其对应的技术效果能够被预期，在这种情况下，技术方案很难被认定为相对于现有技术具备创造性。

对于该类型的技术方案，除了在撰写时通过对相关技术特征的限定将权利要求的保护范围限定在一个合适的大小以内，还可以在说明书中适当解释对现有技术具有实际贡献的技术手段的特征是如何获得预料不到的技术效果，而该作用机理并没有被现有技术披露或关注，包括各个技术特征是否彼此关联、协同作用，整体上产生了具有互补或递进关系的功能或效果，❶ 以此体现其技术方案能与现有技术在创造性方面进行区分。下面结合案例 5 - 2 - 5 来具体说明。

▼【案例 5 - 2 - 5】201510216711.7

该案中涉案专利的发明名称为"碳包覆镍钴铝三元正极材料的制备方法"，专利权人为天能帅福得能源股份有限公司，无效宣告请求人为王某某。无效宣告请求人于 2020 年 5 月 23 日以涉案专利权利要求 1～2 不符合《专利法》第二十二条第三款为由提出无效宣告请求，合议组经审查后作出了维持专利权有效的决定。

▲【案例介绍】

该案专利授权公告时的权利要求 1 如下：

---

❶ 梁月明．组合发明创造性判断中非显而易见性的探析研究［J］．法制博览，2024（3）：42．

1. 碳包覆镍钴铝三元正极材料的制备方法，包括以下步骤：（1）提供镍钴铝三元正极材料，所述镍钴铝三元正极材料的化学式为 $LiNi_xCo_yAl_zO_2$，其中 $x = 0.40 \sim 0.95$，$y = 0.05 \sim 0.40$，$z = 0.02 \sim 0.15$，$x + y + z = 1$；（2）将所述镍钴铝三元正极材料、有机碳源、催化剂直接混合均匀，置于惰性气氛下，于 $400 \sim 500$ ℃下热处理 $1 \sim 10$ 小时，后处理后得到所述碳包覆镍钴铝三元正极材料；所述催化剂为 Fe 盐、Co 盐或 Ni 盐，所述有机碳源为柠檬酸、淀粉、琼脂糖或聚乙二醇；所述镍钴铝三元正极材料、有机碳源、催化剂的重量比为 $100 : 1 \sim 5 : 5 \sim 0$；所述镍钴铝三元正极材料通过如下方法制备获得：

（a）将镍源、钴源、铝源溶于水，加入沉淀剂，收集生成的沉淀，煅烧制得前驱体；

（b）将前驱体与锂盐混合均匀，置于空气氛或氧气氛下煅烧，制得所述镍钴铝三元正极材料；所述前驱体与锂盐的摩尔比为 $1 : 1 \sim 1.05$；

步骤（a）中，煅烧的温度为 $400 \sim 600$ ℃，时间为 $1 \sim 12$ 小时；

步骤（b）中，所述煅烧分为两次，第一次煅烧后，将粉体洗涤、烘干、粉碎、筛选后再进行第二次煅烧；所述第一煅烧的温度为 $300 \sim 700$ ℃，时间为 $3 \sim 24$ 小时；所述第二次煅烧的温度为 $600 \sim 1000$ ℃，时间为 $10 \sim 36$ 小时。

请求人提出以证据 1（CN103000874A）和证据 2（CN104241640A）评价权利要求 1 的创造性。其中证据 1 作为最接近的现有技术，公开了一种碳包覆三元正极材料的制备方法，所述三元正极材料为 $LiNi_xCo_yMn_zO_2$，其与权利要求 1 的主要区别在于：①碳包覆对象镍钴铝三元正极材料不同；②镍钴铝三元正极材料的制备方法未公开；③镍钴铝三元正极材料、有机碳源、催化剂的重量比未公开。

证据 2 公开了一种镍钴铝酸锂正极材料 $LiNi_xCo_yAl_zO_2$ 及其制备方法，但没有公开权利要求 1 中的煅烧制得前驱体以及在第一次煅烧后将粉体洗涤、烘干、粉碎、筛选后再进行第二次煅烧的步骤。

合议组认为，对于区别特征①，镍钴锰与镍钴铝均为常见三元材料，基本结构类型相同，性能也为本领域所熟知，证据 1 公开了碳包覆镍钴锰后提高了电极材料的电子电导率，增强了离子在电极表面的传递速度，两种协同作用使得含有少量碳的电极材料可以充放电完全，库仑效率较高，循环过程中减小电极表面的极化，本领域技术人员在此基础上能够知晓该提升正极活性物质电子传导率的碳包覆同样适用于镍钴铝。对于区别特征②和区别特征③，首先，对于碳包覆的对象，证据 1 制备的三元正极材料不同，而证据 2 中镍钴铝的制备方法与权利要求 1 存在区别，由于三元正极材料的制备是一个复杂的过程，各个工艺步骤之间具有协同性，这些具体的工艺区别最终会影响到三元材料的性能。其次，对于碳包覆的过程，证据 1 公开的三元正极材料、有机碳源、催化剂重量比与权利要求 1 不同，其混合方式也不同，导致碳源包覆的结果产生差异。因此，不能认为在证据 1～2 的基础上能够得到权利要求 1 的整个制备方法，权利要求 1 不具备创造性的理由不能成立。❶

▼【案例分析】

对于方法权利要求，如果多个工艺步骤之间存在关联性，通过工序的先后顺序有机结合，共同作用产生技术效果，就不能机械地将彼此之间有关联的工艺步骤简单拆分为多个零散的技术特征，不能因为工艺步骤中部分被现有技术公开，部分属于公知常识，而否定通过多个步骤有机组合而成的技术方案的创造性。

该案中碳包覆镍钴铝三元正极材料的制备方法可以分为两个部分，一是碳包覆对象三元正极材料的制备，二是碳包覆的制备。尽管镍钴锰与镍钴铝均为常见三元材料，证据 2 公开的镍钴锰的制备方法与涉案申请较为接近，但仍存在一些具体工艺步骤的差别，而这些差别是否导致最终产品性能的差异需要站位本领域技术人员综合考量。作为区别特征的前驱体煅烧，以及两次煅烧之间的粉体处理步骤，对组分都会产生影响，而碳包覆手段的不同直接导致碳包覆效果的差异。将这些步骤割裂开来，认为每个步骤中的部分区别均为本领域常规手段，从而得出整个技术方案不具备创造性的结论，这一判断过程显然是不合理的。该案中，将制备方法作为一个整体看待，各个工艺步骤之间具有协同作用，每个步骤的区别并不是简单的叠加关系，而是相互影响，最终产生的技术效果的差异是难以预料的。

因此，对于主要包括工艺步骤的方法权利要求，在创造性的判断实践中，应在准确认定区别特征的基础上，综合考虑各个步骤在技术方案中所起的作用、解决的技术问题、产生的技术效果的关系，关注整体技术方案之间的关联性和各步骤之间的协调配合关系，不应机械地将构成整个技术方案的不同技术特征简单割裂评价。❷ 在撰写申请文件时，应站位本领域技术人员，在说明书中记载各个工

---

❶ 参见国家知识产权局第 47254 号无效宣告请求审查决定书。
❷ 胡彬彬，齐隽楠．创造性评判中技术特征之间的协同作用［J］．中国科技信息，2024（12）：25－26．

艺步骤的功能和作用，结合实施例和实验数据等内容证明技术效果，客观分析各步骤之间的相互关系，说明其相互支持、相互影响从而产生整体效果的依据，使该技术方案在创造性的判断中能够被审慎对待。

（2）反应原理的考量

从上面的案例可以看出原材料的选择对方法产品权利要求的创造性也具有相当程度的影响。但是有的情况下，选择了类似或近似的原料，由于反应原理的不同，也可能影响最终的创造性结论。下面结合一个具体案例进行说明。

▲【案例 5 – 2 – 6】 201010044446.6

该案的涉案发明名称为"锂离子电池正极材料的制备方法"，申请人为清华大学、鸿富锦精密工业（深圳）有限公司。该申请在实质审查阶段，被以权利要求 1 ～ 16 不符合《专利法》第二十二条第三款为由驳回。复审请求人于 2013 年 10 月 17 日向原国家知识产权局专利复审委员会提出复审请求，同时提交权利要求书的修改替换页。合议组经审查后作出了撤销驳回决定。

▲【案例介绍】

复审请求人修改后的权利要求 1 如下：

1. 一种锂离子电池正极材料的制备方法，通过一步烧结的方式通过羟基氧化锰合成出尖晶石锰酸锂，其包括：

提供羟基氧化锰及粉末状或颗粒状的碳酸锂；

将该羟基氧化锰与该粉末状或颗粒状的碳酸锂在液相溶剂中均匀混合，该液相溶剂为乙醇及丙酮中的一种或几种；

干燥该混合后的产物，使该液相溶剂蒸发，得到一前驱体；以及

将该前驱体从室温匀速升温到 500 ℃ 至 900 ℃ 的烧结温度，并在该烧结温度下烧结 3 至 24 小时，得到尖晶石锰酸锂。

驳回决定中引用的对比文件 1（CN1482068A）公开了一种锂离子电池正极材料的湿化学合成方法，并具体公开了：将锰化合物和锂化合物的水溶液放入反应器中，使两者通过化学反应生成结晶态尖晶石型锂锰氧化物，然后通过在 105 ～ 110 ℃ 下烘干，使得水溶剂蒸发，得到湿化学合成产物尖晶石锂锰氧化物，最后在空气气氛中于 300 ～ 850 ℃ 下热处理 2 ～ 24 小时，获得晶型更完整的尖晶石锰酸锂。

权利要求 1 与对比文件 1 的区别之一在于液相溶剂的选择不同，这也是该案的争议焦点。

合议组认为对比文件 1 的背景技术部分公开了尖晶石锂锰氧化物的合成方法有固相合成法和湿化学合成法两大类，但并未公开通过使用乙醇和/或丙酮作为溶剂使得羟基氧化锰和碳酸锂在其中进行固相混合的内容。

虽然乙醇和丙酮在化学领域中为公知的溶剂，但是由于羟基氧化锰和碳酸锂在乙醇和/或丙酮溶剂中是不溶的，两者在该溶剂中并未发生化学反应，仅在液相溶剂中进行均匀的固相混合，而对比文件 1 中使用的水溶剂使这两种源材料进行溶解并使两者在水溶剂中进行化学反应，然后再通过高温处理得到相关产物，因此这两类溶剂在各自的制备方法中所起的作用完全不同。而且，权利要求 1 通过使用乙醇或丙酮作为溶剂，一方面使两种源材料在其中进行均匀的固相混合而不发生化学反应，由此可以避免锂盐析出结晶的问题，只要控制作为锂源的碳酸锂颗粒的尺寸而无须在蒸发过程中对碳酸锂颗粒尺寸进行控制，就可以很容易地控制所得前驱体晶粒的尺寸，简化了工艺步骤；另一方面又可以通过两种源材料在液相溶剂中进行均匀固相混合之后，仅利用一步烧结就能得到尖晶石锰酸锂。因此，权利要求 1 不符合《专利法》第二十二条第三款有关创造性的规定的理由不能成立。❶

▲【案例分析】

新能源动力电池正极材料的制备方法具有化学领域的普遍特点，方法权利要求中经常包括工艺条件的限定。由于其属于实验学科，复杂的制备方法产生的结果往往难以预期，但是因为创造性的判断是在知悉技术方案的基础上探寻其形成过程，属于逆向路径的分析模式❷，对技术启示的认定容易被先入为主的思维影响，因而对工艺条件的区别是否为本领域公知常识的判断往往成为创造性争论的焦点问题。

对于该案来说，争议的焦点在于反应原料的混合溶剂。具体来说，对比文件 1 公开了与涉案申请同样的原料将羟基氧化锰和碳酸锂，但是两者混合的溶剂不同，对比文件 1 采用的是水溶剂，而涉案申请权利要求 1 采用的是乙醇及丙酮中的一种或几种。虽然乙醇和丙酮在化学领域中为常用的溶剂，但是对比文件 1 公

---

❶ 参见国家知识产权局第 79171 号复审决定书。
❷ 刘晓军. 专利创造性评判中的技术启示 [J]. 知识产权，2012（5）：44.

开的锂离子电池正极材料的制备方法中，是通过采用水溶剂将羟基氧化锰和碳酸锂在水中溶解并发生化学反应，然后再进行烘干、高温热处理得到尖晶石锰酸锂；而权利要求1采用的溶剂是乙醇和/或丙酮，羟基氧化锰和碳酸锂在其中是不溶的，是固相混合，也未发生化学反应。因此，尽管对比文件1和涉案申请权利要求1中采用了相同的原料，都是在液相溶剂中混合，而溶剂都是本领域的常规溶剂，但是由于羟基氧化锰和碳酸锂在水溶剂和乙醇、丙酮溶剂的溶解度差异，导致其添加到溶剂中混合时的反应原理不同，因此溶剂在两个反应中的作用也是不同的，本领域技术人员没有动机用采用乙醇和丙酮溶剂替换对比文件1中的水溶剂，从而无法得到权利要求1的技术方案。并且，权利要求1的技术方案中通过采用乙醇和丙酮溶剂，使羟基氧化锰和碳酸锂两种源材料均匀地进行固相混合而不溶解、不发生化学反应，可以避免锂盐析出结晶的问题，只要一开始选择合适尺寸的碳酸锂颗粒就无须在蒸发过程中对碳酸锂颗粒的尺寸进行控制，从而使得控制前驱体晶粒尺寸更加容易，该技术效果也是本领域技术人员在对比文件1的基础上无法预期的。因此，溶剂的差异导致反应原理不同，从而无法在对比文件1的基础上，否认权利要求1的创造性。

可见，对于方法权利要求的创造性的判断，即使其与最接近的现有技术相比，采用了相似的原料，并且所用原料也均为本领域常用的原料，也不能够简单地以公知常识作为理由判断该技术方案不具有创造性。随着技术的更新迭代，新的公知常识的范畴不断扩张，已有的公知常识也可能产生新的变化，这使得公知常识的判断并不是一成不变的。❶ 我们不能认为两种原料相似或同类型，就简单地判定两者的替换属于公知常识，而要看原料在方法中所起的作用及其产生的技术效果是否相同，因为原料的不同而导致反应原理发生了变化的，不能认为其技术方案的得到是显而易见的。

（3）利用已知原理解决不同问题

从以上案例可以看出反应原理对创造性的影响是较大的，但是是否利用现有技术相同的原理而形成的方法权利要求就一定不具备创造性呢？也不是必然的。在新能源动力电池正极材料的相关专利申请撰写方法权利要求时，尤其是期望保护制备方法的技术方案，也可以依托于已知的常规合成方式，但是其具体改进的工艺步骤和工艺参数应当对产品的性能有决定性的作用，该作用作为技术效果进行体现时能够作为评判专利申请是否具备创造性的理由。下面结合一个具体案例

---

❶　冯晓青，余子凯. 创造性判断中公知常识认定研究［J］. 大理大学学报，2021，6（9）：5.

进行说明。

▼【案例 5 - 2 - 7】201310485720.7

该案为专利权无效宣告请求案件。涉案专利的发明名称为"一种三元正极材料前驱体的制备方法",专利权人江西赣锋锂业股份有限公司于2016年1月20日获得该发明专利,无效宣告请求人深圳市钦雨新能源科技有限公司于2016年4月22日向原国家知识产权局专利复审委员会提出无效宣告请求,无效理由涉及多个《专利法》条款,其中包括认为权利要求1相对于对比文件1不具备《专利法》第二十二条第三款规定的创造性。经审理,合议组认为该无效理由不成立,最终作出维持该案专利权有效的决定。

▼【案例介绍】

无效宣告请求主要争议焦点的权利要求1如下:

1. 一种三元正极材料前驱体的制备方法,其特征在于:包括以下工艺流程:

A. 酸浸:利用红土镍矿生产电解镍的中间产物氢氧化镍锰钴富集物为原料,通过酸浸出,固液重量比为1:1～1:4,得到镍锰钴酸溶液;

B. 除杂及重结晶:往步骤A中得到的镍锰钴酸溶液中加入氟化物除去溶液中钙、镁离子杂质,氟化物的加入重量为A步骤中的氢氧化镍锰钴富集物重量的2%～5%,再经过滤、浓缩、结晶得到镍锰钴混合物;

C. 混合盐配制:将B步骤得到的镍锰钴混合物溶于水形成镍锰钴混合液,固液比为1:2～1:4,取样分析得到的镍锰钴混合液中镍、锰、钴的摩尔浓度,然后分别加入计量可溶性镍盐、可溶性锰盐和可溶性钴盐,按Ni:Mn:Co=5:3:2的摩尔比调整镍锰钴混合液中镍、锰和钴的量,并使镍锰钴混合液中这三种金属离子的总浓度为3 mol/L,得到混合盐溶液;

D. 沉淀剂配制:根据混合盐溶液中金属离子的总摩尔量配制计量的浓度为4～6 mol/L的氢氧化钠溶液,再往氢氧化钠溶液中加入计量的1～3 mol/L的氨水溶液,得到沉淀剂溶液,使沉淀剂溶液中碱与氨水的摩尔比为1:10～1:2;

E. 合成反应:开启带有三维立体浆式搅拌装置的反应釜,往釜内充入氮气,使反应在氮气保护下进行,维持氮气的流量为20～30 ml/min,并往釜内加入2000～5000 L纯水与氨水的混和液为底液,其中氨水的重量占底液总重量的1.0%~3.0%，加入的氨水重量浓度为25%~28%，然后升温至30~70℃，控制搅拌转速为300~600 rpm，用氢氧化钠溶液调节反应液的pH值为11.40，再将C步骤配好的混合盐溶液与D步骤配制的沉淀剂溶液同时滴加到反应釜中，控制混合盐溶液的滴加速度为5~20 L/min，沉淀剂溶液的滴加速度为10~40 L/min，并根据整个反应釜体系内的pH调节沉淀剂溶液的滴加速度，维持反应液的pH为11.4，合成反应18~24 h；

F. pH的调节：合成反应完成后，逐渐降低反应液的pH，降低速率为0.01 pH/h，直至pH达到10.50，之后一直稳定该pH，充分搅拌，再取样分析产品粒度，当粒度达到D50 = 9~12 μm后，开启溢流阀，将悬浊液溢流至储槽；

G. 分离及洗涤：将F步骤制得的为前驱体材料溶液的悬浊液进行固液分离，再用纯水反复洗涤3~6次得到沉淀物；

H. 烘干：将G步骤得到的沉淀物放入烘箱中烘干，烘干温度为60~150℃；烘干时间为15~20 h下干燥得到三元正极材料前驱体。

无效宣告请求人提供的证据中的附件2作为对比文件1（CN102956881A）。请求人主张涉案专利与对比文件1相比，只是额外增加了由红土镍矿通过简单的化学处理得来的镍元素，再通过对对比文件1中反应条件作无关紧要或者适当的放宽和具体化，来掩饰其采用与对比文件1相同的方法得到合成产物。因此权利要求1不具备创造性。

合议组经审查认为：对比文件1为实验室量级，涉案专利为工业化量级，根据对比文件1发明内容的记载，其也没有记载具体的反应细节，由于对比文件1与权利要求1合成的目标产物不同，因此二者考虑的反应条件也不会一致。对于三元材料前驱体的合成方法而言，虽然共沉淀法是已知的合成路线，但是具体选取的原料、合成的设备和详细参数等会对产物的结构、形态以及性能产生很大的影响。权利要求1中详细限定了制备方法的工艺流程，并由此能制得粒度分布均匀、活性高、密度较高、电容量高且成本低的三元材料前驱体，取得了有益的技术效果。权利要求1相对于对比文件1具备突出的实质性特点和显著的进步。❶

▼【案例分析】

与之前的案例类似，该案的独立权利要求1为主要采用生产工艺步骤特征来

---

❶ 参见国家知识产权局第30051号无效宣告请求审查决定书。

进行限定的方法权利要求，主要的发明构思为采用红土镍矿生产电解镍的中间产物氢氧化镍钴富集物为原料，通过酸浸、化学沉淀除杂、配制混盐和重结晶等工序，制得镍、钴和锰的混合物，然后在氮气保护下，采用均相络合化学共沉淀法制备三元前驱体材料 $Ni_{0.5}Mn_{0.3}Co_{0.2}(OH)_2$ 产品。这是新能源动力电池正极材料领域方法权利要求的常见撰写方式。

可以对比《专利审查指南2023》中的相关规定，权利要求1中包括了化学领域方法发明的多种方法特征限定方式：涉及工艺方法的工艺步骤，例如酸浸、重结晶、混合液配置等；工艺条件，例如比例、浓度、流量、pH、沉淀剂等；采用的原料的化学成分，例如氢氧化镍锰钴富集物；专用的设备类型及其特性或者功能，例如三维立体浆式搅拌装置的反应釜、溢流阀、烘箱等。在考虑方法权利要求保护的技术方案相对于最接近的现有技术是否具备创造性时，需要将上述各个方面限定的方法特征进行整体的考虑。该案的无效宣告请求人认为权利要求1的技术方案仅仅是在对比文件1技术方案的基础上额外增加了由红土镍矿通过简单的化学处理得来的镍元素，并且认为存在区别的反应条件仅是无关紧要或者适当的放宽和具体化。但从合议组的意见可以看出，对比文件1的合成目标产物是高锰固溶体，涉案专利的合成目标产物中 Ni∶Mn∶Co = 5∶3∶2，首先，二者存在明显的产物差异，同时，对比文件1没有公开反应使用红土镍矿的原料、合成反应中的具体参数、pH的调节方式等，该案详细限定了制备方法的工艺流程，尤其是合成反应中的加料方式、pH的调节方式等，都与对比文件1明显不同，没有证据证明本领域技术人员能够借助于公知常识，通过合乎逻辑的推理能够从对比文件1的技术方案得到该案的技术方案。其次，对比文件1的实施方式显示其合成反应的量级是实验室量级，该案合成反应的量级是工业化量产，结合之前分析的目标产物不同，二者考虑的反应条件也不会一致，尽管请求人主张这些条件无关紧要或仅是简单处理，但是没有提供相关证据，合议组通过审查也没有从现有技术范畴获得相关佐证。

另外，正如该专利说明书记载，在共沉淀过程中，反应物的浓度、pH、温度和加料速度对产品的粒径大小、形貌及电化学性能产生显著影响，在说明书实施例之后还列出了各组实施例产品的性能实验数据，证明采用优选条件制备出的产品具有较好的层状晶体结构，粒度分布均匀，活性高，密度较高，充放电容量较高，而且成本低。综上，合议组最终认定该案专利权有效。

（4）以工艺步骤限定的方法权利要求的撰写建议

方法权利要求是化学领域一种重要的权利要求类型，在动力电池正极材料领域也是如此。对于新的产品，专利申请撰写时通常同时包括产品权利要求和制备相应产品的方法权利要求，即使对于现有技术中已知的产品，方法上的改进也能够因为降低生产成本、提高生产效率或者环保等因素，给工业应用带来巨大价值。

与产品权利要求相比，方法权利要求通常被认为排他权范围较窄，且在侵权判定过程中难以取证，保护力度较弱，因而，方法权利要求的撰写更需要把握好关键点。从以上两个案例分析可以看出，对于主要包含工艺步骤的方法权利要求来说，其创造性的判断需要考虑多个方面的因素，相同的原料可能因为工艺条件的不同而具有不同的反应原理，相同的原理也可能因为工艺条件的进一步限定而具有不同的技术效果。在撰写主要包含工艺步骤的方法权利要求时，应当注意以下几点。

首先，对于方法中涉及技术改进的关键步骤需要表征清楚，概括得当。如果涉及多个关键步骤的改进，各个步骤可以分别限定；但如果各个步骤之间相互依赖才能实现声称的技术效果，或者后续的步骤需要依赖前述步骤的结果的，则需要将其限定在同一个权利要求中。

其次，对于方法中步骤的顺序，如果有特定顺序的，需要明确限定；如果没有特定顺序的，或者其顺序可以调整的，也可以根据需要予以说明。因为没有明确步骤顺序的方法权利要求，是否按照其撰写的先后顺序对权利要求的保护范围进行限定，往往存在争议，而该争议既会影响到技术方案的创造性判断，也会影响到后续的侵权判定。例如在美国法院的判例中，认为除非方法权利要求记载了步骤顺序，否则通常解释为这些步骤间不要求特定的顺序，但是如果在语言逻辑和语法上存在特定顺序，或者说明书里直接或间接地要求了特定的顺序，则认为这些步骤应按照特定的顺序实施；而在我国最高人民法院对侵权案件的解释中，则规定了方法权利要求未明确记载步骤的先后顺序，但本领域技术人员通过权利要求书和说明书能够直接、明确地认为这些步骤应当按照特定顺序实施的，应当认为该特定顺序对权利要求的保护范围具有限定作用。

最后，对于方法中涉及技术改进步骤的原料配比、反应原理、反应条件、技术效果应在说明书中予以记载，并结合实施例的具体实验数据进行验证。对于已知反应原理的方法的改进，应注重其相对于现有技术所解决的技术问题和产生的技术效果。对于原料相同，但由于工艺条件的改变而导致反应原理产生差异的方法，应写明其反应原理不同的原因，以及由此带来的技术效果上的改变。为了说明技术效果与改进方法之间的关联性，在说明书中尽可能记载适当的实验数据以证明专利申请的技术方案具备优于现有技术的常规方法，以便本领域技术人员能够从整体上对权利要求的创造性进行判断。

5.2.3.4　包含产品特征的方法权利要求

因为领域的特殊性，新能源动力电池正极材料的发明申请通常涉及材料和/或化学领域的技术方案，在撰写权利要求书时，将保护力度最优越的产品权利要求作为第一组权利要求，以期望获得最大的保护范围是常规的也是推荐的做法。但是，产品权利要求虽然保护范围较大，保护力度较强，但同时也容易被现有技术影响新颖性或创造性。在产品权利要求之后增加相关的方法、用途或者后续下游产品多作为其他组权利要求进行撰写，一方面能够从不同的角度对申请人的技术进行专利保护，另一方面也增加了与现有技术从新颖性、创造性方面进行区分的可能。但同时，对于包含产品的结构和/或组成特征的方法权利要求，其保护范围必须考虑结构和/或组成特征的限定作用，因此其保护范围相对于仅包含相同方法步骤的方法权利要求就会有显著的缩小。

下面结合两个复审案例分析包含产品特征的方法权利要求的创造性判断标准。

（1）包含微观结构的产品特征

在材料化学领域，微观结构的特征会影响产品的性能，在方法权利要求中，如果涉及对产品特征在微观结构方面的限定，也需要进行判断：是否该微观结构形成了对现有技术的区别，并且该区别是否导致预料不到的技术效果，进而影响其创造性的判定。

▼【案例5-2-8】201080002512.1

该案例中，原申请为进入中国国家阶段的 PCT 国际申请，于 2014 年 1 月 13 日因部分权利要求不具备《专利法》第二十二条第二款规定的新颖性、部分权利要求不具备《专利法》第二十二条第三款规定的创造性被驳回。申请人日立麦克赛尔能源株式会社于 2014 年 4 月 25 日向原国家知识产权局专利复审委员会提出复审请求。

▼【案例介绍】

该案请求保护一种电极用活性物质及其制造方法，驳回决定针对的权利要求18 如下：

18. 一种电极用活性物质的制造方法，其特征在于，为制造由以一般通式 $Li_{1+x}MO_2$ 表示的含锂复合氧化物的粒子构成的电极用活性物质的方法，

在所述一般通式中，x 在 $-0.15 \leqslant x \leqslant 0.15$ 的范围内，且 M 表示至少含有 Ni、Co 和 Mn 的 3 种以上的元素群，Ni、Co 和 Mn 相对于构成 M 的元素整体的比例分别以 mol% 单位表示为 a、b 和 c 时，为 $45 \leqslant a \leqslant 90$，$5 \leqslant b \leqslant 30$，$5 \leqslant c \leqslant 30$，且 $10 \leqslant b+c \leqslant 55$，所述粒子整体的 Ni 的平均价数 A 为 2.2～3.2 价，所述粒子表面的 Ni 的价数 B 具有 $B < A$ 的关系，所述粒子整体的 Co 的平均价数 C 为 2.5～3.2 价，所述粒子表面的 Co 的价数 D 具有 $D < C$ 的关系，所述粒子整体的 Mn 的平均价数为 3.5～4.2 价，具有：

用水或有机溶剂洗净 Li 和元素群 M 的复合氧化物的工序；

在含有 18 体积% 以上的氧的气氛中、600～1000 ℃的温度下，将洗净后的所述复合氧化物进行热处理的工序。

驳回中引用了两篇对比文件：

对比文件 1：层状锂离子电池正极材料 $LiNi_{0.8}Co_{0.1}Mn_{0.1}O_2$ 的制备及性能，王希敏等，《过程工程学报》，2007，7（4）：817～821，公开日为 2007 年 8 月 31 日；

对比文件 2：CN101047247A，公开日为 2007 年 10 月 3 日。

对比文件 1 公开了一种电极用正极活性材料的制造方法。权利要求 18 与最接近的现有技术对比文件 1 的区别技术特征为：①用水或有机溶剂洗净 Li 和元素群 M 的复合氧化物，在含有 18 体积% 以上的氧的气氛中、600～1000 ℃的温度下，将洗净后的所述复合氧化物进行热处理的工序；②所述粒子整体的 Ni 的平均价数 A 为 2.2～3.2 价，所述粒子表面的 Ni 的价数 B 具有 $B < A$ 的关系，所述粒子整体的 Co 的平均价数 C 为 2.5～3.2 价，所述粒子表面的 Co 的价数 D 具有 $D < C$ 的关系，所述粒子整体的 Mn 的平均价数为 3.5～4.2 价。基于上述区别技术特征，权利要求 18 所要解决的技术问题是提高锂复合氧化物的电学特性。

上述区别技术特征①已经被对比文件 2 所公开，且对比文件 2 给出了将其应用于对比文件 1 的技术启示。争议的焦点在于区别技术特征②。对此，合议组认为，对比文件 2 未记载该区别技术特征，而且对比文件 2 中记载的制造方法也不同于涉案申请中的制造方法，不能根据对比文件 2 中记载的制造方法而推定含锂复合氧化物具有区别技术特征②，也没有证据表明该区别技术特征是本领域的公知常识。并且基于该区别技术特征，粒子表面的 Ni 可以为非活性的状态，可以抑制电池内的副反应，并且可以使 Li 在粒子表面充分地扩散，以确保良好的电

化学特性，从而获得具有优异的充放电循环特性和贮存特性的技术效果。因此，权利要求 18 相对于对比文件 1～2 及公知常识的结合具备《专利法》第二十二条第三款规定的创造性。❶

▼【案例分析】

从合议组的决定意见可以看出，在权利要求 18 的技术方案中，与对比文件 1 相比存在的两个区别技术特征，区别技术特征①主要是方法特征，包括加工工艺步骤及参数，而现有技术中的对比文件 2 公开了大部分加工工艺方法的技术特征，并且在对比文件 2 中给出采用上述技术特征的技术手段来解决该案技术问题的启示，因此对本领域技术人员而言，该区别技术特征不能作为权利要求具备创造性的理由。

区别技术特征②是对产品结构和/或组成的限定，主要涉及元素的化合价关系，这是对产品微观结构的表征。虽然权利要求是一个方法权利要求，但是其产物的最终微观结构（本案为化合价关系）是由加工工艺导致的，因此产物的相关结构特征对方法权利要求必然具有限定作用；而现有技术中的对比文件 2 并没有公开相同的产物，加工工艺步骤也存在区别，无法推断采用对比文件 1、2 相结合就能够得到权利要求限定的产物，并且上述产物的微观结构使得产品具有良好的电化学特性，本领域技术人员基于目前的证据不能认为现有技术存在技术启示。

（2）包含性能参数的产品特征

从案例 5-2-8 可以看到，对于方法权利要求来说，通常采用全部限定法理解其保护范围，即凡是写入权利要求中的特征都认为是不可忽略的。除了方法的工艺步骤特征以外，也可以用产品特征进行限定，包括产品的结合和/或组成以及产品的性能。由于方法权利要求的目的是制备相应的产品，因而产品的性能特征会对方法中的工艺步骤有进一步的限定作用。下面结合案例来进一步说明。

▼【案例 5-2-9】201380003621.9

该案的涉案发明名称为"电极材料、电极板、锂离子电池以及电极材料的制造方法、电极板的制造方法"，该案申请在实质审查阶段被以权利要求 1～8 不具备《专利法》第二十二条第三款规定的创造性为由驳回。申请人住友大阪水

---

❶ 参见国家知识产权局第 94736 号复审决定书。

泥股份有限公司对上述驳回决定不服，于 2017 年 4 月 7 日向原国家知识产权局专利复审委员会提出了复审请求。

【案例介绍】

复审请求人提交了修改后的权利要求 1～2。两个权利要求均为独立权利要求，且都涉及一种电极材料的制造方法，权利要求 2 与权利要求 1 相比，增加了在集流体上形成正极材料层的步骤，在此仅围绕权利要求 1 的审查过程及结论展开讨论。权利要求 1 具体内容如下：

1. 一种电极材料的制造方法，所述电极材料为如下电极材料：

在由碳质被膜包覆 $Li_xA_yD_zPO_4$ 粒子的表面而成的表面包覆 $Li_xA_yD_zPO_4$ 粒子或使多个所述表面包覆 $Li_xA_yD_zPO_4$ 粒子凝聚的凝聚粒子的粒子表面沉积有由 Li、P 构成的化合物，

所述 $Li_xA_yD_zPO_4$ 中，A 为选自 Co、Mn、Ni、Fe、Cu、Cr 组中的一种或两种以上，D 为选自 Mg、Ca、Sr、Ba、Ti、Zn、B、Al、Ga、In、Si、Ge、Sc、Y、稀土元素组中的一种或两种以上，$0 < x \leq 2$，$0 < y \leq 1$，$0 \leq z \leq 1.5$，

所述制造方法的特征在于，将所述表面包覆 $Li_xA_yD_zPO_4$ 粒子、使多个所述表面包覆 $Li_xA_yD_zPO_4$ 粒子凝聚的凝聚粒子中的任意一种在大气气氛下、40 ℃以上且 200 ℃以下的温度下进行 0.1 小时以上且 1000 小时以下的热处理，由此得到的电极材料在氢离子指数为 4 的硫酸溶液中浸渍 24 小时时的 Li 溶出量为 200 ppm 以上且 700 ppm 以下、P 溶出量为 500 ppm 以上且 2000 ppm 以下。

驳回中引用了两篇对比文件。对比文件 1（CN102225753A）公开了一种锂离子电池正极材料的制备方法，其与权利要求 1 的区别技术特征在于：将表面包覆 $Li_xA_yD_zPO_4$ 粒子、使多个表面包覆 $Li_xA_yD_zPO_4$ 粒子凝聚的凝聚粒子中的任意一种，在大气气氛下、40 ℃以上且 200 ℃以下的温度下进行 0.1 小时以上且 1000 小时以下的热处理，由此得到的电极材料，表面沉积有由 Li、P 构成的化合物，且在氢离子指数为 4 的硫酸溶液中浸渍 24 小时时的 Li 溶出量为 200 ppm 以上且 700 ppm 以下、P 溶出量为 500 ppm 以上且 2000 ppm 以下。

对比文件 2（CN101558517A）公开了一种碳处理的复合氧化物的制备方法，包括制备得到用聚合物将磷酸盐和碳酸盐颗粒保持在一起的材料，在 700 ℃的氮气流下处理混合物 2 小时，而后在 100 ℃下真空干燥。

合议组经审查后认为，基于与对比文件 1 的区别技术特征可以确定权利要求

1 实际解决的技术问题是：如何进一步抑制金属元素，如 Fe 的溶出，实现稳定的充放电循环特性以及高耐久性。虽然对比文件 2 公开了在 100 ℃下真空干燥，但其本身关注的是将制备的含碳复合氧化物保存在受控的气氛中，以使所述含碳复合氧化物具有高的稳定性，其不涉及使得到的电极材料表面沉积有由 Li、P 构成的化合物，抑制 Fe 的溶出从而实现稳定的充放电循环特性以及高耐久性的问题，也无法给出为了解决该技术问题而采用权利要求 1 所述的热处理工艺的启示。因此，权利要求 1 相对于对比文件 1、2 不具备《专利法》第二十二条第三款规定的创造性的理由不能成立。[1]

▲【案例分析】

创造性"三步法"的判断中，第三步即结合启示的判断是最容易产生分歧和争议的。[2] 通常对于发明的技术方案与最接近的现有技术的区别是否被现有技术所公开的判断相对客观，而其所起的作用是否相同容易受到主观因素影响，例如作用未明确公开而被忽略，或者由于对作用判断得较为上位而得出不准确的结论。

该案修改后的权利要求 1 请求保护电极材料的制造方法，并在所述制造方法权利要求中对电极材料的结构和组成进行了进一步的限定。基于权利要求 1 与对比文件 1 的区别技术特征，以及涉案申请说明书记载的内容以及发明目的，可以确定权利要求 1 相对于对比文件 1 实际要解决的技术问题是进一步抑制金属元素，如 Fe 的溶出，实现稳定的充放电循环特性以及高耐久性。虽然对比文件 2 公开了在 100 ℃下真空干燥，但并未教导在 100 ℃下真空干燥的目的是使电极材料表面形成合适量的 Li、P 化合物，以进一步抑制 Fe 元素的溶出，实现稳定的充放电循环特性以及高耐久性。也就是说，对比文件 2 的技术方案所针对的技术问题与该案技术方案并不相同，也没有意识到对应的技术问题的存在。本领域技术人员在现有技术中寻找技术启示时是以解决发明要实际解决的技术问题为目标的，只有来自现有技术的技术信息能够对解决上述问题有启发时，才有可能构成技术启示。如果现有技术中虽然记载了该技术手段，但该技术手段在现有技术中所带来的技术效果与区别技术特征在涉案发明解决技术问题的过程中所带来的技术效果完全不同，则该现有技术难以给出将区别技术特征应用到最接近的现有技

---

[1] 参见国家知识产权局第 141892 号复审决定书。

[2] 姜平，吕文权. 创造性判断中改进动机与结合启示的考量［J］. 河南科技，2022，41（20）：133 – 137.

术以解决该技术问题的启示。❶

从该案可以看出，方法权利要求中的产品性能特征的限定，使得该步骤在方法中所起的作用被明确突出，本领域技术人员在创造性的判断过程中，对于现有技术中公开了该区别步骤的技术方案，在考量其是否具有结合启示时，该步骤的作用是明确、具体、不容易被忽略的，能够在创造性判断中发挥关键性作用。

（3）对于包含产品特征的方法权利要求的撰写建议

相对于用方法表征的产品权利要求因为其保护范围的争议性引起较多关注，包含产品特征的方法权利要求的保护范围相对比较明确，由于方法的目的在于制备相应的产品，因此产品特征对方法权利要求中的工艺步骤必然具有限定作用。产品的组成和结构不仅可以限定原料的配比，也对工艺过程和反应条件具有限定作用，使得方法与其得到的产品相一致。因而，对于包含产品特征的方法权利要求，在撰写时要注意以下两点：

①产品特征的限定应当为能够解决本申请所述技术问题的最大范围，使方法权利要求制备得到的产品能够解决所声称的技术问题即可，避免将权利要求的保护范围限定得过窄。

②产品特征的限定应当与其所在的方法权利要求中的关键步骤相一致，即产品特征应当限定在能够制造得到所述产品的方法权利要求中，而方法权利要求中的技术改进点能够与产品特征相匹配，两者在整体上具有关联性。

5.3 说明书充分公开

5.3.1 "说明书充分公开"条款的立法本意

现代专利制度的宗旨是推动科学技术的发展和进步，既鼓励创造更多的人类智力成果，又力争使其发挥最大的社会价值。为了平衡专利权人和社会公众之间的利益，专利制度一方面给予技术创新者在一定期间一定范围内对其技术成果享有独占权，另一方面要求专利权人负有披露其发明的义务，即向社会公众公开其发明，并达到所属领域技术人员能够实现的标准。

在世界上实施专利制度的国家中，"充分公开"已经成为专利制度中一项不

---

❶ 何婷婷，郭涛．创造性评述中如何正确判断技术启示［J］．中国科技信息，2022（6）：17.

可或缺的法律制度，它集中体现着专利制度促进技术推广和进步的灵魂精神。以技术本身的公开换取法律的保护已经成为专利制度实践中被普遍接受并遵循的一个原则，可以说，公开制度是现代专利制度的基石。❶

5.3.2　新能源动力电池正极材料领域专利说明书充分公开审查的特点

《专利法》第二十六条第三款规定：说明书应当对发明或者实用新型作出清楚、完整的说明，以所属技术领域的技术人员能够实现为准。这是对专利说明书撰写的基本要求，只有满足上述要求，说明书才能达到充分公开的要求。如果说明书不能满足上述要求，通常被称为说明书"公开不充分"。

其中，"清楚、完整"的含义是，说明书中所涉及的发明主题是明确的，对于发明的描述准确，并且一份完整的说明书应当包括使公众能够理解发明的全部内容。"能够实现"的标准是，使所属技术领域的技术人员按照说明书中记载的内容，能够实施其所记载的技术方案，并且能达到相应的技术效果。

但是，充分公开的判断标准仍然停留在理论层面，反例也难以涵盖实际情况中各种复杂的可能性。因此，如何准确把握充分公开的判断标准仍然是审查实践中需要不断摸索和总结的重点和难点。

新能源动力电池正极材料领域的专利从大的分类来讲属于材料、化学领域，材料、化学领域的专利与其他领域的专利技术的成熟度存在很大差异，相对于生物和信息技术领域，化学技术更加成熟，公知常识也更多，但是其中大部分都是经验学说，所有这些会加大判断材料、化学领域专利充分公开的难度。但是从技术的不可预测的角度来看，材料、化学领域相对于其他领域的技术，其可预期性的程度比较低，技术的复杂程度也比较高，因此在材料、化学领域专利充分公开的判断标准中对审查者的要求会进一步增加。

新能源动力电池正极材料领域的专利主要涉及新能源电池正极材料的制备工艺及产品本身，性能表征主要集中在电化学性能上。材料、化学领域是比较特殊的技术领域，有着其自身的特点，在审查过程中需要采取特殊的方式来处理。例如，材料、化学领域申请对实验数据及其他物理化学的定性、定量参数有更强的依赖性；有些材料发明等更注重技术效果，需对发明效果进行验证；具有更强的

---

❶　王震. 基因专利研究［M］. 北京：知识产权出版社，2008：69.

不可预测性和不确定性，需要更多的实施例来支持其保护范围等。正因为材料、化学领域的申请存在以上许多特殊性，在材料、化学领域发明申请的审查中围绕充分公开问题难免存在争议。

在材料、化学领域的审查实践中，有时候仅仅使用结构和/或组成特征不能清楚地表征化学产品同时将其与现有技术的产品区分开，目前新能源动力电池正极材料领域专利越来越多地采用物理－化学参数对产品进行表征和限定。

5.3.3 新能源动力电池正极材料领域专利说明书充分公开审查标准探究

《专利审查指南2023》规定了五种公开不充分的情形，其中第三种情形在新能源动力电池正极材料这一特定领域中很少见，本节从无效、复审案例出发，探讨该领域中其他四种公开不充分情形的审查标准。

5.3.3.1 仅给出任务和/或设想

《专利审查指南2023》中规定的第一种公开不充分的情形为：说明书中只给出任务和/或设想，或者只表明一种愿望和/或结果，而未给出任何使所属技术领域的技术人员能够实施的技术手段。

在新能源动力电池正极材料领域，很多专利权人为了扩大保护范围，同时出于降低侵权取证难度的目的，产品权利要求有很大一部分会仅采用组成、结构、参数来进行限定，由于化学、材料领域的特殊性，发明能否实施往往难以预测，但是在该领域技术相对更加成熟，公知常识也更多，具体能否实施仍是要站位本领域技术人员，结合本领域的技术现状来判断。

本小节中涉及的两个案例均为专利权无效宣告请求案件，涉案的当事人都是业内的知名企业。

▼【案例5－3－1】201810123144.4

该案的专利权人为宁德新能源科技有限公司（以下简称"宁德新能源"），无效宣告请求人为无锡麦克赛尔能源有限公司。日本麦克赛尔（Maxell）公司是一家于1960年在日本成立的跨国企业，是能源储存和电池技术全球领先的企业。自1960年成立以来，它不仅成为日本国内第一家研发生产碱性电池、软盘等产品的企业，而且还为多种新产品提供电源设备，在业界居于领先地位。无锡麦克赛尔能源有限公司为日本麦克赛尔公司在中国的的公司。宁德新能源则是国内电池行业的佼佼者。2021年，宁德新能源曾向无锡麦克赛尔能源有限公司发起专利维权诉讼。宁德新能源发起专利诉讼后，麦克赛尔对宁德新能源的4件专利提出无效宣告请求，包括3件实用新型和1件发明。该案就是其中一件。

▲▼【案例介绍】

该案专利在实质审查阶段审查员发出两次审查意见通知书，评述了权利要求不具备新颖性、创造性，经申请人修改、陈述，于第二次审查意见通知书后授予发明专利权。该专利授权公告时的权利要求存在3个独立权利要求，均为产品权利要求，具体如下：

1. 一种活性材料，其中，所述活性材料的粒径满足下述的式（1）：

$$(Dv90 - Dv50) - (Dv50 - Dv10) \leqslant 2.5 \qquad 式（1）$$

式（1）中，Dv90是指在体积基准的粒度分布中，从小粒径侧起、达到体积累积90%的粒径，

Dv50是指在体积基准的粒度分布中，从小粒径侧起、达到体积累积50%的粒径，

Dv10是指在体积基准的粒度分布中，从小粒径侧起、达到体积累积10%的粒径，

其中，所述活性材料的体积基准的粒度分布曲线具有双峰；

其中，所述活性材料包括第一颗粒和第二颗粒，所述第一颗粒是指粒径小于所述活性材料的Dv50的颗粒，所述第二颗粒是指粒径大于所述活性材料的Dv50的颗粒；

其中，所述活性材料的化学式为：$Li_n Co_x M_{1-x} O_{2-y}$，M元素选自Ni、Mn、Al、Mg、Ti、La和Zr中的一种或几种，且$0 \leqslant n \leqslant 1.2$、$0 < x \leqslant 1$、$-0.1 \leqslant y \leqslant 0.2$。

......

6. 一种极片，其中，包含权利要求1～5中任一项所述的活性材料。

......

8. 一种锂离子电池，其中，包括权利要求6～7中任一项所述的极片。

可见，该案中独立权利要求1采用粒径的满足条件来对活性材料进行限定。

该案涉及专利的发明构思在于通过调整活性材料第一颗粒、第二颗粒粒径的配比来提升极片的压实密度，通过调整第一颗粒和第二颗粒掺杂元素的种类和含量，使得第一颗粒更加稳定，从而使得电池500次循环放电容量保持率（500次

循环放电容量与首次放电容量的比值）高。

无效宣告请求人认为：由说明书记载可知，第一颗粒、第二颗粒是按照活性材料的 Dv50 进行区分的，同时说明书明确记载了第一颗粒、第二颗粒需要进行不同的元素掺杂，本领域技术人员无法理解如何获得既符合 Dv50 区分标准的第一颗粒、第二颗粒，又获得符合不同元素掺杂处理的第一颗粒、第二颗粒。该专利所有实施例均未公开专利保护产品的制造方法，本领域技术人员无法理解如何实现该专利技术方案，导致权利要求 1～8 对应的技术方案公开不充分。

专利权人认为：可以对已经分别掺杂好的第一原料颗粒和第二原料颗粒先进行特定的粒径上的处理，然后按照一定比例进行混合，是可以得到满足权利要求书及说明书中给出的想要得到的活性材料的。

合议组则认为：第一原料颗粒和第二原料颗粒都有各自的粒径分布，将该二者原料颗粒进行混合后其粒径分布具有不确定性，本领域技术人员基于其所掌握的常规知识和基本能力，不清楚要采用何种技术手段才能实现在混合后的活性材料的粒径分布中，掺杂较多的第一颗粒精确位于粒径分布的 Dv50 的左侧而掺杂较少的第二颗粒精确位于粒径分布的 Dv50 的右侧，说明书中也并未对此作出清楚的说明。另外，说明书所有实施例均是关于对已制备得到的活性材料进行测试和分析，并未公开该活性材料的制备过程。说明书给出了期待的第一颗粒和第二颗粒混合前后的粒径分布状态，但并未公开实现这一期待的具体粒径控制手段，且对这种手段的预期超出了本领域技术人员常规知识和基本能力的范畴。该专利只给出原料和产物的粒径设想，只表明第一颗粒和第二颗粒混合后关于 Dv50 的分布结果，而未给出使所属技术领域的技术人员能够实施的技术手段，该发明由于缺乏解决技术问题的技术手段而无法实现，导致该专利说明书公开不充分，涉及权利要求 1～8。❶

▼【案例分析】
▲

在新能源动力电池正极材料领域中，利用不同粒径、不同掺杂元素的活性粒子组合以保证电极的强度、密度，同时实现优异的充放电性能是目前的研究热点之一。由于产品相对于制备工艺的侵权取证比较容易，同时为了扩大保护范围，很多申请人比较倾向于保护参数限定的产品权利要求。涉案专利的 3 项独立权利要求均是产品权利要求，并且仅采用颗粒分布等参数和组成来进行限定。

---

❶　参见国家知识产权局第 55016 号无效宣告请求审查决定书。

该专利中活性材料由平均粒径不同的活性材料混合而成，包括第一颗粒和第二颗粒，第一颗粒是指粒径小于所述活性材料的 Dv50 的颗粒，第二颗粒是指粒径大于所述活性材料的 Dv50 的颗粒；且第一颗粒和第二颗粒是进行了不同元素掺杂的颗粒，其中第二颗粒掺杂元素的种类和/或总含量要小于第一颗粒掺杂元素的种类和/或总含量。而涉案专利是否充分公开的争议焦点就在于：由上述第一颗粒、第二颗粒制备得到权利要求中特定粒径分布的活性材料是否为本领域技术人员能够实现的。

按照本领域技术人员的理解，为制备上述活性材料，应该是先分别制备平均粒径较小的第一原料颗粒和平均粒径较大的第二原料颗粒，且二者分别进行不同种类和/或含量的元素掺杂，即第一原料颗粒平均粒径小且被较多掺杂，第二原料颗粒平均粒径大且被较少掺杂，然后再将二者原料颗粒进行混合，以得到该专利所述同时包含第一颗粒和第二颗粒的活性材料。但是第一原料颗粒和第二原料颗粒都有各自的粒径分布，并不是确定的某个数值，故将该二者原料颗粒进行混合后其粒径分布具有不确定性，说明书中也没有给出相应的技术手段。

特别需要注意的是，尽管涉案专利有多达 43 个实施例和 8 个对比例，但是都不涉及活性材料的制备，直接将制备得到的活性材料进行了粒度分布的测试，使用能谱仪分析了第一颗粒、第二颗粒的掺杂元素，利用等离子体质谱分析了第一颗粒、第二颗粒中掺杂元素的含量。申请人的本意应是利用实施例和对比例来证明涉案发明的技术效果，即当活性材料中材料的颗粒粒径、掺杂元素种类及用量满足权利要求的限定时，极片压实密度大，初次放电容量高，能量密度高。但是并未记载制备过程。

而实际上，实现发明或者实用新型的优选的具体实施方式是说明书的重要组成部分，它对于充分公开、理解和实现发明或者实用新型，支持和解释权利要求都是极为重要的。因此，说明书应当详细描述申请人认为实现发明或者实用新型的优选的具体实施方式。实施例是对发明或者实用新型的优选的具体实施方式的举例说明。实施例的数量应当根据发明或者实用新型的性质、所属技术领域、现有技术状况以及要求保护的范围来确定。❶ 一般来说，专利申请文件的说明书的具体实施方式部分往往是说明书中篇幅最多、涉及内容最为丰富的部分，是理解专利内容的重点，理解发明创造的组成、解决的技术问题和带来的技术效果往往是通过实施方式中的多个实施例进行理解和再现的。该案的专利权人将实施方式

---

❶ 国家知识产权局. 专利审查指南 2023 ［M］. 北京：知识产权出版社，2024：151.

的重点放在了证明产品的技术效果上，但是忽视了对于产品的制备和实现。

《专利审查指南2023》规定，对于产品的发明或者实用新型，实施方式或者实施例应当描述产品的机械构成、电路构成或者化学成分，说明组成产品的各部分之间的相互关系。对于化学产品发明，说明书中应当记载至少一种制备方法，说明实施所述方法所用的原料物质、工艺步骤和条件、专用设备等，使本领域的技术人员能够实施。对于化合物发明，通常要有制备实施例。其中所称的化学产品包括化合物、组合物以及用结构和/或组成不能够清楚描述的化学产品。该案中权利要求保护的活性材料是由两种不同组成、不同粒径的颗粒混合而成，可以看作组合物发明，对于其公开充分的要求也应当遵循化学产品发明的要求，即该申请应当提供具体制备实施例，否则就属于"只给出任务和/或设想，或者只表明一种愿望和/或结果，而未给出任何使所属技术领域的技术人员能够实施的技术手段"的典型情形。

当然说明书是否充分公开，要以"所属技术领域的技术人员"能否实现为标准。因此，判断说明书是否充分公开的主体是"所属技术领域的技术人员"。在现实中，申请人、公众、专利审查人员、法官等的知识和能力差异较大，在说明书是否公开充分、新颖性、创造性等判断标准上很难统一，因此，《专利审查指南2023》规定了"所属技术领域的技术人员"这一概念，它是为了专利充分公开、新颖性、创造性等的判断主体设定的统一标准。

《专利审查指南2023》规定：所属技术领域的技术人员，也可称为本领域的技术人员，是指一种假设的"人"，假定他知晓申请日或者优先权日之前发明所属技术领域所有的普通技术知识，能够获知该领域中所有的现有技术，并且具有应用该日期之前常规实验手段的能力，但他不具有创造能力。如果所要解决的技术问题能够促使本领域的技术人员在其他技术领域寻找技术手段，他也应具有从该其他技术领域中获知该申请日或优先权日之前的相关现有技术、普通技术知识和常规实验手段的能力。设定这一概念的目的，在于统一审查标准，尽量避免审查员主观因素的影响。

对于说明书是否充分公开的判断也应站位本领域技术人员，从本领域技术人员的角度出发，如果本领域技术人员根据说明书中的描述，无需本领域公知常识之外的其他知识，也无需常规实验手段之外的特殊操作，即能实现某一技术手段，则不属于《专利审查指南2023》所列"只给出任务和/或设想，只表明一种愿望和/或结果，而未给出任何使所属技术领域的技术人员能够实施的技术手段"

之情况，不应认为缺乏解决技术问题的技术手段而无法实现。设定这一概念的目的，在于统一审查标准，限定判断主体的知识和能力，尽量避免审查员主观因素的影响。

值得注意的是，审查指南中规定创造性和说明书充分公开的判断主体为同一主体，均为本领域技术人员。业界对此颇有争议。一种观点认为本领域技术人员在判定说明书公开充分时不能够运用所有现有技术知识，而应当运用自身具备的普通的技术知识结合专利说明书来判定是否充分公开，即应该区别于创造性的判定。❶ 另一种观点认为本领域技术人员可以运用现有技术知识来判定专利说明书公开的充分性。❷ 笔者认为本领域技术人员能够检索现有技术，其在判断是否充分公开时自然就可以运用其所检索的现有技术。

因此，在判断是否公开充分时，应当站位本领域技术人员，充分考虑现有技术的状况。专利权人进行争辩时，就认为可以对已经分别掺杂好的第一原料颗粒和第二原料颗粒先进行特定的粒径上的处理，然后按照一定比例进行混合，是可以得到满足权利要求书及说明书中给出的想要得到的活性材料的。

按照所属领域的技术知识，应当先制备出第一颗粒和第二颗粒，再将两种颗粒进行混合，进而得到符合本发明要求的活性材料。本案中的第一颗粒和第二颗粒分别指的是粒径小于所述活性材料的 $Dv50$ 的颗粒、粒径大于所述活性材料的 $Dv50$ 的颗粒，并且第一颗粒中的掺杂元素含量多于第二颗粒中的掺杂元素含量。尽管基于本领域的普通技术知识，制备出不同元素掺杂含量的活性颗粒并不困难，但是颗粒的粒径有一定的分布性，并不是理想的单一值。即第一原料颗粒和第二原料颗粒都有各自的粒径分布，将该二者原料颗粒进行混合后其粒径分布具有不确定性，本领域技术人员基于其所掌握的常规知识和基本能力，不清楚要采用何种技术手段才能实现在混合后的活性材料的粒径分布中，掺杂较多的第一颗粒精确位于粒径分布的 $Dv50$ 的左侧而掺杂较少的第二颗粒精确位于粒径分布的 $Dv50$ 的右侧。可见，这已经超出了本领域技术人员的能力。

---

❶ 张晓都. 从"小i机器人"案论说明书的充分公开 [J]. 知识产权研究，2019，25（1）：207 - 220，269 - 270；杨云锋，张春伟. 基于普通技术知识探讨说明书公开不充分的审查 [J]. 中国发明与专利，2013（4）：82 - 85；梁志文. 论专利公开 [M]. 北京：知识产权出版社，2012：310；杨德桥. 专利充分公开制度的逻辑与实践 [M]. 北京：知识产权出版社，2019：185.
❷ 万琦. 说明书公开的若干问题研究：以"小i机器人"案为基础 [J]. 知识产权，2015（5）：45 - 48，91；石必胜. 专利说明书充分公开的司法判断 [J]. 人民司法，2015（5）：41 - 46.

▼【撰写建议】

产品的侵权举证相对容易，同时为了扩大保护范围，在撰写新能源动力电池正极材料发明专利申请文件时，保护采用参数限定的产品权利要求不失为一种很好的选择。对于该种权利要求，其在侵权举证时，对市面上的产品进行相关的参数测试，落入本专利的范围内即可认定为侵权，而不论其来源、制备工艺等。但是在申请文件的撰写过程中，一定要考虑保证专利权的稳定性，特别是要满足充分公开的要求。因为一旦涉及公开不充分的缺陷，几乎没有回旋的余地。该案中正是说明书公开不充分导致专利权全部无效。

首先，新能源动力电池正极材料属于材料、化学领域，专利法中对于其充分公开有着特殊的要求。对于组合物发明，说明书中除了应当记载组合物的组分外，还应当记载各组分的化学和/或物理状态、各组分可选择的范围、各组分的含量范围及其对组合物性能的影响等。对于仅用结构和/或组成不能够清楚描述的化学产品，说明书中应当进一步使用适当的化学、物理参数和/或制备方法对其进行说明，使要求保护的化学产品能被清楚地确认。对于化学产品发明，说明书中尽量记载至少一种制备方法，说明实施所述方法所用的原料物质、工艺步骤和条件、专用设备等，使本领域的技术人员能够实施。对于化合物发明，通常需要有制备实施例。

其次，申请人出于保护技术秘密的目的，往往会将部分核心内容进行隐藏。该案的专利权人很可能就是通过规避制备方法，从而保留技术秘密。当技术秘密构成实现专利技术方案的必要技术特征时，专利申请很可能就会因为公开不充分而被驳回。因此，在撰写专利申请文件前，要充分检索现有技术，努力站位本领域技术人员，判断哪些手段是必要技术特征，在申请文件中进行适当程度的披露。

▼【案例 5 – 3 – 2】201110440304.6

该案专利权人为东莞新能源科技有限公司，无效宣告请求人为无锡麦克赛尔能源有限公司。东莞新能源科技有限公司总部位于香港，是致力于可充式锂离子电池的电芯、封装和系统整合的研发、生产和营销的高新科技企业。该公司在全球专业锂电池制造商中，其技术、产能与销量均处于领先地位。

▼【案例介绍】

涉案专利授权公告时的部分权利要求如下：

1. 一种锂离子二次电池正极活性材料，其特征在于：为三层结构，分别是位于中心的基体、包覆于基体上的共晶格层和包覆于共晶格层上的包覆层，所述基体为含锂金属氧化物，共晶格层为基体材料经过渡金属掺杂的锂金属氧化物，包覆层的材料为金属氧化物 ZO_i、磷酸盐 $Z(PO_4)_j$ 或氟化物 ZF_k；Z 为 Li、Al、Ba、Ca、Cr、Cu、Mg、Sn、Sr、Ti、V、Zr 中的一种或几种。

......

6. 根据权利要求 1 所述的锂离子二次电池正极活性材料，其特征在于：所述共晶格层的厚度为 10～200 nm。

7. 根据权利要求 6 所述的锂离子二次电池正极活性材料，其特征在于：所述基体的厚度与共晶格层的厚度比为 150：1～1000：1。

8. 根据权利要求 6 所述的锂离子二次电池正极活性材料，其特征在于：所述包覆层的厚度为 50～300 nm。

9. 根据权利要求 6 所述的锂离子二次电池正极活性材料，其特征在于：所述包覆层的厚度与基体的厚度比为 50：1～500：1。

无效宣告请求人主张：该专利说明书和权利要求 6～9 对于"共晶格层的厚度、包覆层的厚度及其分别与基体的厚度比例限定"公开不充分，未达到本领域的技术人员能够实现的程度，因为说明书中没有实验数据，正极活性物质的合成方法中也未提供前驱物 A、中间体 B、中间体 C 形成的过程中厚度如何控制。权利要求 7 限定基体层厚度是共晶层厚度的 150～1000 倍，权利要求 9 限定包覆层厚度是基体厚度的 150～1000 倍，则包覆层厚度是共晶层的至少 7500 倍，而权利要求 6、8 限定的共晶格层、包覆层厚度分别为 10～200 nm、50～300 nm，本领域的技术人员不清楚如何控制才能实现这样的厚度。因此，该专利只给出了任务和/或设想，只表明了愿望和/或结果，而未给出任何使所属技术领域的技术人员能够实施的技术手段及具体的技术方案。

专利权人认为：在该专利说明书公开内容的基础上，本领域的技术人员结合自己的知识和常规的实验手段即可知晓如何调控各层的厚度，通过改变用量、温度、时间都可以实现厚度控制。该专利发明点不是工艺，而是每层厚度的选择。

合议组经审查后认为：该专利基体形成过程采用固相法合成，这是本领域合成锂离子电池正极材料常用方法之一，球磨机程度、烧结温度、反应时长等参数影响产物规格属于本领域技术人员应当知晓的常识；上述共晶层和和包覆层形成过程中所采用的液相热反应是在一定液体相内，在一定温度和压力下进行的反应，是正极活性材料掺杂改性的常用方法之一，温度、压力、原料配比、用量等参数影响掺杂程度也属于本领域技术人员应当知晓的常识，根据对目标产物的需求调整这两类反应条件参数，对于本领域技术人员而言属于常规操作。获得共晶格层的厚度、包覆层的厚度及其分别与基体的厚度比例，对于本领域技术人员而言，无需本领域普通技术知识之外的其他知识，也无需常规实验手段之外的特殊操作，所需付出的劳动并未超出"所属技术领域的技术人员"的能力范畴。本领域技术人员基于该专利公开的内容能够实现权利要求 6～9、11 的技术方案，解决其技术问题，并且产生预期的技术效果，即所涉及方案已作出清楚完整的说明，符合《专利法》第二十六条第三款的规定。❶

▲【案例分析】

该案的争议焦点在于：涉案申请记载了正极活性材料的制备方法，权利要求中限定了共晶格层、包覆层及其与基体的厚度比，但是并未记载制备上述厚度的具体工艺参数，本领域技术人员能否实现特定的厚度。

涉案专利说明书第 29 段记载"正极活性材料的合成方法为：将主要金属元素 M 的氧化物（M_aO_b）和碳酸锂（Li_2CO_3）在球磨机中充分混合，然后在空气气氛下低温烧结得到前驱物 A"，该步骤为基体形成的过程；"将前驱物 A 均匀分散到用于表面掺杂的金属元素 N 的硝酸盐溶液中，进行液相热反应，经过滤、洗涤取沉淀物得到中间体 B"，得到中间体 B 的步骤即为共晶层的形成过程；"再将 B 均匀分散到 Z 的硝酸盐、NaH_2PO_4 或/和 NaF 的溶液中，经 NaOH、LiOH 或/和 NH_4OH 溶液中调节到适当的 pH 值，进行液相热反应，经过滤、洗涤取沉淀物得到中间体 C……将 C 物质烘干，球磨和高温烧结得到设计的材料"这一步骤则为包覆层形成的过程。可以看出，该专利中采用固相法合成基体，液相热反应制备共晶层和包覆层。而固相法、液相热反应均是本领域非常成熟的技术，如温度越高、压力越大，掺杂离子进入被掺杂界面内深度越深。根据对目标产物的需求调整这两类反应条件参数，对于本领域技术人员而言属于常规操作。例如，目标产物需要一定厚度，初次试验可采用通用性反应条件，测定初次产物的厚度，调整固相反应中的球磨机程度、烧结温度、反应时长等参数，以及液相热反应中的温度、压力、原料配比、用量等参数后再次试验，将再次产物厚度与反应条件建立关联，利用这种关联规律继续试验即可实现针对特定反应物的厚度

---

❶ 参见国家知识产权局第 55089 号无效宣告请求审查决定书。

控制。

对于说明书是否充分公开的判断也应从本领域技术人员的角度出发。如果本领域技术人员根据说明书中的描述，无需本领域公知常识之外的其他知识，也无需常规实验手段之外的特殊操作，即能实现某一技术手段，则不属于《专利审查指南 2023》所列"只给出任务和/或设想，或者只表明一种愿望和/或结果，而未给出任何使所属技术领域的技术人员能够实施的技术手段"之情况，不应认为缺乏解决技术问题的技术手段而无法实现。

正如无效宣告请求审查决定中指出的，涉案专利说明书中明确记载了正极活性材料的合成方法，首先采用固相法合成基体，再采用液相热反应进行掺杂，其中的反应参数会对厚度产生影响，如随着温度、压力、反应时间的增加，厚度也会相应增加，本领域技术人员通过控制上述参数就可以实现调整共晶格层的厚度、包覆层的厚度及其分别与基体的厚度比例，这是本领域技术人员掌握的普通技术知识。

另外，从本领域技术人员的定义可以看出，本领域技术人员具有常规试验的能力，大部分的国家或地区认为本领域技术人员只具有常规试验的能力，比如中国、欧盟、日本等。但也有些国家认为本领域技术人员不仅具有常规试验的能力，还具备一定程度的创造能力。比如，《美国专利审查程序手册》（MPEP）认为，"他（本领域技术人员）是一个具有普通创造力的人，不是一台机器，可以有一定的创造能力和推理能力，甚至赋予他们一定的讨论能力"。❶《韩国审查指南》也认为本领域技术人员具有普通的选择材料和改变设计的创造能力，能够优化数值范围和对等同的部件进行替换。❷ 但是上述规定都是用在专利创造性的评价中。部分国家由于对专利创造性评判标准较高，因此允许判断主体具有一定的创造能力。在判断专利公开充分时本领域技术人员是不具有创造能力的，因为如果允许其拥有创造能力，就可以运用现有技术知识填补说明书未完整记载的技术内容，这与设立专利充分公开制度的目的背道而驰。

那么如何理解专利法意义上的常规试验的能力呢？《日本特许厅审查指南》中提到，"本领域技术人员可以在所属技术领域中使用常规技术手段，包括理解文献、实验、分析、制造等进行研究和开发"❸。《专利审查指南 2023》中没有给出相关的规定，但是在评价"显而易见性"时提到如果本领域技术人员通过合

---

❶ 易玲，魏小栋. 多维度视角下的"本领域技术人员"之界定［J］. 知识产权，2016（7）：65.

❷ 石必胜. 本领域技术人员的比较研究［J］. 电子知识产权，2012（3）：73.

❸ 王静. 论发明专利申请的"充分公开"［D］. 北京：中国政法大学，2012.

乎逻辑的分析、推理或者有限的试验可以得到，那么该发明是显而易见的，也就不具有突出的实质性特点。因而可以推断出本领域技术人员的常规试验能力应当包括逻辑分析能力和有限的试验能力。具体到该案，当需要制备一定厚度的产物时，本领域技术人员通过有限的试验来调整反应参数，如温度、压力、反应时间等来得到目标厚度的产物，可见这属于上述的常规试验能力，属于本领域技术人员能够实现的范畴。

▼【撰写建议】

为了使专利权人和社会公众的利益得到兼顾和平衡，并且统一裁判标准，对于发明的解读都应当站位本领域技术人员。因此公开不充分的判断主体也是本领域技术人员。在撰写专利申请文件时，应尽可能站位本领域技术人员，避免出现公开不充分的问题，也避免过度披露或权利要求范围过小的情况。在考虑本领域技术人员的能力时，应充分考虑本领域技术人员掌握的普通技术知识情况和进行常规试验的能力。申请人在撰写的过程中应当注重本领域背景技术知识的检索和扩充，尽可能地贴近本领域技术人员。

与上一个案例对比可以看出，在新能源动力电池正极材料领域中，申请文件中对于制备方法的记载是非常关键的，申请文件中应当记载至少一种制备方法，说明实施所述方法所用的原料物质、工艺步骤和条件、专用设备等，使本领域的技术人员能够实施。

5.3.3.2　技术手段含糊不清

《专利审查指南2023》中规定的第二种公开不充分的情形为：说明书中给出了技术手段，但对所属技术领域的技术人员来说，该手段是含糊不清的，根据说明书记载的内容无法具体实施。

申请人有时为了保护技术秘密，往往会采用隐藏其中的关键技术手段，但是如果技术手段含糊不清，则会导致所属领域技术人员无法实现发明的技术方案。掺杂元素是新能源电池正极材料中重要的改进方向，不同的掺杂元素具有不同的作用，对正极材料的热性能、电性能等产生影响。有时候掺杂元素的选择对于实现发明有着至关重要的作用，本小节中引用一个专利申请复审案例对此进行说明。

▼【案例5-3-3】201210052613.0

该案复审请求人是宁波金和锂电材料有限公司，发明名称为"高压实密度锂电池正极材料的制备方法"。经实质审查，国家知识产权局原审查部门以说明书公开不充分驳回涉案申请，申请人对驳回决定不服并向原国家知识产权局专利复审委员会提出复审请求，合议组经审理后作出维持驳回决定。

▲【案例介绍】

涉案申请的目的在于提供高压实密度锂电池正极材料的制备方法，使材料的最大压实密度 ≥3.85 g/cm^3，1C 克容量为 142 ~ 145 mAh/g，0.1C 克容量为 153 ~155 mAh/g，安全性能更好。主要制备方法是将镍钴锰氧化物与碳酸锂进行混合煅烧制备得到高压实锂电正极材料，并指出原料中除了包括纯的镍钴锰氧和碳酸锂材料，还包括微量掺杂元素对 $LiNi_{0.5}Co_{0.2}Mn_{0.3}O_2$ 单晶粒子长大效应和粒子间致密程度的影响的合适的掺杂元素。

在实质审查阶段以说明书公开不充分驳回该申请，驳回决定中指出：该申请请求保护高压实密度锂电池正极材料的制备方法，在该方法中"（$Ni_xCO_yMn_z$）$_3$ O_4 与 Li_2CO_3 除了包括纯的镍钴锰氧和碳酸锂材料外，还包括微量掺杂元素对 $LiNi_{0.5}Co_{0.2}Mn_{0.3}O_2$ 单晶粒子长大效应和粒子间致密程度的影响的合适的掺杂元素"，然而说明书中仅有与此相同的表述，却并未给出任何将掺杂元素进行掺杂的技术手段，同时也没有记载"对 $LiNi_{0.5}Co_{0.2}Mn_{0.3}O_2$ 单晶粒子长大效应和粒子间致密程度的影响的合适的掺杂元素"是什么元素，由此导致本领域技术人员根据说明书记载的内容无法实现该发明，因此该申请说明书不符合《专利法》第二十六条第三款的规定。

申请人（复审请求人）对驳回决定不服提出复审请求，主要意见为：掺杂元素主要看掺杂的目的是什么，掺杂什么元素是由为改善这种材料的哪些性能来决定的，而通过掺杂元素来提高电池正极材料的性能是本领域的技术人员常用的技术手段。申请人提供了一份硕士论文节选作为证明材料，证明材料中介绍了多种掺杂元素及其作用，其中也提到掺杂在正极材料的改性研究中已被广泛采用，因此涉案发明是可以实现的。

合议组认为：本领域常用的掺杂元素在锂电池正极材料改性中通常所起的作用为提高容量、提高稳定性、提高充放电能力等，而促使 $LiNi_{0.5}Co_{0.2}Mn_{0.3}O_2$ 单晶粒子长大以及提高粒子间致密度并不是本领域中掺杂工艺通常所起的常规作用，因此本领域的技术人员并不知晓选择何种掺杂工艺和掺杂元素可以起到促使 $LiNi_{0.5}Co_{0.2}Mn_{0.3}O_2$ 单晶粒子长大以及提高粒子间致密度的作用，即说明书虽然记载了解决技术问题的技术手段，然而上述技术手段对于本领域技术人员而言是含混不清的，从而使得本领域的技术人员根据本申请说明书记载的内容不能实现一种高压实密度锂电池正极材料的制备，即不能实现该发明。❶

▼【案例分析】

在公开充分的判断中，技术手段是否含糊不清通常是争议的焦点。

首先，对技术手段含义的理解应当放在技术方案中，结合背景技术、解决的技术问题以及达到的技术效果综合考虑。在该案中，在背景技术中指出为了寻找高能量密度的材料，主要是通过提高材料的压实密度和容量来实现，该案的技术方案正是通过掺杂来得到高致密度的电极材料从而解决上述技术问题。因此，掺杂的元素、工艺都对解决涉案申请的技术问题至关重要。

其次，要充分考量现有技术中的水平。正如复审请求人所言，在本领域中不同的掺杂元素有不同的作用，而涉案申请关注的是电极材料的压实密度和容量。该申请中提出，将一定摩尔比的 $(Ni_xCo_yMn_z)_3O_4$ 与 Li_2CO_3 混合均匀，通过煅烧制备出高压实锂电正极材料，其中在混合步骤中，除上述两种原料外，"还包括微量掺杂元素对 $LiNi_{0.5}Co_{0.2}Mn_{0.3}O_2$ 单晶粒子长大效应和粒子间致密程度的影响的合适的掺杂元素"，并且，该申请的说明书中还提出，"与现有技术相比，本申请利用湿法和火法技术，将镍、钴、锰、掺杂元素等各种元素有序地排列组合起来，形成牢固而功能化的微观结构，促使一次离子单晶长大，使新合成的材料不但性能优越——压实高，而且结构牢固——抗衰减性强，少用钴料多用镍——成本省，还有材料加工性好——成品率高，这些性能都是该创新技术的良好结果"（见说明书第 0013 段），由此可见掺杂是实现本申请的制备方法的一个重要步骤，通过掺杂元素，促使 $LiNi_{0.5}Co_{0.2}Mn_{0.3}O_2$ 单晶粒子长大、提高粒子间致密度，从而得到高压实密度的正极材料。在本领域中的确存在很多掺杂元素，常见的掺杂元素的作用为提高容量、提高稳定性、提高充放电能力等，而在现有技术中仍不明确哪些掺杂元素可以促使单晶长大、提高粒子间致密度。

另外，以是否达到本领域的技术人员能够实现的程度为准判断技术手段是否清楚。在该案中，复审请求人在答复复审通知书时，引入了证据文件CN103825015A，并指出其说明书中记载了"通过添加镁化合物进行固相烧结掺杂，增大了三元材料颗粒中单晶粒子尺寸，提高了颗粒的致密程度"，认为该证据证明了涉案申请权利要求 1 中描述的"所述步骤（1）中 $(Ni_xCo_yMn_z)_3O_4$ 与

---

❶　参见国家知识产权局第 86179 号复审决定书。

Li_2CO_3除了包括纯的镍钴锰氧和碳酸锂材料，还包括微量掺杂元素对$LiNi_{0.5}Co_{0.2}Mn_{0.3}O_2$单晶粒子长大效应和粒子间致密程度的影响的合适的掺杂元素"是清楚、完整的，并且本领域技术人员能够实现。

目前，补充提交的证据需要在本申请的申请日之前且为正规出版物这一要求已经基本达成共识。[1]该证据文件其申请日、公开日均在本申请的申请日之后，并不属于本申请的现有技术，因此本领域技术人员也不能在本申请的申请日即知晓该文件内容，进而具备在该证据文件的基础上实施本申请的能力。该案中，该证据文件记载了"通过对镍钴锰酸锂 NCM523 三元材料添加镁化合物进行固相烧结掺杂，增大了镍钴锰酸锂 NCM523 三元材料颗粒中单晶粒子尺寸，提高颗粒的致密程度，形成牢固的微观性结构变化，提高镍钴锰酸锂 NCM523 正极材料的压实密度"、"使混合料中镁化合物中镁的质量含量为混合料总质量的 0.15%～0.20%"、"将步骤（2）得到的混合物装入匣钵压实，在空气气氛中 930～960 ℃温度下恒温加热 12～20 h 进行焙烧反应，完成后自然冷却 8～12 h 取出粉末粉碎、过筛，即得到高压实密度镍钴锰酸锂 NCM523 三元材料"，可见也并不是任意的掺杂元素、任意的掺杂量、任意的掺杂工艺均能实现提高颗粒密实度的作用。

综上，在判断技术手段是否含糊不清时，要结合背景技术、所要解决的技术问题和达到的技术效果来综合判断，并且判断主体仍然是本领域的技术人员。

▲▼【撰写建议】

说明书应当对发明或者实用新型作出清楚、完整的说明，以所属技术领域的技术人员能够实现为准，特别是涉及本申请发明点的技术手段要特别注意。

对于技术手段含糊不清的情况，申请人/请求人通常采用举证的方法来予以澄清。《专利法》第二十六条第三款的立法宗旨在于公开换保护，如果申请人刻意隐藏自己的核心技术而未将其在说明书中披露，企图通过随意地补充提交现有技术克服公开不充分的问题，这显然与《专利法》第二十六条第三款的立法宗旨是相违背的。现有技术的公开形式、内容、获取方式种类繁杂，那么，所属技术领域的技术人员如何顺利地获取补充的现有技术，以及如何在众多的现有技术中顺利地筛选出补充的现有技术，这在具体的实施过程中都存在很大的不确定

---

[1]　沈嘉琦，徐趁肖. 浅谈说明书充分公开补充证据的适用原则［J］. 中国发明与专利，2013（6）：103.

性，如果能够随意地补充现有技术，那么一件发明或者实用新型可以仅仅记载其相对现有技术作出贡献的特征，将会导致一件发明或实用新型有无穷的解释和理解，这与公开不充分的立法宗旨背道而驰。[1] 因此，举证时，需要特别注意以下两点：

首先是证据的时间性。所举的证据一定要是本申请的现有技术。该案中答复复审通知书时所列举的专利文件并不属于涉案申请的现有技术。而判断申请文件是否公开充分时，本领域技术人员所掌握的普通技术知识、所拥有的常规实验手段都应是在本申请的申请日以前。因此该案中，本领域技术人员不能在涉案申请的申请日即知晓该文件内容，进而不具有在该证据文件的基础上实施涉案申请的能力。

其次同时更重要的是证据的关联性和证明力。证据需要与案件争议点存在直接的关联性。具体到上述案件，证据需要与含糊不清的问题相关，能够表明该含糊不清的地方是清楚的。如该案中复审请求人在复审请求时所列举的硕士论文，仅表明了掺杂是改善电极材料性能的重要手段，并且其所记载的掺杂目的并不涉及该案的争议焦点——"促使 $LiNi_{0.5}Co_{0.2}Mn_{0.3}O_2$ 单晶粒子长大以及提高粒子间致密度"。因此就不能表明本领域技术人员能够知晓选择何种掺杂工艺和掺杂元素可以起到促使 $LiNi_{0.5}Co_{0.2}Mn_{0.3}O_2$ 单晶粒子长大以及提高粒子间致密度的作用。

5.3.3.3　其中一个手段不能实现

《专利审查指南2023》中规定的第四种公开不充分的情形为：申请的主题为由多个技术手段构成的技术方案，对于其中一个技术手段，所属技术领域的技术人员按照说明书记载的内容并不能实现。

技术方案由技术手段组成，一个技术手段不能实现就会导致技术方案不能实现。特别是，新能源动力电池正极材料领域的专利中很大一部分涉及正极材料的制备方法，每一步的工艺都对实现发明创造非常关键。本小节中引用一个复审案例展开讨论。

▼【案例 5 – 3 – 4】201710156121. 9

该案申请人为成都新柯力化工科技有限公司，发明名称为"一种异形分布的镍钴锰酸锂三元锂电池正极材料及制备方法"。经实质审查，国家知识产权局原审查部门以说明书公开不充分驳回本申请，申请人对驳回决定不服并向原国家知

---

[1]　冷林霞，王俊. 说明书公开不充分的补证原则［J］. 河南科技，2023，42（6）：135.

识产权局专利复审委员会提出复审请求，合议组经审理后作出维持驳回决定。

▲【案例介绍】

涉案申请提出一种异形分布的镍钴锰酸锂三元锂电池正极材料及制备方法，根据不同元素含量的三元材料通过形状设计克服各自的不稳定缺陷，再将三种异形结构的三元材料组装连接，形成三元正极材料。其中步骤（1）为"分别取丝状氧化镍、球状氧化锰、片状氧化钴，采用 HF 酸溶液进行活化，活化时间为 10～30 分钟，干燥，分别得到活化丝状氧化镍微粉、活化球状氧化锰微粉、活化片状氧化钴微粉"。

在实质审查阶段该申请被以说明书公开不充分为由驳回。驳回决定中指出：金属氧化物是与 HF 溶液反应并被活化除去的成分；且该申请中待活化的氧化物的尺寸为微米或纳米级的极小颗粒，因而即使 HF 溶液溶度较低，但在活化时间 10～30 分钟的活化过程中，上述极小颗粒也会溶解于 HF 溶液中，从而无法获得活化的丝状氧化镍微粉、活化的球状氧化锰微粉、活化的片状氧化钴微粉材料。

申请人不服，提出复审请求，认为：说明书和权利要求中明确记载了"所述 HF 酸溶液为 HF 酸与去离子水的体积比例为 1∶5～30"，即 HF 酸溶液是由去离子水稀释后的稀酸，其只会使得"丝状氧化镍、球状氧化锰、片状氧化钴"的表面出现轻微腐蚀，并不会完全溶解它们，也不会使它们的形状出现太大变化。氢氟酸具有腐蚀性，但用于对氧化物的腐蚀，如果合理地控制浓度和时间，其腐蚀性只会发生在表面，不会对氧化物完全溶解。

合议组认为：该申请是通过"将高镍三元镍钴锰酸锂制备成丝状，高锰三元镍钴锰酸锂制备成球状，高钴三元镍钴锰酸锂制备成片状"的形状设计来克服各自的不稳定缺陷（参见本申请说明书第 0015 段）。然而首先采用 HF 酸溶液来活化丝状氧化镍、球状氧化锰和片状氧化钴，而 HF 酸溶液能与金属氧化物反应生产氟化物（参见《化学化工大辞典》，第 1846 页，左栏倒数第 3 段，化学工业出版社，2003 年 1 月），且镍、锰、钴的氟化物都溶于稀的氢氟酸。而且，本申请的丝状氧化镍的丝径为 10～50 nm，长度为 1～9 μm；球状氧化锰的粒径为 50～200 nm；片状氧化钴的片径为 1～9 μm，厚度为 10～50 nm。因此，将这些纳微米级的微粉放入 HF 酸溶液，必然会由于上述氧化物与 HF 的反应导致这些微粉完全或部分溶解。无论是完全还是部分溶解，都无法得到活化丝状氧化镍微粉、活化球状氧化锰微粉、活化片状氧化钴微粉，从而也无法得到丝状高镍前驱粉

末、球状高锰前驱粉末和片状高钴前驱粉末，无法解决该申请所要解决的技术问题。●

▼【案例分析】

《专利审查指南2023》第二部分第一章第2节规定，技术方案是对要解决的技术问题所采取的利用了自然规律的技术手段的集合。技术手段通常是由技术特征来体现的。可见技术手段是技术方案的组成部分，因此技术方案能否实现与技术手段能否实现密不可分，其中任何一个技术手段不能实现都会导致说明书公开不充分。

新能源动力电池正极材料领域很多技术方案都涉及化学反应，特别是制备方法的技术方案，往往都是由多个工艺步骤组成，因此对于每一步反应都应记载清楚、完整，达到本领域技术人员能够实现的标准。

具体到该案，涉案申请请求保护一种异形分布的镍钴锰酸锂三元锂电池正极材料及制备方法，其根据不同元素含量的三元材料通过形状设计克服各自的不稳定缺陷，再将三种异形结构的三元材料组装连接，形成三元正极材料。其中形状涉及丝状高镍前驱粉末、球状高锰前驱粉末和片状高钴前驱粉末。其中一个技术手段是通过氢氟酸溶液来活化丝状氧化镍、球状氧化锰和片状氧化钴，然而氢氟酸能够与金属氧化物反应得到金属氟化物，即上述手段不能实现。

▼【撰写建议】

技术方案是由技术手段集合而成的，因此为了保证技术方案公开充分，每一个技术手段都需要能够实现，否则技术方案很难实现。

另外，值得注意的是，该案申请人在提交复审请求时对权利要求进行了修改。《专利法》第二十六条第三款是对说明书的规范，一般来说，修改权利要求是无法克服公开不充分的缺陷的，但是有例外的情况。说明书公开充分的要求是对于请求保护的发明，也就是说，《专利法》第二十六条第三款的审查是针对在权利要求中请求保护的技术方案所进行的。如果说明书中虽然存在公开不充分的技术方案，但是在权利要求中并未要求保护，则在审查过程中不会指出不要求保护的技术方案公开不充分。

当然对于专利来说，没有写入权利要求的技术方案是不受专利法保护的，则

● 参见国家知识产权局第177261号无效宣告请求审查决定书。

归于"捐献原则"。捐献原则是美国法院在专利侵权判断中创立的一种规则。其含义是，说明书中披露的技术方案，专利权人本来应该很容易地写在权利要求中，如果没有写在权利要求中，可视为已捐献给社会，不能再认定属于专利的保护范围。

再进一步地说，如果权利要求请求保护的是一个技术方案，该方案中某些实施方式没有"充分公开"以致不能实现，通常属于权利要求概括不合理，应当适用《专利法》第二十六条第四款；如果权利要求中包括多个并列技术方案，其中某个技术方案没有被说明书充分公开，则适用《专利法》第二十六条第三款，同时也应当指出该权利要求不符合《专利法》第二十六条第四款的规定。因此，在撰写过程中，如果涉及概括或多个并列技术方案的情况，则需要保证能够支撑概括后的技术方案的全部实施方式、所有的并列技术方案都满足能够实现的要求。

5.3.3.4　未给出实验数据

《专利审查指南2023》中规定的第五种公开不充分的情形为：说明书中给出了具体的技术方案，但未给出实验证据，而该方案又必须依赖实验结果加以证实才能成立。例如，对于已知化合物的新用途发明，通常情况下，需要在说明书中给出实验证据来证实其所述的用途以及效果，否则将无法达到能够实现的要求。

新能源动力电池正极材料专利的技术贡献很大一部分集中在电学、力学等性能的改进方面，故在该领域，实验数据也是非常重要的。正如4.1.2节中所分析的，在选取的94件重点专利中仅有1件没有实验数据，也可见在该领域中实验数据的重要性。本小节引用了科创板"锂电专利第一案"展开探讨。该案的基本案情已经在案例5-1-1中介绍过，在此不再赘述，无效请求书中提出的无效理由涉及缺少必要技术特征、公开不充分、权利要求得不到说明书的支持、保护范围不清楚、新颖性、创造性等多个法条。本节中仅讨论公开不充分的法条。

▼ 【案例5-3-5】201280008003.9

▲ 【案例介绍】

无效宣告请求人主张：涉案专利说明书列举了多种掺杂剂，但所有实施例均未对上述掺杂剂的选择进行验证，基于说明书内容的公开，本领域的技术人员无法确定使用任何一种掺杂剂均能获得低成本、高Z值（高镍）且低可溶性碱含量的正极材料，即不能解决所述技术问题，实现预期技术效果。

对此，合议组认为：掺杂是锂离子电池正极材料制备过程中的常用技术手段，通过添加少量其他元素，使锂离子复合氧化物晶体结构产生微小的变化，进而改进其性能，之所以晶体结构变化是微小的，是因为掺杂元素并不改变晶体类型和主晶体结构，仅在晶体有限局部由于少量掺杂元素的存在发生较小的变化。一方面，如前所述，掺杂对材料性能的改进是以材料主体成分以及结构为基础的；另一方面，掺杂后阴极材料的表面特性也将体现在 SBC 值中，本专利技术方案对 SBC 值进行检测后调整生产工艺，实际并未排除对掺杂效果的考量。涉案专利中，目标材料的制备关键在于工艺流程中各个步骤和参数的设计，掺杂元素是否存在，并不影响其技术方案的实现和技术问题的解决。说明书中列举"掺杂剂可以选自 Al、Ti 或 Mg、B、Ca、Mn、Cr、V、Fe、Zr、S、F、P 或 Bi"，仅提供可对该专利技术方案进一步优化的可能，并非实现本专利技术方案、解决其技术问题必不可少的内容。因此，说明书符合《专利法》第二十六条第三款的规定。[1]

▼【案例分析】

《专利审查指南 2023》中对于化学领域发明专利申请有特殊的要求，指出在多数情况下，化学发明能否实施往往难以预测，必须借助于试验结果加以证实才能得到确认。该案中无效宣告请求人就以此提出无效理由，认为涉案申请中含有多种掺杂剂，但是实施例未对掺杂剂的选择进行验证，本领域的技术人员无法确定使用任何一种掺杂剂均能获得低成本、高 Z 值（高镍）且低可溶性碱含量的正极材料，即不能解决所述技术问题。但是无效宣告请求人忽视了实验数据的内容也应当与必要技术特征密切相关。

涉案发明的背景技术部分详细描述了涉案申请的发明背景及发明起点。在三元正极材料中，Z 值增加，即镍含量增加时可逆容量增加，但是可溶性碱的含量增加、安全性能变差，同时制备难度增加。可见该发明所要解决的技术问题是如何降低可溶性碱和制作成本。

该申请主要是通过对工艺条件的改进来实现低成本制得低可溶性碱含量的正极材料，并不是通过元素掺杂来解决所述技术问题。故掺杂元素并不解决所述技术问题的必要技术特征。

---

[1]　参见国家知识产权局第 51308 号无效宣告请求审查决定书。

实际上，该申请已经公开了实现低成本制得低可溶性碱含量的正极材料的工艺条件，包括用于制得正极材料的反应前体，烧结工艺参数，例如空气流速、反应温度和时间，以及反应完成条件，并通过具体实施例进行了验证，高镍含量和低可溶性碱含量的特性在控制前体配比、烧结工艺参数中即得以实现。因此，该申请中的实验数据已经可以表明该发明能够实施，并且已经解决其技术问题，并产生相应的技术效果。

在公开充分的判断当中，是否需要提供实验数据应当考虑以下几点：

首先，方案是否必须依赖实验结果加以证实才能成立。说明书中给出了具体的技术方案，但未给出实验证据，而该方案又必须依赖实验结果加以证实才能成立。并不是所有涉及实验方案的数据都必须写入申请文件中才能避免说明书公开不充分，在不涉及申请技术方案能够实现的关键技术点之外的数据，如果本领域技术人员能够通过常用技术手段和有限的实验取得，或者是先有技术中已经有的数据，可以不写入其中。❶ 最常见的是已知化合物的新用途发明，如果本领域的技术人员无法根据现有技术预测该用途，则应当记载对于本领域的技术人员来说，足以证明该物质可以用于所述用途并能解决所要解决的技术问题或者达到所述效果的实验数据。对于可预期性比较强的机械等领域，对于实验数据的要求则相对较低。

其次，还需要注意实验数据的内容应当与必要技术特征密切相关。并不是说明书中所有的技术方案都需要给出实验数据。如在该案中，特定的工艺即可实现本申请的发明目的，解决相应的技术问题，而掺杂元素并不是实现涉案专利技术方案、解决其技术问题必不可少的内容，目标材料的制备关键在于工艺流程中各个步骤和参数的设计，掺杂元素是否存在，并不影响其技术方案的实现和技术问题的解决。故对于掺杂的技术方案并不需要给出实验数据。另外，如果说明书效果要有可比性，最好能够结合实施例加以论述。❷

▼▲【撰写建议】

很多人对于实验数据进行质疑，认为即使没有实验数据，但是技术方案仍可能是完整的，并且本领域技术人员可以实施，因此实验数据并不是那么重要。但是公开充分的含义是"所属技术领域的技术人员按照说明书记载的内容，就能够

---

❶ 吕艳玲. 化工领域专利说明书公开充分与实验数据 [J]. 化工管理，2017（25）：17-18.
❷ 李珊珊，尹会燕. 如何撰写高质量化学领域专利申请文件 [J]. 化学通报，2016，79（02）：183-186.

实现该发明或实用新型的技术方案，解决其技术问题，并且产生预期的技术效果"，因此，"解决其技术问题""产生预期的技术效果"对于公开充分来说也是必要的。

尽管在《专利审查指南2023》中对于公开不充分的第五种情形描述为："说明书中给出了具体的技术方案，但未给出实验证据，而该方案又必须依赖实验结果加以证实才能成立。例如，对于已知化合物的新用途发明，通常情况下，需要在说明书中给出实验证据来证实其所述的用途以及效果，否则将无法达到能够实现的要求。"其仅是以化学领域中的化合物新用途发明为例，但是上述要求并不仅仅局限于上述举例。特别是新能源动力电池正极材料属于材料领域，有些发明更注重技术效果，需对发明效果进行验证；具有更强的不可预测性和不确定性，需要实验数据来支撑。正如本书4.1.3节中所分析的，新能源电池正极材料的实验数据主要分为两类：①正极材料的表征，如粒径分布图、SEM图像、X射线衍射图谱；②正极材料应用于电池的电学性能测试，如充放电寿命、充电/放电特性等。几乎所有的重点专利都有实验数据，新能源正极材料作为特定领域应用的材料，其作为电极的电池性能尤为重要。

从该案来看，尽管没有提供元素掺杂正极材料的实验数据，但是其撰写了9个实施例，测试了产品比表面积、SBC值、Z值、Q值、衰减速率等性能，提供了充分的实验数据来说明涉案发明的技术效果。

5.4　修改是否超范围

5.4.1　"修改超范围"条款的立法本意

我国专利法赋予了申请人对其提交的申请文件进行修改的权利，同时对修改的时机、方式、内容和范围作出了规定。作为技术方案的载体，专利申请文件是判断权利边界的依据，因而对于文字表达的准确性有较高的要求，由于语言表达容易出现多种含义并存或者模棱两可等局限性，用词不严谨、表述不准确都会导致技术方案的表达存在缺陷，为了保护申请人的发明创造和技术贡献，同时准确传递专利信息、明确专利权的保护范围，允许申请人对专利申请文件进行适当的修改。但是，如果申请人利用修改的机会将申请日以后完成的或者得到的技术内容补充到申请文件中，其通过授权程序获得的权利将大于申请日前所作出的技术贡献，影响专利的公示效力，损害社会公众的利益。因此，为了平衡专利权人和社会公众之间的利益，我国从法律到行政法规对发明专利修改予以不同层次的规定，在明确赋予申请人以修改权的同时，也对修改进行了限制，以避免违背专利法第九条第二款规定的先申请原则，从而导致对其他申请人不公平的后果出现。❶ 即专利申请文件的修改不得超出原说明书和权利要求书记载的范围。

5.4.2 新能源动力电池正极材料领域专利修改超范围审查的特点

专利申请文件的修改应符合通用的规定，在《专利法》允许的范围内，这一允许的范围是指原说明书和权利要求书记载的范围。在具体判断某一处修改是否符合《专利法》第三十三条的规定时，可以依据《专利审查指南 2023》中给出的具体情形，包括允许的修改和不允许的修改，其中，不允许的修改又可以分为不允许的增加、不允许的改变和不允许的删除三种具体情况。当然，对上述具体情形的判断，不应只是机械地进行文字比对，或者孤立地看待修改的技术特征，而要从整体上理解原说明书和权利要求书中记载的技术方案，以"直接地、毫无疑义地确定"作为判断修改是否超范围的准则。

具体到新能源动力电池正极材料领域的专利申请文件，发明的技术方案主要包括正极材料的产品及其制备工艺，撰写上具有材料领域的特点，包括采用组分含量、物理和化学参数或者方法特征对产品进行表征和限定，其中还可能涉及各种类型的数值范围，以及用来验证技术效果的实验数据等。在审查实践中，对于"直接地、毫无疑义地确定"这一超范围判断标准，实务代理界则偏向于采用"支持性"标准以获得较多的修改自由，这种标准认为《专利法》第三十三条和《专利法》第二十六条第四款的执行尺度是一致的，审查标准本质上是同一的。❷ 相比而言，行政审查机关采用的是"唯一确定"标准，即要求申请人证明所述内容应该是唯一确定的内容，而司法审判机关采用的是"接近真实"标准，即证明的程度最大限度地接近客观真实。❸ 由于化学领域的发明的实施及其效果具有难以预测的特点，当技术方案的修改涉及上述特征时，在判断是否能够"直接

❶ 尹新天. 中国专利法详解 ［M］. 北京：知识产权出版社，2011.

❷ 李春晖. 专利法第 33 条与第 26 条第 4 款的立法本意与执行尺度 ［J］. 中国发明与专利，2012（3）：79.

❸ 毛琎. 论专利文件修改标准的新发展：评最高人民法院 2011 知行字第 17 号案 ［J］. 中国发明与专利，2012（6）：71.

地、毫无疑义地确定"的具体操作中，容易出现复杂的、难以决断的情形，无法用单一的标准进行判断，有时修改是否超范围的结论会出现争议。

5.4.3　新能源动力电池正极材料领域专利修改超范围审查标准探究

本节从无效、复审案例出发，探讨新能源动力电池正极材料这一特定领域中修改超范围的审查标准，同时给出专利撰写实践中避免公开不充分的建议。

5.4.3.1　不允许的修改

对于专利申请文件的修改，如果申请的内容通过增加、改变和/或删除其中的一部分，致使所属技术领域的技术人员看到的信息与原申请记载的信息不同，而且又不能从原申请记载的信息中直接地、毫无疑义地确定，这种修改是不允许的。

下面结合一个具体的案例讨论涉及不允许的修改的判断标准。

▶【案例 5 – 4 – 1】01816319. X

该案为法院判例，涉及魁北克公司、CNRS 公司、蒙特利尔公司共同拥有的发明专利，发明名称为"控制尺寸的涂覆碳的氧化还原材料的合成方法"，该授权专利被第三人中国电池工业协会于 2011 年 5 月 8 日提起无效宣告请求，并由原国家知识产权局专利复审委员会作出决定，宣告该专利权无效。专利权人对上述决定不服，向北京市第一中级人民法院提起诉讼。该法院经审理后判决维持无效宣告请求审查决定，在二审中北京市高级人民法院也支持了一审判决。该案在无效宣告请求中涉及多个法条，在此我们仅讨论涉及《专利法》第三十三条的内容。

▶【案例介绍】

该案涉及的《专利法》第三十三条的争议点主要是：修改后的权利要求 1 中包含了技术特征"M 源为 M 的一种盐"和"此方法包括至少一个母体 e）热解的步骤，以得到一种如下的碳导体，其在大于或等于 3000 kg/cm^2 压力下加压的粉末试样上测量的电导率大于 10^{-8} S/cm"，以及新增的权利要求 111 的技术方案，是否超出了原权利要求书和说明书的记载而不符合《专利法》第三十三条的规定。

该无效决定针对的权利要求 1 和权利要求 111 的技术方案如下：

1. 一种合成通式 $C-Li_xM_{1-y}M'_y(XO_4)_n$ 化合物的方法，其中 C 表示与化合物 $Li_xM_{1-y}M'_y(XO_4)_n$ 交联的碳，其中 x、y 和 n 都是数字，而且 $0 \leqslant x \leqslant 2$，$0 \leqslant y \leqslant 0.6$，$1 \leqslant n \leqslant 1.5$，M 是来自周期表第一行的过渡金属或过渡金属的混合物，M′是选自 Mg^{2+}、Ca^{2+}、Al^{3+}、Zn^{2+} 和这些元素的组合的具有固定价的元素，X 选自 P 和 Si，该方法以所需的比例使至少含有如下母体的混合物实现平衡：

a）元素 M 的源，其为 M 的一种盐，至少一部分构成 M 的所述的一种或几种过渡金属处于如下的氧化态，该氧化态高于在最终化合物 $Li_xM_{1-y}M'_y(XO_4)_n$ 中该金属的氧化态；

b）元素 M′的源，其为 M′的盐；

c）锂源，其为锂的盐；

d）一种化合物，其为 X 的源；和

e）碳导体的源，其为一种有机物，

……

此方法包括至少一个母体 e）热解的步骤，以得到一种如下的碳导体，其在大于或等于 3000 kg/cm^2 压力下加压的粉末试样上测量的电导率大于 10^{-8} S/cm，其中与母体 e）的热解反应同时进行母体 a）～d）之间的合成反应。

111. 一种由 $C-LiFePO_4$ 基本颗粒构成的材料，其中所述的 C 表示与化合物 $C-LiFePO_4$ 交联的碳，所述基本颗粒的粒度为 0.1 μm ～ 6 μm，d_{50} 为 2 μm，且为纳米附聚物的形式。

关于技术特征"M 源为 M 的一种盐"，法院认为，首先，根据原申请文件的记载，不能明确记载元素 M 源的选择范围为 M 的盐。其次，在无机化学领域，"盐"是指酸分子中的氢原子被金属原子置换（取代）而成的化合物，原申请文件中所记载的 M 源并不符合无机化学领域中关于盐的定义。最后，原始申请文件中仅在实施例 10 中同时使用锰盐和铁盐作为 M 的源，其他实施例均使用铁盐，因此不能直接地、毫无疑义地确定当 M 为权利要求 1 中限定的来自周期表第一行的任何过渡金属时，均可采用该过渡金属的某种盐。

关于技术特征"此方法包括至少一个母体 e）热解的步骤，以得到一种如下的碳导体，其在大于或等于 3000 kg/cm^2 压力下加压的粉末试样上测量的电导率大于 10^{-8} S/cm"，法院认为，所述"化合物"显然不同于修改后的"碳导体"，且实施例中电导率的待测对象均是由合成通式 $C - Li_x M_{1-y} M'_y (XO_4)_n$ 化合物的方法得到的化合物试样，而非碳导体。

关于权利要求 111，其是根据原申请文件中的实施例 7 修改而增加的权利要求，实施例 7 中限定了反应物及其添加量、二水合磷酸铁原料的颗粒直径、具体的反应步骤及参数条件，最后经 X 射线分析证实产物为磷酸铁锂。法院认为，权利要求 111 限定的颗粒是具有诸多的前提条件、采用了相应的方法所得到的，本领域技术人员不能直接地、毫无疑义地确定按照除实施例 7 限定的上述方法、条件以外的任何制备和控制过程均能得到权利要求 111 请求保护的材料。

基于上述修改均超出了原说明书和权利要求书记载的范围，法院维持了原国家知识产权局专利复审委员会的决定，认为权利要求 1 和 111 的修改不符合《专利法》第三十三条的规定。❶

▼【案例分析】

上述无效宣告请求审查决定涉及申请人对申请文件的修改不符合《专利法》第三十三条的规定，其涉及的三处修改均属于不允许的修改。

第一，是不允许的增加。上述修改后的权利要求 1 中的技术特征"M 源为 M 的一种盐"并未记载在原说明书和权利要求书中，原权利要求 1 在限定主要原料中采用的表述是"M 源，至少一部分所述的一种或几种过渡金属构成 M"，即仅限定了 M 代表过渡金属元素，但未限定 M 源的具体形式或组成，因而可以将"M 源为 M 的一种盐"看作增加的技术特征。专利权人认为，其修改的依据是原说明书中记载的"作为 M 源的化合物是氧化铁（Ⅲ）即磁铁矿、二氧化锰、五氧化二钒、磷酸三价铁、氢氧根合磷酸铁和硝酸锂三价铁或者后面这些的混合物"中包括了具体的铁盐以及实施例中采用了具体的铁盐和锰盐。如果将该修改的依据看作对技术内容的概括，也需要判断其能够从原权利要求书和说明书中直接地、毫无疑义地确定，具体的，权利要求 1 中限定了"M 是来自周期表第一行的过渡金属或过渡金属的混合物"，而原申请文件中记载的可以作为 M 源的化合物"氧化铁""二氧化锰""五氧化二钒"均不属于 M 的盐，虽然实施例中也记载了铁盐和锰盐，但是由此无法确定可以采用周期表第一行的过渡金属中的任意一种的盐，因此，上述修改超出了原权利要求书和说明书记载的范围。

---

❶　参见北京市第一中级人民法院（2012）一中知行初字第 212 号行政判决书。

第二，是不允许的改变。修改后的权利要求 1 中还将原"e）热解的步骤，使得得到一种化合物，其在大于或等于 3000 kg/cm² 压力下加压的粉末试样上测量的电导率大于 10⁻⁸ S/cm"修改为"e）热解的步骤，以得到一种如下的碳导体，其在大于或等于 3000 kg/cm² 压力下加压的粉末试样上测量的电导率大于 10⁻⁸ S/cm"，可以看作将原技术方案中的"化合物"修改为"碳导体"，即技术特征的改变。对于该技术特征的改变，首先，需要判断两个技术特征所表达的含义是否相同，"碳导体"是由碳材料构成的导体，"化合物"是由多种元素组成的分子构成的物质，两者在本领域中有着不同的含义。其次，根据原说明书的记载，电导率的待测对象均是对所述方法合成的通式 C－Li$_x$M$_{1-y}$M′$_y$（XO$_4$）$_n$ 的化合物试样，而非碳导体，并且根据原申请文件中记载的方法，也无法确定其可以得到具有性能"在大于或等于 3000 kg/cm² 压力下加压的粉末试样上测量的电导率大于 10⁻⁸ S/cm"的碳导体，因此，该修改导致本领域技术人员看到的信息与原申请记载的信息不同，也不能从原申请文件中直接地、毫无疑义地确定，是不允许的改变。

此外，在实际操作中，对于增加技术特征或改变技术特征通常可以采用直接新颖性判断法，即将原权利要求书和说明书中记载的技术方案作为对比文件，与修改后的技术方案进行对比，找出增加或改变的技术内容，按照新颖性的标准判断修改后的技术方案是否具有新颖性；如果具有新颖性，则说明修改后的技术方案引入了新的信息，超出了原说明书和权利要求书记载的范围，是不允许的修改。当然，审查中对超范围的判断并不是机械地执行上述标准[1]，需要重点考虑申请人是否在申请日时已经对修改后的内容有了认识[2]。因此，在采用上述方法判断超范围时，不仅要考虑原申请文件记载的内容，还要考虑本领域技术人员根据原申请文件可以直接地、毫无疑义地确定的内容，但是新颖性判断中规定的"惯用手段的直接置换"不适用于该方法中。

第三，是不允许的删除。对于上述修改中增加的权利要求 111，可以看作是将原说明书中实施例 7 的技术方案修改后得到的，实施例 7 中记载了具体的原料配比、方法步骤和工艺条件，包括采用连续制成工艺制备磷酸铁锂，根据特定反应物及其比例、特定的反应条件和控制手段，如还原气氛、升温与降温温度和时间等，还限定了初始铁源的尺寸、合成与热解的条件，并对最终得到的产品进行

———————

[1] 李越. 论专利权利要求修改的审查定位 [J]. 中国专利与商标，2011（1）：25.

[2] 于萍. 从《专利法》第 33 条探析"修改超范围"审查中的两个问题 [J]. 知识产权，2013（12）：81－85，91.

测定，确定其具有"0.1～6 μm 的基本颗粒，其平均直径（d_{50}）为大约 2 μm。它们是由与原料类似的几十纳米的纳米颗粒附聚体形成的"特性，而权利要求 111 的技术方案中仅限定了最终产品的特性，删除了与制备方法相关的技术特征，可以看作是将原实施例 7 记载的技术方案中部分技术特征删除后得到的技术方案。对于技术特征的删除是否导致技术方案超范围，需要结合技术特征之间的关系进行判断。技术特征之间的关系通常可以分为协同关系、叠加关系和选择关系，如果技术特征之间具有协同作用，即在技术方案中相互联系、相互支持，那么删除了其中的部分技术特征就将这些关系割裂开来，得到的新的技术方案产生了一种新的组合，导致本领域技术人员获得技术信息不同，超出了原说明书和权利要求书记载的范围。在该案中，得到具有"0.1～6 μm 的基本颗粒，其平均直径（d_{50}）为大约 2 μm。它们是由与原料类似的几十纳米的纳米颗粒附聚体形成的"特性的磷酸铁锂依赖于原料铁源的尺寸、制备工艺和条件控制等，即这些技术特征之间具有协同作用，本领域技术人员不能确定采用上述制备条件之外的其他任意方法均能够得到所述产品，因而该修改后的技术方案超出了原说明书和权利要求书的范围。结合该案可以看出，对于超范围中涉及的技术特征之间是否具有关联性和协同性的判断，本领域普通技术人员是关键，其作为判断主体，是否能够全面准确地理解整个申请文件的技术内容，是否懂得运用所属领域技术人员的分析推理能力以及该领域的公知常识，是决定修改是否被允许的关键。❶

▼【撰写建议】

申请文件修改是申请人的一项重要权利，通过修改可以使得权利更加稳定，边界更加清晰。但是对说明书和权利要求书的修改应当符合《专利法》第三十三条规定。通常来说，对于修改是否超范围的判断分为两个部分：一是核实原说明书和权利要求书中是否有文字记载，二是判断根据原说明书和权利要求书记载的内容能否直接地、毫无疑义地确定。

原说明书和权利要求书是判断修改是否符合《专利法》第三十三条的依据，尽管专利法和审查指南关于修改超范围的判断并未区分说明书与权利要求书，但基于两者的功能定位不同，允许修改的空间也有所不同。❷ 说明书的定位是对技

---

❶ 刘臻.《专利法》第三十三条理解与适用中的若干法律问题思考［J］. 中国专利与商标，2013（2）：52-63.

❷ 石必胜. 专利申请文件修改的直接确定标准［J］. 人民司法，2015（17）：94.

术方案作出完整的说明，权利要求书的定位是在说明书所公开的技术方案内界定需要获得专利权的保护范围，因此，权利要求书的修改对获得合理的专利权保护范围十分重要。在撰写申请文件的时候，应当尽可能清楚、准确地采用本领域可以理解的技术术语描述出完整的技术方案，对于权利要求书中可以增加的技术特征、可以改变的技术特征以及可以删除的技术特征，应当在说明书中有对应的技术内容，对于技术特征可修改变化后得到的多个技术方案，最好采用实施例进行验证，以提供尽可能多的技术信息作为技术方案修改的依据。在修改时应以原说明书和权利要求书为依据，避免不允许的情况，包括不允许的增加、不允许的改变和不允许的删除，这些不允许的情况均是因为引入了新的信息或改变了原始信息，从而导致本领域技术人员所看到的信息与原始记载的信息产生差异，超出了原说明书和权利要求书记载的范围。

5.4.3.2 关于直接地、毫无疑义地确定的内容

作为判断修改是否超范围的准则，对"直接地、毫无疑义地确定"的准确理解和把握是判断的重点和难点。对于新能源动力电池正极材料领域，当由于其领域特点导致的一些修改是否超范围的判断出现复杂的、难以把握的情形时，必须站位本领域技术人员，从申请文件的整体理解出发，将修改的特征结合到技术方案中，去判断修改后的内容是否引入了新的技术信息。

下面结合一个具体案例来讨论如何运用"直接地、毫无疑义地确定"这一准则判断修改是否超出原说明书和权利要求书记载的范围。

【案例 5 – 4 – 2】 200680054126.0

该案为专利申请复审案件，申请人为陶氏环球技术公司和丰田自动车株式会社，发明名称为"锂二次电池正极材料的锂金属磷酸盐的纳米粒子的合成"。经实质审查，国家知识产权局原审查部门以权利要求书的修改不符合《专利法》第三十三条的理由作出驳回决定。申请人对驳回决定不服并向原国家知识产权局专利复审委员会提出复审请求。合议组经审理后认为修改后的权利要求书克服了不符合《专利法》第三十三条规定的缺陷，并撤销了驳回决定。

【案例介绍】

复审决定所针对的文本中，修改后的权利要求 1 的内容如下：

1. 一种生产纳米结构的橄榄石锂金属磷酸盐粒子的方法，其特征在于

使用了多元醇的方法，该方法包括：

（a）在由具有高沸点的多元醇组成的溶剂中溶解金属盐以形成多元醇溶液，其中所述多元醇具有通式 HO—$(—C_2H_4O—)_n$—H，其中 $n = 1 \sim 10$；或 HO—$(—C_3H_6O—)_n$—H，其中 $n = 1 \sim 10$；或通式 $HOCH_2$—$(—C_3H_5OH—)_n$—H，其中 $n = 1 \sim 10$，所述金属 M 为铁、锰、钴、镍、钒、铜、钛或这些的混合物，并且将所述多元醇溶液在 $100 \sim 150\,℃$ 之间加热 1 至 3 小时，其中金属盐/多元醇的摩尔比在 $0.01 \sim 0.15$ 之间变化；和

（b）将化学计量量的锂盐以及磷酸盐溶解在最小体积的水中以形成溶液，并且将所述溶液加入到来自步骤（a）的多价醇溶液中，以出现悬浮液，并且将所述悬浮液在搅拌下加热直到 $160 \sim 210\,℃$，以产生固体材料。[1]

其中，复审请求人将权利要求 1 步骤（a）中的"溶解金属盐以形成溶液"修改为"溶解金属盐以形成多元醇溶液"，在步骤（b）中增加了下技术特征"将所述溶液加入到来自步骤（a）的多元醇溶液中，以出现悬浮液"。对于上述修改，合议组认为，修改后的权利要求中记载的是"多元醇溶液"，而原说明书记载的是"多元醇介导"。原说明书中记载了多元醇介导即为金属盐在多元醇中的溶解液，其与权利要求 1 中的多元醇溶液的含义是相同的，因此本领域技术人员根据原说明书的记载可以直接地、毫无疑义地确定上述修改内容。

此外，修改后的权利要求 1 中要求保护的方法包括步骤（a）和（b）的组合，原说明书中记载了所述方法包括步骤"金属前体的溶解"、"水解过程"、"干燥过程"和"热处理"，其中"金属前体的溶解"对应步骤（a），"水解过程"对应步骤（b），虽然与修改后的权利要求 1 中步骤（a）和（b）的组合相比，还包括"干燥过程"和"热处理"步骤，但是该申请是通过软化学反应提供锂金属磷酸盐的制备方法，步骤（a）和（b）的实施即可完成锂金属磷酸盐的制备，干燥和热处理并不是制备锂金属磷酸盐的必需步骤，因而修改后的权利要求 1 未超出原权利要求书和说明书的范围，符合《专利法》第三十三条的规定。[2]

▼【案例分析】

上述案例中，复审请求人对权利要求 1 的两处修改均被认为是根据原说明书

---

[1]　该权利要求 1 文本中的"多价醇"应为撰写错误，该专利授权文本的权利要求 1 中已修正为"多元醇"。

[2]　参见国家知识产权局第 66397 号复审决定书。

和权利要求可以直接地、毫无疑义地确定的内容，并未在申请文件中引入新的信息。其中，由"多元醇介导"修改为"多元醇溶液"，虽然从文字上看与原说明书和权利要求书的记载不同，但是从原说明书对于"多元醇介导"这一技术特征的描述"多元醇介导的制备是通过将合适的金属（Mn，Fe…）前体（如醋酸盐）溶解在合适的溶剂（如乙二醇、丙二醇等）中进行"，以及原说明书记载的相应方法步骤"将化学计量的适当的锂盐以及磷酸盐溶解在最小体积的水中，将溶液加入到多元醇介质中"，可以看出，"多元醇溶液"即为"多元醇介导"；并且，根据本领域对技术知识的理解，"介导"即为具有传导作用的媒介，"溶液"为两种以上的物质混合形成的均匀稳定的分散体系，包括溶质和溶剂，原说明书中对于"多元醇介导"的描述可以看出其将金属前体溶解在合适的溶剂中，即得到溶液，并且其中的溶剂采用乙二醇、丙二醇等多元醇能够发挥介导的作用，因此由"多元醇介导"修改为"多元醇溶液"并未超出原说明书和权利要求书记载的范围。

此外，权利要求1限定的方法步骤，由原包括步骤（a）修改为步骤（a）和（b）的组合，原说明书中记载的方法步骤的组合中，除了步骤（a）和（b），还包括"干燥过程"和"热处理"步骤［在此制定为步骤（c）和（d）］，即原权利要求书限定的范围包括步骤（a），原说明书记载的范围包括步骤（a）+（b）+（c）+（d），而修改后的范围包括步骤（a）+（b）。在判断该修改后的组合是否能够根据原说明书和权利要求书直接地、毫无疑义地确定时，合议组从本领域技术人员的角度出发，分析了该方法中各个步骤的作用，认为涉案申请解决的技术问题是通过软化学反应提供锂金属磷酸盐的制备方法，由此获得具有优良结晶性和高纯度的锂金属磷酸盐，采用步骤（a）和（b）的实施即可完成锂金属磷酸盐的制备，解决该申请所述技术问题，并达到相应的技术效果，干燥和热处理不是必需步骤，即步骤（a）和（b）不需要与步骤（c）和（d）协同作用、相互支持以解决该申请所述技术问题，因此，步骤（a）和（b）的组合没有超出原说明书和权利要求书记载的范围。上述修改的方式也可以看作"二次概括"式的修改，即在原说明书和权利要求书中记载的技术方案中，通过对技术特征进行中间层级的限定，确定一个合理的保护范围。对于这种修改方式是否超范围的判断，需要分析技术特征之间是否存在特定关联。对于相互之间不具有紧密关系的技术特征的二次概括，被认为是可以接受的。❶

---

❶ 梁文惠. 从无效案例看如何进行多特征修改的二次概括［J］. 专利代理，2020（01）：82.

可见，对于修改后的内容能否从原说明书和权利要求书中直接地、毫无疑义地确定的判断，应当站位本领域技术人员，从技术方案的整体理解出发，结合发明解决的技术问题、实现的技术效果、技术特征的含义及其在技术方案中的作用等因素，考量修改后的内容是否引入了新的信息，以判断其是否超出了原说明书和权利要求书记载的范围。除此之外，还需要区分技术方案的"发明点"与"非发明点"，对于"非发明点"的修改应给予较为宽松的修改空间，以尽可能地确保有创造性的发明创造获得应有的保护。❶

▼【撰写建议】

在专利审查过程中，为使申请文件克服不符合《专利法》及其实施细则规定的缺陷，经常需要对其进行修改，修改的依据为原说明书和权利要求书记载的内容。除了文字记载的内容，本领域技术人员能够从原说明书和权利要求书记载的范围内直接地、毫无疑义地确定的内容也是允许修改的范畴。

在撰写申请文件时，首先，应当合理地限定权利要求的保护范围，在独立权利要求的基础上，通过多个从属权利要求限定期望的保护范围，对于权利要求中的技术特征，可以从上位概念逐步限定到下位概念，这些限定的范围均可以为作为修改的依据。其次，对于说明书的撰写，要使本领域技术人员能够清楚、准确地理解技术方案、其解决的技术问题和达到的技术效果，并判断出对实现发明所要解决的技术问题是必不可少的技术特征，即必要技术特征。对于技术方案的"发明点"，即那些区别于现有技术并使得技术方案具有创造性的关键技术特征，应注重在说明书中详细记载，以确保申请人获得与其创新贡献相匹配的专利权。对于相互直接没有必要联系、可以彼此独立的技术特征，需要对其简单叠加关系或可选择的关系予以说明，以为本领域技术人员判断必要技术特征提供参考。通过提高权利要求书和说明书的撰写质量，可以为申请文件的修改提供更多依据。

5.4.3.3　数值范围的修改

由于新能源动力电池正极材料领域的部分技术方案具有化学领域的发明特点，特别是在对组分含量、参数限定、技术效果等技术内容进行修改时，常常涉

---

❶　任晓兰．从最高人民法院（2013）行提字第21号判决浅谈"非发明点"修改超范围缺陷的挽救[J]．中国专利与商标，2016（1）：24-36.

及数值范围的修改的问题，数值范围的修改包括一些特殊的规定，比如当组合物以各组分所占百分含量来限定，但是其中几个组分的含量范围不符合审查指南中规定的条件时，允许在技术方案中补入"各组分含量之和为100%"，以及基于实施例中特点数值作为修改的端点值时，需要判断技术方案的具体技术特征之间的对应关系是否紧密联系、一一对应等。

下面结合一个具体案例来讨论数值范围的修改。

▲【案例 5 − 4 − 3】200810058277.4

该案为专利申请复审案件，发明名称为"多元掺杂锰酸锂正极片及其生产方法"。经实质审查，国家知识产权局原审查部门以权利要求书的修改不符合《专利法》第三十三条的理由作出驳回决定。申请人对驳回决定不服并向原国家知识产权局专利复审委员会提出复审请求。合议组经审理后认为修改后的权利要求书仍然不符合《专利法》第三十三条的规定，并作出维持驳回决定。

▲【案例介绍】

复审决定所针对的文本中，修改后的权利要求1的内容如下：

1. 一种多元掺杂锰酸锂正极片，包括多元掺杂锰酸锂正极活性材料、导电剂和黏合剂，其特征是，生产多元掺杂锰酸锂正极片的原料配比为，多元掺杂锰酸锂正极活性材料85～95份，导电剂2～8份，黏合剂1.5～5.3份，该多元掺杂锰酸锂正极活性材料为锰酸锂复合氧化物，氧化物化学通式为，$LiMn_{2-x}Cr_aAl_bMg_cBi_dTi_eZr_fSi_gB_hO_4$，按照原子摩尔比计算，当 Li 为 1 时，O 为 4；

$2-x$ 为 1.75 或 1.85；

a 为 0.038 或 0.039 或 0.042 或 0.035 或 0.076 或 0.078 或 0.084 或 0.07；

b 为 0.014 或 0.012 或 0.015 或 0.02 或 0.028 或 0.024 或 0.03 或 0.04 或；

c 为 0.029 或 0.03 或 0.035 或 0.025 或 0.058 或 0.06 或 0.07 或 0.05；

g 为 0.027 或 0.03 或 0.04 或 0.02；

h 为 0.023 或 0.02 或 0.01 或 0.03 或；

d 为 0.002 或 0.001 或 0.004；

e 为 0.007 或 0.005 或 0.004 或 0.000 或 0.014 或 0.01 或 0.008；

f 为 0.01 或 0.013 或 0.03 或 0.01 或 0.02 或 0.026 或 0.006 或 0.003；

锂离子电池用多元掺杂锰酸锂正极活性材料按照以下步骤进行制备：

①先将碳酸锂、二氧化锰、氧化铬、氧化铝、氧化镁、氧化铋、氧化钛、氧化锆、氧化硅、氧化硼或它们的氢氧化物按 Li∶Mn∶Cr∶Al∶Mg∶Bi∶Ti∶Zr∶Si∶B（原子摩尔比）＝1∶2－x∶a∶b∶c∶d∶e∶f∶g∶h 比例混合均匀干燥；

②原料置入连续式烧结炉中，先加温至 240～260 ℃，恒温 12～15 小时；

③接着加温至 300～400 ℃，恒温 18～20 小时；最后加温至 720～800 ℃，恒温 12～15 小时；

④焙烧反应完成后，在连续式烧结炉中自然冷却至室温，分级检验即得到产品。

其中，请求人在原始权利要求 1 技术方案的基础上增加了有关多元掺杂锰酸锂正极活性材料的化学通式的技术特征"$LiMn_{2-x}Cr_aAl_bMg_cBi_dTi_eZr_fSi_gB_hO_4$"，以及该化学通式中各元素的原子摩尔比"当 Li 为 1 时，O 为 4；2－x 为……"。对于这一修改，合议组认为，原申请文件中仅记载了具体使用的 10 种特定成分、含量的多元掺杂锰酸锂正极活性材料，包括：

$LiMn_{1.85}Cr_{0.038}Al_{0.014}Mg_{0.029}Bi_{0.002}Ti_{0.007}Zr_{0.01}Si_{0.027}B_{0.023}O_4$；

$LiMn_{1.85}Cr_{0.039}Al_{0.012}Mg_{0.03}Bi_{0.001}Ti_{0.005}Zr_{0.013}Si_{0.03}B_{0.02}O_4$；

$LiMn_{1.85}Cr_{0.042}Al_{0.015}Mg_{0.035}Bi_{0.001}Ti_{0.004}Zr_{0.03}Si_{0.04}B_{0.01}O_4$；

$LiMn_{1.85}Cr_{0.035}Al_{0.02}Mg_{0.025}Bi_{0.001}Ti_{0.009}Zr_{0.01}Si_{0.02}B_{0.03}O_4$；

$LiMn_{1.75}Cr_{0.076}Al_{0.028}Mg_{0.058}Bi_{0.002}Ti_{0.014}Zr_{0.02}Si_{0.027}B_{0.023}O_4$；

$LiMn_{1.75}Cr_{0.078}Al_{0.024}Mg_{0.06}Bi_{0.002}Ti_{0.01}Zr_{0.026}Si_{0.03}B_{0.02}O_4$；

$LiMn_{1.75}Cr_{0.084}Al_{0.03}Mg_{0.07}Bi_{0.002}Ti_{0.008}Zr_{0.006}Si_{0.04}B_{0.01}O_4$；

$LiMn_{1.75}Cr_{0.07}Al_{0.04}Mg_{0.05}Bi_{0.002}Ti_{0.018}Zr_{0.02}Si_{0.02}B_{0.03}O_4$；

$LiMn_{1.75}Cr_{0.078}Al_{0.024}Mg_{0.06}Bi_{0.002}Ti_{0.01}Zr_{0.026}Si_{0.03}B_{0.02}O_4$；

$LiMn_{1.85}Cr_{0.042}Al_{0.015}Mg_{0.035}Bi_{0.001}Ti_{0.004}Zr_{0.003}Si_{0.04}B_{0.01}O_4$。

但是，说明书中并无有关该活性材料通式的记载。并且，虽然请求人认为修改增加的氧化物通式各成分的含量具体取值均是该申请实施例 1～10 中出现过的数值，但是，各实施例记载的是特定成分、含量的具体化合物，对应成分和含量之间具有相互关联的特性，并非任意组合；而修改后的权利要求 1 中的各成分、含量则为任意的多种组合，因而并不能直接地、毫无疑义地得到权利要求 1 限定的各数值的任意组合形式，这种修改超出了原申请文件记载的范围。[1]

▲【案例分析】

对于含有数值范围技术特征的权利要求中数值范围的修改，《专利审查指南2023》中规定，只有在修改后数值范围的两个端值在原说明书和/或权利要求书中已确实记载且修改后的数值范围在原数值范围之内的前提下，才是允许的。需要注意的是，对于用实施例中特定数值作为修改后端点值的新数值范围，允许修改的前提条件是，本领域技术人员从发明实施方案的整体效果出发，认定具体实施例中的特定数值与该实施例中其他具体技术特征之间的对应关系并非紧密联系、一一对应。数值范围还有一种特殊情况，即如果在原说明书和权利要求书中没有记载某特征的原数值范围的其他中间数值，而鉴于对比文件公开的内容影响发明的新颖性和创造性，或者鉴于当该特征取原数值范围的某部分时发明不可能实施，申请人采用具体"放弃"的方式，从上述原数值范围中排除该部分，使得要求保护的技术方案中的数值范围从整体上看来明显不包括该部分，由于这样的修改超出了原说明书和权利要求书记载的范围，因此除非申请人能够根据申请原始记载的内容证明该特征取被"放弃"的数值时，本发明不可能实施，或者该特征取经"放弃"后的数值时，本发明具有新颖性和创造性，否则这样的修改不能被允许。

上述案例中，复审请求人根据原说明书实施例中记载的具体化学式，概括出一个化学通式，并采用通式的方式对各元素的原子摩尔比进行了限定，将其补入权利要求 1 中。由于原说明书和权利要求书中并未记载过该物质的化学通式，也没有对其中各个元素的原子摩尔比的取值范围进行说明，因此技术特征"$LiMn_{2-x}Cr_aAl_bMg_cBi_dTi_eZr_fSi_gB_hO_4$"中元素的取值缺少依据的范围。尽管原说明书中在实施例里记载了 10 个具体的化学式，其只能看作 10 个点值，并且由于化学式的特殊性，各元素之间是紧密联系的，成分和含量之间具有一一对应的关系，因而不能将这 10 个具体的化学式中元素的配比拆分后任意组合，因为这将使本领域技术人员看到一个新的组合后的具体化学式，这种新的技术信息的引入超出了原说明书和权利要求书记载的范围，是不允许的。在审查实践中，对于仅存在单个数值范围的权利要求的修改的判断，通过核实修改后的数值范围的两个

---

[1]　参见国家知识产权局第 57571 号复审决定书。

端值是否在原说明书和权利要求书中记载且修改修改后的数值范围在原数值范围之内，是较为容易的。但对于多个数值范围同时进行修改的情况，要站位本领域技术人员，分析多个数值范围之间的对应关系是否紧密联系、一一对应。在涉及多个数值范围的技术特征之间不存在紧密关联的前提下，修改的判断与前述单个数值范围的修改类似，可以逐一判断[1]；如果涉及多个数值范围的技术特征之间存在紧密联系，比如技术方案包含多个组分，而各组分的含量之间存在对应的配比关系的，又或者材料的性能参数与组分存在一一对应关系的，其修改的判断就不能简单考虑端值是否记载在原申请文件中，而要从技术方案的整体理解出发进行判断[2]。

▼【撰写建议】

　　在涉及新能源动力电池正极材料的产品及其制备工艺的专利申请文件中，化学式及原料配比中经常涉及数值范围的修改，对于数值范围的修改，只有在修改后数值范围的两个端值在原说明书和/或权利要求书中已确实记载且修改后的数值范围在原数值范围之内的前提下，才是允许的。因此，在撰写申请文件时，对于涉及数值的技术特征建议以数值范围的形式进行表达，并根据解决的技术问题和实现的技术效果，对数值范围逐步限缩，得到具有由大到小的多个数值范围，为数值范围的修改提供充分的依据。比如在上述案例中，如果原说明书和权利要求书记载了通式"$LiMn_{2-x}Cr_aAl_bMg_cBi_dTi_eZr_fSi_gB_hO_4$"，并且对其中的 x、a、b、c、d、e、f、g、h 的取值范围予以说明，将使得修改有所依据。此外，实施例中的具体数值也是数值范围修改的重要依据，应该在发明能够解决技术问题的前提下，使实施例的数量能够充分地支持技术方案的范围，并且与技术效果相对应。这在为了克服新颖性和创造性而对数值范围进行修改的情况下，不仅能够保证数值范围的修改在原说明书和权利要求书记载的范围内，还可以为修改后的技术方案具备创造性提供有说服力的依据。对于存在多个技术特征涉及数值范围的情况，如果认为技术特征之间存在关联的，应当在说明书中详细说明其对应关系，并记载能够作为其修改依据的对应数值范围；如果认为不存在关联的，也应在说明书中通过多个实施例表明其相互之间的独立性，以避免因为被认为技术特征之间存在紧密关联而限制修改的空间。

---

[1]　张云枝. 浅析如何鉴定修改超范围之数值修改［J］. 电子知识产权，2014（6）：106.

[2]　王亭亭，田涛. 浅谈修改超范围在存在多个数值范围的专利申请中的适用［J］. 法制博览，2020（17）：124.

5.5　权利要求是否清楚

5.5.1　"权利要求清楚"条款的立法本意

专利权是为了鼓励发明创造性、促进科技进步而赋予技术创新者的一种排他性权利。技术创新者因其为社会作出贡献的智力成果，在一定期间、一定范围内享有排他权，可减少其因创新被模仿而遭受利益损害的顾虑，积极增加创新投资，从而达到通过专利权保护激励创新的目的。而专利权人享有的排他权的边界就是专利权的保护范围。

《专利法》第二十六条第四款规定："权利要求书应当以说明书为依据，清楚、简要地限定要求专利保护的范围。"可见，权利要求书的作用是限定专利权的保护范围。一方面，专利权人通过权利要求明确自己享有的保护范围，并以此为依据保护自身的权利；另一方面，公众通过了解权利要求的限定范围，注意合理避开专利权的保护范围，避免造成侵权，同时自由地使用公知领域技术。对于专利权保护范围的界定，尽管存在"周边限定原则""中心限定原则""折中原则"等不同主张，但是其依据都是权利要求书。❶ 权利要求书在专利实践中最受关注，在专利审查程序中，其是新颖性、创造性判断的基础技术方案，在专利权被授予后的侵权纠纷中，其是判断专利权保护范围的直接依据。因而权利要求的清楚性对于确定专利权的保护范围是极为重要的。

5.5.2　新能源动力电池正极材料领域专利权利要求是否清楚审查的特点

新能源动力电池正极材料作为近年来迅速发展的技术领域，其技术变革的速度也是日新月异的。尽管国外的企业在新能源动力电池领域起步较早，取得了一定程度上的优势，但是我国企业近年来十分重视在该领域的发展，新技术不断涌现，加上政策和市场的导向，在该领域的优势逐渐凸显，专利申请的数量也不断增长，随之而来的专利保护案件也越来越受关注。在这些案件中，作为专利权保护范围直接判断依据的权利要求书的重要性是不言而喻的。权利要求的清楚性作

---

❶　宁立志. 知识产权法［M］. 2 版. 武汉：武汉大学出版社，2011：237.

为权利要求书的重要要求，其审查标准直接影响到专利权的授予和专利权的稳定性。在审查实践中，对权利要求是否清楚的判断，主要包括三个方面：一是权利要求的类型要清楚，主题名称应当表明该权利要求是产品权利要求还是方法权利要求，并且权利要求的主题名称应当与技术内容相适应；二是每一项权利要求的保护范围应当清楚，各个技术特征本身以及相互之间的关系应当清楚；三是构成权利要求书的所有权利要求作为一个整体也应当清楚，即权利要求之间的引用关系清楚。❶

对于新能源动力电池正极材料领域的专利申请，其要求保护的技术方案既可以包括产品本身，也可以包括其制备工艺和应用领域，因而权利要求的类型包括产品和方法，方法还包括用途限定。在判断权利要求是否清楚时，首先就看权利要求的类型，要求权利要求的主题应当能够清楚地表明其类型，并且与权利要求限定的技术内容相适应。从专利申请文件的撰写主题名称种类来说，该领域的产品权利要求包括化合物、组合物或者包含正极材料的器件等，其中化合物和组合物都涉及化学领域的发明，化合物产品通常采用分子式或其包含的化学元素进行限定，有的化学产品由于用文字无法表明其结构，或者结构尚不明确，需要通过性能参数或者制备方法来定义。而方法权利要求可以为材料的制备方法、加工方法、处理方法等，涉及工艺、原料、装置等技术特征，一般来说，通过原料和工艺步骤来限定，原料包括物质的成分、结构、物理/化学参数等；工艺步骤包括具体的工艺参数，如温度、压力、时间等。此外，根据材料的性能所作出的具体应用的发明可以通过用途权利要求进行保护。

由于权利要求是通过文字限定来表现的，其保护范围应当根据其所用词语的含义来理解，除了一般撰写要求的应避免使用含义模糊不清的文字、用语不应相互矛盾，不应将上下位概念并列使用以及不应通过"例如""尤其是""必要时"等类似用语或者括号等符号进一步限定出不同的保护范围等规定外，对于材料领域的专利申请还要注意技术术语、特征表述、化学式特征、含量范围、方法步骤特征等具有较强领域特点的撰写规则。

一般而言，当权利要求清楚性的判断涉及这些具有领域特点的技术特征时，需要站位本领域技术人员，对技术方案有全面、准确的理解。而新能源动力电池正极材料领域的技术发展迅速，在对本领域技术人员的技术知识更新换代提出了

---

❶ 李轲. 关于司法审判中权利要求是否清楚的判断的思考 [J]. 中国发明与专利，2015（11）：112－114.

更高要求的同时，其判断基准也会随着技术的不断发展而产生变化。

5.5.3 新能源动力电池正极材料领域专利权利要求是否清楚审查标准探究

本节从无效、复审案例出发，探讨新能源动力电池正极材料这一特定领域中权利要求是否清楚的判断标准，同时给出专利申请撰写实践中避免不清楚问题的建议。

5.5.3.1 对权利要求中特征表述存在多种含义时的理解

权利要求书的保护范围是由权利要求中记载的全部内容作为一个整体限定的，因此记载在权利要求中的每一个技术特征都会对权利要求的保护范围起到限定作用。对于新能源动力电池正极材料领域的专利申请，其技术特征应该具有该领域通常的含义，使得本领域技术人员能够明确每一个技术特征表达的意思，并且由多个技术特征组合而成的语句所表达的含义也应该符合本领域惯常的理解。

下面结合一件专利权无效宣告请求案件来讨论当权利要求中特征表述存在多种含义时，如何理解权利要求所限定的技术方案，以及判断该权利要求的清楚性。

▼ 【案例 5 - 5 - 1】202010995089.5

该案的涉案发明名称为"一种正极片及电池"，专利权人为珠海冠宇电池股份有限公司，无效宣告请求人为宁德新能源科技有限公司。珠海冠宇电池股份有限公司成立于 2007 年，主要从事动力镍氢电池、锂离子电池、新能源汽车动力电池及相关设备和原材料的研发、生产和销售，是全球消费类电池主要供应商之一。其消费类电池主要应用于笔记本和平板电脑以及智能手机。同时，在动力类电池方面，珠海冠宇电池股份有限公司通过近年来加大研发投入和不断提升技术实力，产品性能已经达到市场主流水平，与一些新能源汽车厂商建立了稳定的合作关系，发展势头良好。

▼ 【案例介绍】

宁德新能源科技有限公司于 2022 年 1 月 28 日针对涉案专利权提出无效宣告请求，其中指出权利要求 1～9 保护范围不清楚，不符合《专利法》第二十六条第四款的规定。该专利授权公告文本中相关权利要求如下：

1. 一种正极片，包括正极集流体，其特征在于，所述正极集流体的一侧或两侧涂布有第一涂布区、第二涂布区和第三涂布区，所述第一涂布区、第二涂布区与第三涂布区沿第一方向分布，所述第一方向为所述正极集流体的长度方向；在所述正极集流体的宽度方向上，所述第二涂布区位于所述第一涂布区和所述第三涂布区之间；

所述第一涂布区与所述第三涂布区涂布有正极活性材料层，所述第二涂布区涂布有多孔材料层，所述多孔材料层的孔径大于 50 nm，孔隙率大于 30%；

所述多孔材料层包括陶瓷粉；

所述陶瓷粉的粒径为 0.5 ~ 50 μm。

2. 根据权利要求 1 所述的正极片，其特征在于：所述多孔材料层包括多孔绝缘材料和黏结剂；或者，多孔绝缘材料、无机离子材料和黏结剂。

3. 根据权利要求 1 所述的正极片，其特征在于：所述多孔材料层包括无机离子材料和黏结剂，所述陶瓷粉、无机离子材料和黏结剂的质量比为（70% ~ 95%）：（5% ~ 20%）：（0% ~ 10%）。

......

7. 根据权利要求 6 所述的电池，其特征在于：所述第二负极活性材料层包括导电剂、负极活性材料和黏结剂，所述导电剂、负极活性材料和黏结剂的质量比为（50% ~ 90%）：（0% ~ 20%）：（5% ~ 15%）。

无效宣告请求人认为上述权利要求中涉及不清楚的问题主要有三个：

第一，权利要求 1 关于第一、二、三涂布区的位置有两种理解，第一种是正极集流体两侧的每个面均分为第一涂布区、第二涂布区和第三涂布区；第二种是正极集流体两侧的面作为整体进行分区，分为第一涂布区、第二涂布区和第三涂布区。

第二，权利要求 1 限定多孔材料层包括陶瓷粉，权利要求 2 和 3 分别引用权利要求 1，进一步限定多孔材料层包括多孔绝缘材料和无机离子材料，以及陶瓷粉和无机离子材料，而陶瓷粉、无机离子材料、多孔绝缘材料存在上下位概念的关系。

第三，权利要求 7 限定的第二负极活性材料层的物质质量比中，负极活性材料的数值范围包括 0，而当负极活性材料含量为 0 时，其已经不具备电极活性材料作用，无法被称为第二负极活性材料。

对于上述问题，合议组认为：

①说明书附图 1 所示第一涂布区 110、第二涂布区 120 和第三涂布区 130 共同存在于同一个表面上，虽然仅显示了正极集流体一个侧面，但本领域技术人员根据正极极片制备的基本知识可知多涂布正极活性物质可保证容量。而无效请求人所述第二种理解，不具备正极活性物质的一侧无法为容量作出贡献，有悖于电池领域对提升能量密度的普遍追求。

②由于独立权利要求 1 是从属权利要求 2 引用的基础，其全部技术特征均包含在权利要求 2 中，多孔绝缘材料应该且只能理解为陶瓷粉。同时，本领域技术人员阅读该专利技术方案后可知无机离子材料是在所用"陶瓷粉"之外再选择其他无机离子材料，而且陶瓷粉代表的多孔绝缘材料和无机离子材料所起作用不同，即使无机离子材料中部分属于陶瓷材料，只要可以与所用陶瓷粉区分开来即可。

③权利要求 7 在权利要求 6 基础上进一步限定第二负极活性材料中各种组分的含量，采用"第一负极活性材料""第二负极活性材料"表征导电剂含量不同的两种材料，只要可以区分这两种材料，无论活性物质含量是否为 0，本领域技术人员均可以直接确定权利要求保护的范围。

因此，无效宣告请求人关于权利要求保护范围不清楚的主张不成立。❶

▼【案例分析】

该案中涉及保护范围不清楚问题的为产品权利要求，具体涉及正极材料制成的正极器件，权利要求采用常规的结构和组成对该正极器件进行限定。对于结构限定特征，无效宣告请求人对三个涂布区在正极集流体两侧的分布所表达的含义是否确定提出了异议。对于组成限定特征，无效宣告请求人认为权利要求间的互相引用导致上下位概念并列在一起，从而导致一项权利要求中限定出大小不同的保护范围。对于上述异议，合议组从本领域技术人员的角度出发，结合说明书及附图的描述，认为权利要求的保护范围应当以权利要求记载的技术内容为准，但不能无视说明书和附图内容对权利要求进行孤立考量，得出明显与说明书和附图所述技术方案不同的理解。具体地，权利要求中采用结构特征对正极集流体进行了限定，限定其一侧或两侧涂布第一、二、三涂布区，同时限定正极集流体在宽度方向上，第二涂布区位于第一、三涂布区之间，根据说明书附图的记载，三个

---

❶ 参见国家知识产权局第 58402 号无效宣告请求审查决定书。

涂布区共同存在于同一个侧面上，由此可以判断出发明的本意即为请求人所述的第一种理解，正极集流体两侧的每个面均分为第一涂布区、第二涂布区和第三涂布区，而且根据这一理解，该技术方案能够实现发明所述的技术效果。对于无效宣告请求人所述第二种理解，将正极集流体两侧的面作为整体进行分区，分为第一涂布区、第二涂布区和第三涂布区，其与本领域普遍追求的提升电池能量密度的目标相背离，而且该设置不符合技术常识，本领域技术人员在阅读该申请的技术内容时不会想到采用这种理解去实施技术方案。

可见，权利要求是对一个或多个实施的技术方案的提炼和总结，以获得与申请人对现有技术贡献相匹配的保护范围，其不同于说明书所要求的"完整"和"以所述技术领域的技术人员能够实现为准"，而是以较少的技术特征将技术方案与现有技术区分开，对权利要求"清楚"的要求主要在于清晰地"限定保护范围"，以明确划分保护范围的界限。● 当权利要求中部分文字可能存在不同理解时，本领域技术人员基于自身能力和知识并结合说明书和附图内容可以排除明显与之不符的理解，直接毫无疑义确定合理的解释，则不会导致权利要求保护范围不清楚。当然，如果权利要求中使用的技术术语是申请人的自造词，或者是申请人在说明书中对该技术术语给出了不同于其通常含义的情况，一般应当要求申请人将说明书中对该术语的定义表述在权利要求中或者修改权利要求，以使所属技术领域的技术人员根据权利要求的表述即可清楚确定请求保护的范围。比如第1F293812 号专利复审案件中，涉案专利申请（申请号为 201410503918.8，发明名称为"锂二次电池用阳极活性物质、其制造方法及包含其的锂二次电池"）同样属于新能源动力电池正极材料领域，其在权利要求中限定"一种阳极活性物质，其是包含由 $Li_{1+(c-a)/2}Ni_aCo_bMn_cO_{2-x}F_x$ 表示的锂复合过渡金属氧化物的阳极活性物质……"，对于上述特征，合议组指出其中的"阳极活性物质"实际为本领域通常意义上的阴极活性物质，这种技术术语与本领域通常含义相悖的限定导致权利要求保护范围不清楚，复审请求人随后将"阳极活性物质"修改为"阴极活性物质"，克服了该不清楚的缺陷。●

此外，当权利要求存在引用关系的时候，即使对同一技术特征的表述存在差异，但是根据确定的引用关系，以及本领域技术人员对技术方案的理解，能够唯一确定其对应关系的，也不会因此导致权利要求的保护范围不清楚。对于采用组

● 田勇，陶海萍. 从"小 i 机器人"的无效案看权利要求的清楚性问题［J］. 中国发明与专利，2020，17（11）：105.
● 参见国家知识产权局第 215141 号复审决定书。

成特征限定的权利要求，在新能源动力电池正极材料领域十分常见，以该案中的陶瓷粉和无机离子材料为例，尽管两者代表的物质种类多少不同，且涵盖范围有交叠，但是根据说明书的记载，其在该案的技术方案中发挥的作用不同，使得本领域技术人员能够明确区分两者，因而不会导致权利要求的保护范围不同。

可见，判断权利要求的保护范围是否清楚，应当以本领域技术人员的理解为准，对于本领域技术人员根据技术常识明显可以排除不符合常理的理解，不应当作为权利要求的保护范围的一部分。此外，说明书及说明书附图可以用来解释权利要求书，从而避免了从权利要求中理解出明显违背本申请发明目的的技术方案，以此来明晰权利要求的边界。

▼【撰写建议】

产品权利要求是新能源动力电池正极材料专利申请的重要保护形式，产品权利要求的类型包括化合物、组合物或者包含正极材料的器件等，限定的特征通常包括结构、组成和参数限定等。在权利要求的撰写中，准确的表述有利于确定清楚的保护范围，有利于权利要求的稳定性，也有利于在侵权判定时进行明确清晰的划界。

对于采用组分限定的权利要求，要采用本领域的常用定义进行限定，并且避免上下位概念并列在一起，同时，在说明书中应对所述组分对应的具体物质进行说明，并对于不同组分的功能作用和含量范围以及它们之间的关系影响进行解释，以使得本领域技术人员能够明确地对应不同组分，加以区分。对于结构特征限定的权利要求，除了权利要求中进行清晰明确的表述以外，可以在说明书中采用附图的方式进行辅助说明，以有助于本领域技术人员更好地理解技术方案，还可以在说明书中对所述结构的作用机理进行详细的记载，以利于排除明显不合理的理解。

5.5.3.2　对权利要求中化学式和含量的特征限定

对于新能源动力电池正极材料领域的专利申请来说，用化学式和含量特征来限定材料的组分十分常见。这种限定具有化学领域发明专利申请的特点，应当符合该领域的审查规定。比如，组分的含量限定不允许有含糊不清的用词，限定含量范围通常不允许以仅限定数值下限的方式进行表达，以及一个组合物中各组分含量百分数之和应当等于100%，几个组分的含量要求应当符合上限值和下限值组合的要求等。

下面结合一个案例讨论包含这种特殊限定的权利要求保护范围是否清楚的判断。

▼【案例5－5－2】201280008003.9

该案的基本案情已经在案例5－1－1中介绍过，在此不再赘述。无效宣告请求书中提出的无效理由涉及缺少必要技术特征、公开不充分、权利要求得不到说明书的支持、保护范围不清楚、新颖性、创造性等多个法条。本小节中仅结合该案讨论保护范围是否清楚的问题。

▼【案例介绍】

该案专利授权公告文本中涉及不清楚问题的权利要求如下：

1. 用于锂离子电池的正极材料，包括一种具有通式为 $Li_a((Ni_z(Ni_{1/2}Mn_{1/2})_yCo_x)_{1-k}A_k)_{2-a}O_2$ 的锂过渡金属氧化物粉末，其中 $x+y+z=1$，$0.1 \leqslant x \leqslant 0.4$，$0.36 \leqslant z \leqslant 0.50$，A 是一种掺杂剂，$0 \leqslant k \leqslant 0.1$ 以及 $0.95 \leqslant a \leqslant 1.05$，并且具有一个可溶性碱含量 SBC，该可溶性碱含量在将该氧化物粉末在至少 500 ℃ 并且小于其中该粉末的形貌通过烧结而改变的温度的温度下、在空气中 5 至 10 个小时的过程中进行加热时以小于 10% 来增加。

8. 如权利要求 1 至 3 中任一项所述的正极材料，其中 A 是下组中的一种或多种掺杂剂，该组由以下各项组成：Al、Ti 和 Mg，并且 $0 < k \leqslant 0.1$。

9. 如权利要求 1 至 3 中任一项所述的正极材料，其中 A 是下组中的一种或多种掺杂剂，该组由以下各项组成：B、Ca、Mn、Cr、V、Fe、Zr、S、F、P 和 Bi，并且 $0 < k \leqslant 0.01$。

13. 根据权利要求 10 或 11 所述的方法，其中该过渡金属前体是通过将过渡金属的硫酸盐与一种工业级碱，像 NaOH，进行共沉淀而获得的。

无效宣告请求人认为该案的专利授权公告中涉及权利要求不清楚的问题主要有三个：

第一，权利要求 1 限定的"小于 10% 来增加"的计算方法是不明确的，与说明书记载的可溶性碱含量增加比例的计算方法前后矛盾；

第二，权利要求 8、9 均限定"A 是下组中的一种或多种掺杂剂"，与所引用的权利要求 1 中"A 是一种掺杂剂"矛盾；

第三，权利要求 13 限定使用"工业级碱，像 NaOH"，"工业级碱"没有公认确认含义，"像"造成上下位概念并列，保护范围不清楚。

对于上述权利要求保护范围是否清楚的问题，合议组认为：

①本领域技术人员可以理解权利要求 1、3 "可溶性碱含量 SBC……以小于 10% 来增加" 中该可溶性碱含量的变化应基于其初始值（即作为分母）进行计算。本案说明书的记载也可印证上述计算原则。同时，本领域技术人员结合上下文关系可以判断说明书另一处记载的 "检验是否（$SBC_d - SBC_b$）≤（$0.1 * SBC_d$）" 中的 "（$0.1 * SBC_d$）" 属于明显笔误。

②该专利中，目标材料的制备关键在于工艺流程中各个步骤和参数的设计，掺杂元素是否存在以及存在几种，并不影响其技术方案的实现和技术问题的解决。而且，掺杂工艺中同时使用多种或一种掺杂剂均为常规技术手段，权利要求 8、9 与权利要求 1 关于掺杂剂种类限定虽有不同，但本领域技术人员可以明确界定其保护范围清楚。

③权利要求 13 中 "像 NaOH" 中 "像" 字表达出不确定有无、是否的含义，无法明确认定技术方案的边界，而且 "工业级碱" 和 "NaOH" 属于上下位概念并列，不能明确其要求保护的范围。因此，权利要求 13 不符合《专利法》第二十六条第四款的规定。❶

▲【案例分析】

该案中涉及保护范围不清楚问题的为产品权利要求，具体涉及正极材料的组成限定，采用化学领域常见的通式对组成进行了表征。根据《专利法》第二十六条第四款对于权利要求应当清楚的要求，通式中的字符含义都应当是在本领域明确的，对于自定义字符，应当说明其具体定义。在该案中，权利要求 1 限定正极材料包括的锂过渡金属氧化物粉末具有通式 "$Li_a(((Ni_z(Ni_{1/2}Mn_{1/2})_yCo_x)_{1-k}A_k)_{2-a}O_2)$"，并限定 "A 是一种掺杂剂"，对 A 的含义进行了说明，并限定其含量范围 "$0 \le k \le 0.1$"，权利要求 8、9 作为从属权利要求分别进一步限定了 A 所表示的具体成分，附加技术特征分别为 "其中 A 是下组中的一种或多种掺杂剂，该组由以下各项组成：Al、Ti 和 Mg"，以及 "其中 A 是下组中的一种或多种掺杂剂，该组由以下各项组成：B、Ca、Mn、Cr、V、Fe、Zr、S、F、P 和 Bi"。尽管权利要求 8 和 9 中限定 A 为一种或多种掺杂剂，与权利要求 1 中限定的 A 为一种掺杂剂，存在表述上的不一致，但是就该案而言，其并不影响技术方案的实现和技术问题的解决。具体而言，首先，该案中正极材料的制备关键在于工艺流程中各个步骤

❶　参见国家知识产权局第 51308 号无效宣告请求审查决定书。

和参数的设计，掺杂元素是否存在以及存在几种，仅是对技术方案的进一步优化。其次，正极材料通过掺杂提高性能是本领域的常规技术手段，掺杂元素并不改变晶体类型和主晶体结构，对正极材料性能的改进是以材料主体成分以及结构为基础的，尽管权利要求 8、9 与权利要求 1 中对于掺杂剂的种类数目表述不一致，但是并不影响本领域技术人员的理解，因而权利要求 8、9 的保护范围是可以明确界定的。

此外，上述不清楚的问题涉及的权利要求 8、9 均为从属权利要求。一般来说，从属权利要求不清楚根据其引用情况，分为引用无依据、保护范围交叉、保护范围冲突三种情形。引用无依据的情形包括进一步限定的技术特征与所引用权利要求的方案关联性不明确或者"所述"的技术特征并未出现在所引用的权利要求中；保护范围交叉的情形主要是指从属权利要求在其引用的权利要求的基础上限定出一个以上的保护范围；而保护范围冲突的情形主要是进一步限定的特征与引用的权利要求出现前后矛盾导致保护范围不清楚。本案就属于保护范围冲突的情形。❶ 一般来说，从属权利要求的保护范围必然要落入其所引用的权利要求中，但是在审查实践中，如果从属权利要求能够限定出一个清楚明确的保护范围，即使该保护范围未落入其引用的权利要求中，也可以认为该从属权利要求是清楚的，类似于封闭式权利要求开口再封闭的情况。因此，对于从属权利要求是否清楚的判断，要从本领域技术人员的角度出发，立足于申请文件的发明构思，如果前后表述上的不一致并不会影响技术方案的理解，一般不会认为其造成权利要求保护范围的不清楚。

该案中还采用百分数对可溶性碱含量进行了限定。百分数作为本领域常用的数学表达方式，其数值运算的含义是明确的，并且为技术人员普遍知晓。权利要求 1 和 3 中涉及的技术特征为"该可溶性碱含量在将该氧化物粉末在至少 500 ℃ 并且小于其中该粉末的形貌通过烧结而改变的温度的温度下、在空气中 5 至 10 个小时的过程中进行加热时以小于 10% 来增加"，说明书第 0029 段记载了"SBC_d 与 SBC_i 之间的差值是小于 SBC_i 的 10%"，即（$SBC_d - SBC_i$）≤（$0.1 * SBC_i$）。从技术术语的通常含义上来说，"小于 10%"表示的应该为"（目标值－初始值）/初始值"的结果小于 10%，其与说明书第 0029 段的记载相符。根据上述理解，说明书第 0045 段记载的"检验是否（$SBC_d - SBC_b$）≤（$0.1 * SBC_d$）"中的"（$0.1 * SBC_d$）"应当为"（$0.1 * SBC_b$）"，属于明显笔误，本领域技术人

---

❶ 任甜甜，杜超. 专利申请文件中从属权利要求保护范围的清楚限定 [J]. 专利代理，2022 (3)：66.

员不会受其影响而错误地理解权利要求的保护范围。

该案中还涉及上下位概念并列导致权利要求保护范围不清楚的问题。原权利要求 13 中进一步限定"过渡金属前体"是"通过将过渡金属的硫酸盐与一种工业级碱,像 NaOH,进行共沉淀而获得的",其中的"像 NaOH",从技术术语来看属于"工业级碱"的下位概念,从语言表达上来看是对"工业级碱"的具体举例,因而这种限定导致权利要求保护范围不清楚。

▼【撰写建议】

正极材料的组分是其性能的重要影响因素,因而产品权利要求中经常会采用化学式和含量对材料的组分进行限定。对于化学式的限定,其中的每个字符代表的元素都应该在本领域普遍认知的范围内,或者有明确的自定义说明。对于在技术方案中发挥关键性作用的组分,在说明书中应当记载其对应解决的技术问题和实现的技术效果,以便本领域技术人员能够明晰其作用,并根据普遍的技术认知进行理解。在出现可能存在的歧义时,说明书的记载应该可以辅助本领域技术人员正确地理解权利要求所限定的技术方案,从而确定其保护范围。此外,对于具体组分进一步限定时,不能将上下位概念并列在一起,不能在同一项权利要求中限定出两个大小不同的范围,从而导致权利要求保护范围的边界不清楚。

对于材料中各组分含量的限定,采用基本的数学知识应当能够明确其含义,采用自定义的计算方法对组分含量的变化趋势进行限定时,该计算方法也不应与基本数学常识相悖。说明书中对于含量限定应当有进一步的说明,对于计算方法应当在实施例中有具体的体现,或者在发明内容部分有具体的举例,以便本领域技术人员更好地理解技术方案,不会产生歧义。

5.5.3.3　对于参数限定的产品权利要求的理解

产品权利要求通常采用结构和/或组成特征来描述,特殊情况下,允许借助物理或化学参数特征。而采用参数限定的产品权利要求的有关问题,一直以来都是各方关注的焦点,也是问题判断的难点。《专利审查指南 2023》规定:"使用参数表征时,所使用的参数必须是所述技术领域的技术人员根据说明书的教导或通过所属技术领域的惯用手段可以清楚而可靠地加以确定的。"对于新能源动力电池正极材料领域来说,常见参数既包括组成分布、掺杂分布、粒径分布、SEM 图像、X 射线衍射图谱等材料表征,也包括充放电寿命、充电/放电特性等电学性能,作为重要的表征手段,参数限定的权利要求在该领域的专利申请中占据一定数量。对于参数限定的产品权利要求是否清楚的理解，不仅要判断该参数表征在本领域是否具有清楚的含义，还要结合专利申请文件判断该参数是否会影响所述领域技术人员实施该专利。

下面结合一个具体案例来讨论对于参数限定的产品权利要求的理解。

【案例5－5－3】201810695585.1

该案为专利无效宣告请求案件，无效宣告请求人为江苏塔菲尔新能源科技股份有限公司，专利权人为宁德时代新能源科技股份有限公司。

【案例介绍】

该案的争议点在于，权利要求中包括的参数特征"OI_c值"，其定义是否清楚，本领域技术人员采用涉案申请的定义能否确定该参数的具体数值，从而判断该参数是否导致权利要求保护范围不清楚。

授权公告时的相关权利要求如下：

1. 一种锂离子电池，包括正极极片、负极极片、隔离膜以及电解液，所述正极极片包括正极集流体以及设置在正极集流体至少一个表面上且包括正极活性材料的正极膜片，所述负极极片包括负极集流体以及设置在负极集流体至少一个表面上且包括负极活性材料的负极膜片；其特征在于，

所述正极活性材料包括化学式为 $Li_aNi_xCo_yM_{1-x-y}O_2$ 的材料，M 选自 Al、Mn 中的一种或两种，$0.95 \leqslant a \leqslant 1.2$，$0 < x < 1$，$0 < y < 1$，$0 < x + y < 1$，所述负极活性材料包括石墨，且所述正极膜片的 OI 值 OI_c 与所述负极膜片的 OI 值 OI_a 满足关系式：$0.05 \leqslant OI_a/OI_c \leqslant 10$；其中，

正极膜片的 OI 值 OI_c 为正极极片的 X 射线衍射图谱中 003 特征衍射峰的峰面积与正极极片的 X 射线衍射图谱中 110 特征衍射峰的峰面积的比值；

负极膜片的 OI 值 OI_a 为负极极片的 X 射线衍射图谱中 004 特征衍射峰的峰面积与负极极片的 X 射线衍射图谱中 110 特征衍射峰的峰面积的比值。

无效宣告请求人认为，该正极膜片和负极膜片不涉及具有新的物质结构的材料，权利要求不能采用物理化学参数 OI 值来表征；由于正极的 110 特征衍射峰的峰面积无法准确得出，无法根据权利要求中限定的 OI_c 值 = C_{003}/C_{110} 计算 OI_c 值。

对此，合议组认为：根据说明书的记载，OI_a 和 OI_c 分别用于表征正极、负极活性物质在负极膜片和正极膜片中的堆积取向程度，OI 值大，活性材料颗粒在

膜片中发生平行于集流体的择优取向；OI 值小，活性材料颗粒在膜片中发生垂直于集流体的择优取向，因此权利要求中限定的 OI_a/OI_c 比值，体现了正负极膜片活性物质堆积取向程度的匹配，属于对产品特征的合理表述。XRD 图谱分析可通过拟合等方式对两峰重合或者重叠的情况分别计算峰面积，110 峰客观存在于正极极片 XRD 图谱中，本领域技术人员可以利用常用的 XRD 分析计算方法确定其峰强度和峰面积等相关特征，从而得出 OI_c 值。因此，权利要求 1 的保护范围清楚，符合《专利法》第二十六条第四款的规定。❶

▲【案例分析】

该案中涉及参数限定的产品权利要求。对于此类权利要求的审查，美国和日本的规定相对宽松，未对产品权利要求表征方法的优先顺序进行规定。欧洲专利局对参数限定的规定非常详细，其规定参数限定的产品权利要求的特征描述应满足：当本领域技术人员阅读该权利要求时，该权利要求本身应当清楚；测量参数的方法必须完整地记载在权利要求书中；确保本领域技术人员能容易且清楚地确定其实施的技术方案是否落入权利要求的保护范围。❷ 我国专利审查指南中对参数限定的规定，体现了产品权利要求表征的优先顺序，即优先使用结构和/或组成等特征来限定，在不能清楚限定的情况下，允许采用参数和/或制备方法来表征。

围绕参数限定的产品权利要求中常常出现的争议焦点或者难点，主要包括：参数本身是否清楚，是否导致权利要求保护范围不清楚；或者参数限定的权利要求保护范围是否过宽，是否导致权利要求得不到说明书的支持；或者在新颖性或创造性的判断中，参数特征能否使产品权利要求区别于现有技术。具体到该案，权利要求 1 涉及的 OI_c 和 OI_a 值分别为正极膜片和负极膜片的物理/化学参数，技术方案的关键在于控制正负极 OI 值的比值范围，优化电池正负极的动力学匹配，权利要求中对 OI_c 和 OI_a 的比值范围以及如何得到 OI_c 和 OI_a 的值进行了限定。无效宣告请求人根据专利审查指南中对产品权利要求表征的优先顺序，认为所述正极膜片和负极膜片不涉及新的物质结构，因而不能采用参数限定。但合议组认为，OI_a 和 OI_c 可以表征正极、负极活性物质在负极膜片和正极膜片中的堆积取向

---

❶ 参见国家知识产权局第 50123 号无效宣告请求审查决定书。

❷ The European Patent Office. Guidelines for Examination in the European Patent Office：November 2019 ［M/OL］. Munich：the European Patent Office，2019 ［2024 - 08 - 23］. https：//link. epo. org/web/epo_guide-lines_for_examination_2019_hyperlinked_en. pdf.

程度，根据说明书的记载，OI 值大，活性材料颗粒在膜片中发生平行于集流体的择优取向；OI 值小，活性材料颗粒在膜片中发生垂直于集流体的择优取向，而所述堆积取向程度无法简单用结构和/或组成加以描述，因而采用上述参数限定对产品进行表征是合理的。可见，对于能否采用参数来表征产品权利要求，简单地以不涉及新的物质组成和/或结构来判定是难以成立的，由于材料和化学领域中，常常出现微观结构的变化难以准确描述的情况，需要结合其实验测量的结果加以限定，以使其能够与现有技术的产品进行准确区分❶，这样的参数限定对于产品的表征是允许的。当然，对于参数限定的产品与现有技术存在区别的举证责任在于申请人，在申请人不能提供证据支持的情况下可认为该参数不具有限定作用。

该案中还涉及参数计算的问题。根据权利要求的定义，OI_c 和 OI_a 的计算均涉及与 X 射线衍射图谱中 110 特征衍射峰的峰面积的比值。无效宣告请求人认为正极极片 XRD 图谱中的 110 特征衍射峰与 108 特征衍射峰共同构成劈裂的双峰，两者边界连续、峰面重叠，无法清楚区分，并且 110 特征衍射峰在实际测量时很容易受到背景的干扰，存在出峰不明显的情况，因而无法通过 110 特征衍射峰的峰面积准确计算 OI_c 值。对于参数的计算，合议组站位本领域技术人员，认为现有技术中借助软件的 XRD 图谱分析可通过拟合等方式对两峰重合或者重叠的情况分别计算峰面积，且背景线干扰是 XRD 图谱分析中的常见情况，本领域对此有常用的误差处理方法，采用权利要求限定的方法能够计算 OI_c 值，对于系统和方法原因导致的误差，在采用同一方法处理的前提下，得到的参数数值之间具有可比性，由此能够反映出产品之间的差异。可见，对于产品权利要求中的参数特征，权利要求中应进行清楚的限定，对于需要计算得到或者自定义的参数，应当在清楚定义的基础上，确保本领域技术人员能够得到确定的参数。在对参数特征进行理解时，除了参考现有技术中对该参数的定义和测量方法外，还需要结合说明书中对该参数的描述，结合其与发明要解决的技术问题、实现的技术效果之间的联系，判断其具体含义。

▼【撰写建议】

参数限定的产品权利要求常见于材料、化学等领域，而新能源动力电池正极材料领域常涉及上述领域。对于专利申请人来说，采用参数限定使得产品权利要求

---

❶ 李德宝. 参数限定的产品权利要求［J］. 专利代理，2021（4）：39.

能够区别于现有技术，有利于撰写高质量的专利申请，并且在专利实质审查、复审及无效宣告程序中，结合参数限定进行有据争辩，有助于获得新颖性和创造性的认可。

对于参数限定的产品权利要求，在撰写专利申请文件时应注意：首先，确保采用的参数表征清楚、明确，使本领域技术人员能够确定其含义，避免保护边界不清晰的情况。其次，一般应在说明书中记载所述参数的测量方法，即使该测量方法为本领域已知的，但是由于存在不同测量方法得到的参数的值可能不同的情况，在说明书中明确本申请的参数测量方法是十分必要的。如果该参数是通过计算得到的，要写明计算公式，确保本领域技术人员能够通过公式得到确定的数值范围。

一般来说，参数表征最好采用本领域具有通常含义的参数，如果采用自定义参数，需要给出详细的实验方法、测量手段和计算方法，如果可以的话，结合相应的原理进行说明，以达到本领域技术人员能够确定该参数的程度为准。在说明书中记载具有该参数的产品的制备方法时，应对该参数限定使得产品权利要求区别于现有技术的内容进行详细说明，并给出相应的技术效果数据。

5.5.3.4　对于方法权利要求中具体步骤的理解

权利要求按照主题可以分为产品权利要求和方法权利要求，在新能源动力电池正极材料领域，方法权利要求是较为常见的。因为材料的发明通常涉及化学产品，而化学产品发明应当在说明书中记载至少一种制备方法，说明实施方法所用的原料物质、工艺步骤和条件、专用设备等，以使本领域技术人员能够实施。并且化学产品发明中，常常涉及工艺步骤的改进，由于化学发明的难以预测性，对于现有技术中已经存在的化学产品，某一工艺步骤的改进，也可能使得该化学产品的性能发生较大改变，产生预料不到的技术效果。因而对方法权利要求中具体步骤的理解，对于确定权利要求的保护范围也是十分重要的。

下面结合一个具体案例来讨论方法权利要求中具体步骤的理解。

▼【案例 5 – 5 – 4】200980141391.6

该案为专利申请复审案件，复审请求人为株式会社 LG 化学。在实质审查阶段，国家知识产权局原审查部门的驳回理由中包括了权利要求不清楚的条款。

▼【案例介绍】

该案中涉案申请的权利要求的主题为"一种分析方法"，其中包括采用"通过所用酸的量来计算水溶性碱的含量"测定"锂铁磷酸盐中 Li_3PO_4 或 Li_2CO_3 的存在量"的步骤，但对于本领域技术人员能否清楚地知道如何根据酸的用量来计算锂铁磷酸盐中 Li_3PO_4 或 Li_2CO_3 的含量，存在争议。

复审决定针对的文本的相关权利要求如下：

1. 一种具有下式 I 的组成的橄榄石型锂铁磷酸盐，其包含 $0.1\sim5$ 重量% 的 Li_3PO_4，且不含 Li_2CO_3，或者如果存在 Li_2CO_3，则 Li_2CO_3 的含量少于 0.25 重量%，……

其中所述橄榄石型锂铁磷酸盐具有球形，

$$Li_{1+a}Fe_{1-x}M_x(PO_{4-b})X_b \qquad （I）$$

……

12. 一种分析方法，其对在权利要求 1 的具有式 I 的组成并具有橄榄石晶体结构的锂铁磷酸盐中 Li_3PO_4 或 Li_2CO_3 的存在量进行分析，所述方法包括：

将 10 g 试样与 100 ml 蒸馏水进行混合；

将所述混合物搅拌 $5\sim10$ 分钟；

对所述反应混合物进行过滤；

利用酸对所述滤液进行滴定；

测量所得溶液的 pH，以及

通过所用酸的量来计算水溶性碱的含量，直至 pH 达到 5 以下。

复审请求人认为，通过当 pH 达到 5 时所用的酸的量，能够根据实验计算含 Li^+ 的水溶性碱的含量，因而上述权利要求的保护范围是清楚的。

对此，合议组认为：权利要求 12 请求保护一种分析方法，其目的是对锂铁磷酸盐中 Li_3PO_4 或 Li_2CO_3 的含量进行分析。由于在该橄榄石型锂铁磷酸盐中，除了 Li_3PO_4 和 Li_2CO_3，权利要求 1 中式（I）所列出的化合物中的阴离子 PO_{4-b} 也会电离出 OH^-，并且 Li_3PO_4、Li_2CO_3 以及锂铁磷酸盐都是难溶于水的物质，其在水中电离的离子只占其总量的极少部分，因而本领域的技术人员并不清楚如何根据"水溶性碱的含量"来分析 Li_3PO_4 或 Li_2CO_3 的含量。该权利要求的保护范围不清楚，不符合《专利法》第二十六条第四款的规定。❶

▼【案例分析】

该案中涉及保护范围不清楚问题的权利要求为方法权利要求，属于权利要求

---

❶　参见国家知识产权局第 91735 号复审决定书。

的基本类型，并且常见于化学领域中。对于正极材料领域的专利申请文件，方法权利要求包括正极材料的制备方法、处理方法、分析方法、应用方法等。无论是制备方法还是其他方法，其权利要求通常都包括组分、工艺等限定特征，其中：涉及组分的方法特征包括原料组分、中间组分、产品组分等，以及不作为原料组分和最终组分的催化剂和助剂；涉及工艺的方法特征包括工艺步骤和工艺条件，例如温度、压力、时间或者特定的操作手段等，还可以包括反应方程式或反应原理的描述。

具体到该案，涉及不清楚的权利要求即为一种分析方法，属于化学领域中的一般性方法中的一种细分。该类方法的特点是工艺具体、步骤较多、成分复杂，在技术方案的理解和保护范围的判定中具有一定的特殊性。❶ 该案引起权利要求保护范围是否清楚的争议点就在于该方法的具体步骤"利用酸对所述滤液进行滴定，测量所得溶液的 pH，以及通过所用酸的量来计算水溶性碱的含量，直至 pH 达到 5 以下"，采用该具体步骤能否实现权利要求中限定的该分析方法所要达到的目的，即分析锂铁磷酸盐中"Li_3PO_4 或 Li_2CO_3 的存在量"。通过站位本领域技术人员可知，当对分析的目标物质进行酸碱滴定时，与酸进行反应的不仅是 Li_3PO_4 或 Li_2CO_3，还有锂铁磷酸盐，并且上述可以与酸反应的物质均具有难溶于水的特点，因而仅根据其在水溶液中的离子含量，无法准确计算固体中 Li_3PO_4 或 Li_2CO_3 的含量。可见，对于方法中具体步骤是否清楚的判断，不仅要求其语言表达的含义清楚，还要从原理上分析该具体步骤与其要达到的目的之间的关联性。尽管该特征表达的语言上含义是清楚的，但如果本领域技术人员根据原料和工艺能够直接地、毫无疑义地确定该步骤的效果与现有技术的认知相悖，则该特征限定会导致权利要求保护范围不清楚。

▼【撰写建议】

对于方法权利要求，原料组分、工艺步骤作为基本构成，技术特征应当含义明确，与现有技术不存在矛盾之处，并且整体上，各个步骤之间不存在矛盾，能够实现方法所要解决的技术问题。例如，原料组分应当与最终产物相对应，对于中间步骤，如果清楚中间产物的最好写明；说明书中对各个步骤的反应原理最好有详细的记载，以使本领域技术人员在理解权利要求书时，结合说明书中记载的原理，能够清晰地明确各个技术特征的含义；工艺步骤应当符合本领域的普遍认

---

❶ 支辛辛，唐峰涛. 化学分析方法权利要求撰写技巧［J］. 岩矿测试，2011，30（5）：632.

知，使本领域技术人员能够操作，并且其相应的作用原理不应当与现有技术相悖。

5.5.3.5　对于方法权利要求中产品特征的理解

在新能源动力电池正极材料领域，一般而言，产品权利要求主要采用结构和/或组成进行限定，方法权利要求主要采用工艺步骤进行限定。由于方法权利要求通常是关于产品的制备、处理、分析和应用，所以方法权利要求中经常包括产品特征，其与方法特征相对应。尽管这种方法特征与产品特征的组合与方法限定的产品权利要求的形式相类似，但是由于权利要求的类型不同，两者在保护范围的理解上也存在不同，方法限定的产品权利要求的保护范围在理解上可以分为产品限定法和全部限定法，其中产品限定法认为方法限定并不会起到限定作用，而仅考虑产品本身的特征。❶ 但在方法权利要求中，通常认为方法中全部特征均具有限定作用，因而方法权利要求中的产品特征的含义，应结合其对应的方法步骤一起理解。

下面结合一个具体案例来讨论方法权利要求中产品特征的理解。

▼【案例5-5-5】200610108509.3

该案为专利申请复审案件，复审请求人为迈迪泰克有限公司。在实质审查阶段，国家知识产权局原审查部门以权利要求18不符合《专利法》第二十六条第四款的规定为由驳回了涉案申请。

▼【案例介绍】

该案的争议点围绕权利要求18中的特征"在所述电极之间形成直流电场，其强度足以在所述电极上形成导电材料和活性纳米颗粒材料"。驳回决定中认为，权利要求18其他部分均未出现关于活性纳米颗粒材料的描述，也没有使用活性纳米颗粒材料的步骤或者存在明显能够形成活性纳米颗粒材料的步骤，因而在电极上形成的"活性纳米颗粒材料"的含义不清楚。

驳回文本的权利要求18如下：

18. 一种通过电泳和电解质沉积的组合制备纳米结构复合电极的方法，

---

❶ 田振，姚云. 美国专利法判例选析：对方法限定的产品权利要求的解释［J］. 中国发明与专利，2011（1）：106.

包括：

通过超声波，使得乙醇中包含官能化碳多壁纳米管的导电材料悬浮，成为稳定悬浮液；

将作为电解质的金属盐添加到所述稳定悬浮液内；

以平行方向，将包括导电金属箔的至少两个电极引入所述稳定悬浮液内；且

在所述电极之间形成直流电场，其强度足以在所述电极上形成导电材料和活性纳米颗粒材料。

复审请求人在提出复审请求时修改了权利要求书，主要将"作为电解质的金属盐"修改为"包含金属盐的电解质"，以及将"活性纳米颗粒材料"修改为"活性材料"。复审请求人认为：权利要求18描述了利用EPD和ELD工艺制造纳米结构电极的方法，由于锂离子电池中的阳极是仅由碳制成的，并且锂离子电池中的阴极包含锂金属盐，因此在制作阳极时不需要在多壁碳纳米管悬浮液中添加活性纳米颗粒，而在利用相同的工艺构建阴极时将需要向该悬浮液添加活性纳米颗粒。因此，权利要求18不存在驳回决定中指出的不清楚问题。

对此，合议组认为：权利要求18涉及通过电泳和电解质沉积的组合制备纳米结构复合电极的方法。根据说明书发明内容部分的记载，结合实施例中的具体步骤，可以确定所述活性材料包括形成于导电金属箔之上的非晶态 MnO_2。该专利申请的技术方案中，通过电泳和电解质沉积的组合制备纳米结构复合电极时，活性材料并不是作为初始原料在一开始就加入反应体系的，添加相应的金属盐，如 $Mn(NO_3)_2$ 作为原料，通过其反应可以形成活性材料。由于权利要求18中限定了向包含官能化碳多壁纳米管的导电材料的乙醇悬浮液中加入包含金属盐的电解质，那么所添加的金属盐可以作为形成活性材料的原料，通过反应在导电金属箔上形成活性材料。因此，权利要求18请求保护的范围是清楚的，符合《专利法》第二十六条第四款的规定。❶

▼【案例分析】

该案中涉及保护范围不清楚问题的为方法权利要求，由于通常认为方法权利要求相对于产品权利要求的专利保护力度较弱，因此在权利要求撰写时，会将产品权利要求与方法权利要求同时提出，并且在方法权利要求的理解中，需要考虑

---

❶ 参见国家知识产权局第66466号复审决定书。

其引用的产品权利要求的全部特征，在方法权利要求未引用产品权利要求的情况下，也需要结合说明书中记载的产品相关的内容进行解释。❶

具体到该案，引起权利要求保护范围是否清楚的争议点就在于该方法的具体步骤"在所述电极之间形成直流电场，其强度足以在所述电极上形成导电材料和活性纳米颗粒材料"，其中"活性纳米颗粒材料"作为该方法制备得到的产品的组成部分，是否在权利要求中具有清楚的含义。判断该特征含义是否清楚，首先需要看其是否在权利要求中有明确定义，本领域技术人员能够知晓其具体指代的物质；其次，需要看该工艺步骤能否得到该物质，如果本领域技术人员根据原料和工艺能够直接地、毫无疑义地确定该步骤的产物，则该特征的含义是清楚的。虽然所述"活性纳米颗粒材料"并没有作为初始原料一开始就加入反应体系中，但是根据方法中的工艺步骤，结合说明书中对反应原理的记载，可以知道，将包含金属盐的电解质添加到所述稳定悬浮液内，该金属盐作为原料，通过反应，能够在电极上形成活性材料，该特征的含义是清楚的。尽管权利要求的表述看起来未将技术特征完全一一对应，但从本领域技术人员出发，结合说明书中对发明原理的记载，能够理解该方法权利要求中每个具体步骤的对应关系，以及相应的含义，即权利要求的表述整体上不影响本领域技术人员对权利要求请求保护的技术方案的理解，就可以认为其清楚地限定了要求保护的范围。

▼【撰写建议】

对于方法权利要求，原料组分、工艺步骤作为基本构成，技术特征应当含义明确，与现有技术不存在矛盾之处，并且整体上，各个步骤之间不存在矛盾。例如，原料组分应当与最终产物相对应，对于中间步骤，如果清楚中间产物的最好写明；工艺步骤应当符合本领域的普遍认知，其原理不应当与现有技术相悖，说明书中对各个步骤的反应原理最好有详细的记载，以使本领域技术人员在理解权利要求书时，结合说明书中记载的原理，能够清晰地明确各个技术特征的含义。即使在权利要求书中未限定产物中组分与原料的对应关系的情况，本领域技术人员根据说明书中记载的原理，也能够直接地、毫无疑义地确定其对应关系，使得权利要求的保护范围清晰，不存在疑义。

---

❶　马云鹏. 方法专利权利要求的解释及使用环境因素的考量：以华为诉中兴侵害发明专利权纠纷案为例［J］. 中国发明与专利，2016（5）：94-98.

5.6　权利要求应当得到说明书的支持

5.6.1　"权利要求应当得到说明书支持"条款的立法本意

专利制度设计的初衷是"公开换保护"，说明书的主要作用就在于"公开"，但是说明书涵盖的内容比较庞杂，包括但不局限于现有技术状况、发明创造原理、实施方式、对比例及实验数据等，有相当部分的信息是为了帮助理解和实施发明创造而存在的。为了确保专利制度的正常运作，一方面需要为专利权人提供切实有效的法律保护，另一方面需要确保公众享有使用现有技术的自由。因此，需要有专门的法律文件来界定专利独占权的范围，使公众能够清楚地知道，实施什么样的行为会触犯他人的权利。发明专利权的保护范围以其权利要求的内容为准，因此要准确且合理地界定请求保护的技术方案，关系到公众是否能够以合理的确定性预知发明专利权的保护范围，而公众只有以足够的确定程度预知专利权的保护范围，才能有意识地规范自己实施有关技术的行为，自觉避免侵犯他人的专利权，这是专利制度正常运行的保障。从立法宗旨看，专利法是专利权人垄断利益与社会公共利益之间进行利益平衡、选择和整合以实现一种动态平衡的制度安排。专利法中的利益平衡，主要是确保公众对专利技术的必要的接近和获得，同时保护专利权人的利益，为其确定适度、合理的保护范围。因此从立法本意来讲，权利要求书应当得到说明书的支持的立法目的，是使权利的保护范围更合理、稳定。❶

权利要求书的作用就在于"保护"，权利要求书是确定专利申请和专利权的保护范围的法律文件：申请时提交的权利要求书，表明申请人希望获得多大范围的法律保护；授权之后，权利要求书是确定该专利保护范围的依据；产生侵权纠纷时，又必须以权利要求确定的保护范围为准进行判断。这就要求权利要求确定一个适当的保护范围，"保护"的力度和"公开"的程度应当对等。这个"对等"就要求权利要求书应当以说明书为依据，即权利要求应当得到说明书的支持，其目的在于保障专利权的保护范围与其对现有技术的贡献相当。这个范围既

---

❶ 沈小春，孔越，刘瑞华，等．权利要求应当得到说明书支持的审查标准执行一致问题的探讨[J]．中国发明与专利，2012（10）：88.

不能过窄，使得申请人的技术贡献得不到应有的保护；也不能过宽，损害社会公众的利益。因此说明书与权利要求书之间存在密切的联系。

5.6.2　新能源动力电池正极材料领域权利要求应当得到说明书支持审查的特点

新能源动力电池正极材料带有明显的化学领域的特点，经常会存在数值范围的概括，例如产品权利要求中组合物、化合物的成分比例，以及方法权利要求中加工步骤的工艺参数等，这些数值范围也不可能通过篇幅有限的实施例全部得到记载和说明，因此从说明书记载的内容中概括得出权利要求的合适范围成为新能源动力电池正极材料领域申请的常见方式。此时就需要着重考虑这种概括是否得到说明书的支持。《专利法》第二十六条第四款规定："权利要求书应当以说明书为依据，清楚、简要地限定要求专利保护的范围。"其中"权利要求书应当以说明书为依据"就是指权利要求需要得到说明书的支持，《专利审查指南2023》规定："权利要求书应当以说明书为依据，是指权利要求应当得到说明书的支持。权利要求书中的每一项权利要求所要求保护的技术方案应当是所属技术领域的技术人员能够从说明书充分公开的内容中得到或概括得出的技术方案，并且不得超出说明书公开的范围。"

另外，新能源动力电池正极材料领域的专利尤其是涉及产品权利要求时，通常会采用化合物通式的方式来进行撰写。例如在掺杂元素的限定时，权利要求采用通式化合物方式利用字母代替一系列期望保护的元素，但是说明书的篇幅毕竟有限，记载的实施例很可能并不能够涵盖通式化合物所能表征的全体元素类别，而申请人必然期望能够最大限度地撰写权利要求的保护范围，因此就涉及对说明书的一个或者多个实施方式或实施例进行概括，即用上位概念概括或用并列选择方式概括来得到权利要求。《专利审查指南2023》规定："权利要求通常由说明书记载的一个或者多个实施方式或实施例概括而成。权利要求的概括应当不超出说明书公开的范围。如果所属技术领域的技术人员可以合理预测说明书给出的实施方式的所有等同替代方式或明显变型方式都具备相同的性能或用途，则应当允许申请人将权利要求的保护范围概括至覆盖其所有的等同替代或明显变型的方式。"可见对于权利要求需要得到说明书的支持这一要求，并非要求权利要求仅能保护说明书中充分公开的一个或多个实现发明的方式，也允许申请人对说明书中充分公开的一个或多个实现发明的方式进行概括。

在新能源动力电池正极材料领域，无论是涉及数值范围的概括方式，还是涉及通式化合物的概括方式，如果申请人对权利要求的概括包含申请人推测的内容，而其效果又难于预先确定和评价，应当认为这种概括超出了说明书公开的范围；如果权利要求的概括使所属技术领域的技术人员有理由怀疑该概括方式不能解决发明或者实用新型所要解决的技术问题，并达到相同的技术效果，则应当认为该权利要求没有得到说明书的支持。

如果一项权利要求请求保护的技术方案中涵盖了说明书充分公开的实施方式的所有等同替代方式或明显变型方式，且这些方式都能够解决相同的技术问题，并具有相同或相近的技术效果，则该权利要求的概括是合理的，也就是该概括的权利要求保护的技术方案中不存在不能解决技术问题的方案，则该概括是合理的。如果概括的技术方案中存在不能够解决技术问题的技术方案，那么该概括是不合理的。判断权利要求的概括是否合理，关键在于判断该概括的权利要求中是否存在不能够解决技术问题的技术方案。❶

5.6.3　新能源动力电池正极材料领域权利要求应当得到说明书支持审查标准探究

本节从无效、复审案例出发，探讨新能源动力电池正极材料领域中权利要求应当得到说明书支持的情形的审查标准，同时给出专利撰写实践中避免权利要求得不到说明书支持的建议。

5.6.3.1　数值范围的概括

新能源动力电池正极材料领域作为典型的材料领域范畴，其专利申请中存在大量的组合物或者化合物相关的权利要求，而数值范围的概括是上述类型权利要求的常见撰写方式。数值范围概括是指说明书的技术方案中包括具体数值或一较小的数值范围，而在权利要求的技术方案中包括数值范围或一较大的数值范围❷。

下面以实际案例来解析数值范围的概括在权利要求是否得到说明书支持的审查过程中需要注意的方面。

---

❶　章增锋. 浅析权利要求书应当以说明书为依据［J］. 才智，2014（30）：244.
❷　陈玉阳，门高利. 如何清楚、合理地确定权利要求的保护范围［J］. 中国发明与专利，2011（2）：83.

▼【案例 5 - 6 - 1】200710088301.4

该案为专利权无效宣告请求案件，专利权人为麦克赛尔株式会社，无效宣告请求人为宁德新能源科技有限公司。关于麦克赛尔株式会社和宁德新能源科技有限公司在前文中已经有介绍，在此不再赘述。两家公司在专利战场上的交锋由来已久，相互之间的专利权维护诉讼和无效请求案件也数量较多，在新能源领域尤其是三元正极材料领域有相当的借鉴作用。该案属于其中一件。

▼【案例介绍】

涉案专利在无效宣告请求阶段涉及权利要求得不到说明书支持的权利要求主要为以下两项：

1. 一种非水二次电池，其为具备具有正极合剂层的正极、负极和非水电解质的非水二次电池，其特征在于，所述正极使用平均粒径不同的二种以上的含锂过渡金属氧化物作为活性物质，所述二种以上的含锂过渡金属氧化物中，至少具有最小平均粒径的含锂过渡金属氧化物是下述通式（1）表示的化合物，

$$Li_x M_y^1 M_z^2 M_v^3 O_2 \qquad (1)$$

其中，所述通式（1）中，M^1 是 Co，M^2 是 Mg 和选自 Ti、Zr、Ge、Nb、Al 和 Sn 中的至少一种金属元素，M^3 是 Li、M^1 和 M^2 以外的元素，且 $0.97 \leqslant x < 1.02$，$0.8 \leqslant y < 1.02$，$0.002 \leqslant z \leqslant 0.05$，$0 \leqslant v \leqslant 0.05$，

具有最小平均粒径的含锂过渡金属氧化物以外的化合物是下述通式（2）表示的化合物，

$$Li_a M_b^1 M_c^2 M_d^3 O_2 \qquad (2)$$

其中，所述通式（2）中，M^1、M^2 和 M^3 与所述通式（1）相同，且 $0.97 \leqslant a < 1.02$，$0.8 \leqslant b < 1.02$，$0 \leqslant c \leqslant 0.02$，$0 \leqslant d \leqslant 0.02$。

……

6. 如权利要求1中所述的非水二次电池，其中所述正极合剂层的密度为 $3.5\ g/cm^3$ 以上。

……

该案的发明构思是在正极活性物质中使用平均粒径不同的 2 种以上的含锂过渡金属氧化物，即同时使用平均粒径大的含锂过渡金属氧化物和平均粒径小的含锂过渡金属氧化物，在正极合剂层中，在粒径大的含锂过渡金属氧化物相互之间

的空隙中填充粒径小的含锂过渡金属氧化物，能够提高正极合剂层的密度，实现高容量化。上述权利要求 1 即限定了正极使用平均粒径不同的 2 种以上的含锂过渡金属氧化物作为活性物质，以及最小平均粒径的含锂过渡金属氧化物和最大平均粒径的含锂过渡金属氧化物的通式表达形式，以及通式中各种元素的可选择类型和含量。

无效宣告请求人认为上述权利要求得不到说明书支持的主要理由为：①权利要求 1 未对平均粒径不同的至少二种含锂过渡金属氧化物的粒径和含量关系作进一步限定，技术效果无法预期；②权利要求 1 概括包含了平均粒径不同的 2 种以上的含锂过渡金属氧化物，种类数量远大于 5 种时效果难以确定；③权利要求 6 限定正极合剂层的密度为 3.5 g/cm^3 以上，实施例中涉及相关范围为 3.72 ～ 3.86 g/cm^3，对于保护范围中远超过 3.86 g/cm^3 的高密度正极合剂层效果难以预期，且说明书中未公开制备方法。

合议组经审理后认为：①根据该专利的基本构思，本领域技术人员根据基础立体几何原理可知，大小粒子混合即可获得密度的提升，虽然大小粒子的粒径关系和大小粒子的数量比例会影响到填充缝隙的效果，但本领域技术人员依据说明书内容即可理解该技术方案的上述技术构思，而大小粒径不同的锂过渡金属氧化物的粒径和含量关系并非该技术构思能否实现的必要条件，仅是在基本构思基础上进行的优化选择，这在说明书中均有相关记载，也是本领域技术人员根据技术常识能够作出的判断。而且即使权利要求 1 中未作限定，依据技术常识，无需过度劳动即可合理排除明显不能实现该方案的情况。②对于同时使用的含锂过渡金属氧化物种类数量，专利权人在说明书中虽然仅列举了种类为 3 种、4 种、5 种的情况，但是本领域技术人员根据技术常识可以预见，只要粒径大小配合、稳定性较好的锂过渡金属氧化物均可适用，种类数量多并不构成实现权利要求 1 技术方案的障碍。并且正极活性物质材料通常有限，超出正常范围的极端情况，如几十种，即使从成本角度考虑也属异常，本领域技术人员根据电池领域技术常识也会避免使用。③即使该专利未将说明书中正极合剂层的密度的优选上限限定到权利要求中，如 4.6 g/cm^3 以下、4.4 g/cm^3 以下或 4.2 g/cm^3 以下（说明书第 0095 段），本领域技术人员在该专利基本构思基础上，针对不同粒径配合使用的含锂过渡金属氧化物，依据本领域技术普遍技术认知即可判断对正极合剂层密度需有上限，必要时可进行有限的试验获得合理数值范围。本领域技术人员无须过度劳动即可确定正极合剂层的密度合理上限，权利要求 6 未限定该上限值并不导致其得不到说明书支持。[1]

▼【案例分析】

该案的产品权利要求采用了常见的组合物撰写方式，其主要的发明构思在于用平均粒径不同的2种以上的含锂过渡金属氧化物作为正极活性物质。该案说明书有30页，包含13个实施例、5个比较例，属于专利申请文件的常见体量。

首先，考虑含锂过渡金属氧化物的粒径和含量关系，在实施例中均采用的两种不同平均粒径的正极活性物质，平均粒径为12 μm 与5 μm、14 μm 与6 μm、13 μm 与5 μm、12 μm 与6 μm 几种组合方式，重量比有65∶35、90∶10、50∶50 几种配比方式。可以发现实施例能够记载的配比方式是有限的，但是权利要求并没有将保护范围限定在实施例记载的相应范围中，据此就认定"权利要求得不到说明书的支持"，这一结论并不客观。对于权利要求是否得到说明书的支持，不仅仅局限于考察说明书实施例的记载方式，还需要考虑说明书整体的记载，即说明书从整体上是否对权利要求的保护范围进行了支持。该案中，在说明书对于该发明构思进一步说明，具有最大平均粒径的含锂过渡金属氧化物的正极活性物质，如果平均粒径太小，正极合剂层的密度有难以提高的可能；反之，平均粒径太大，电池特性有降低的倾向。具有最小的平均粒径的含锂过渡金属氧化物的正极活性物质，如果平均粒径太大，在正极合剂层中，在粒径大的含锂过渡金属氧化物粒子相互的间隙中难以填充粒径小的含锂过渡金属氧化物，具有难以提高正极合剂层密度的问题；反之，如果平均粒径太小，因为小粒子间的空隙体积大，密度有难以提高的倾向。可见，在说明书中已经对发明构思进行了阐述，本领域技术人员在阅读说明书时，能够获知技术方案的核心在于平均粒径不同的2种以上的含锂过渡金属氧化物在空间上的相互填充，而粒径和含量关系并不是作为技术构思的关键点存在，即并不是作为技术构思是否能够实现的必要条件而存在。同时，本领域技术人员依据技术常识，不会也不应该故意或者极端地对技术方案进行解读，应当作出能够符合技术常识的判断。

其次，对于平均粒径不同的含锂过渡金属氧化物种类数量，说明书的实施例甚至比较例最多只记载了采用2种不同平均粒径的含锂过渡金属氧化物（为进行实验结果对比，部分比较例中仅采用1种），仅列举了可以为3种、4种、5种（没有记载具体的实施例），且没有记载更多种不同平均粒径的含锂过渡金属氧

---

[1]　参见国家知识产权局第51308号无效宣告请求审查决定书。

化物的情况。说明书的确没有记载大于 5 种平均粒径的含锂过渡金属氧化物的实施方式，更没有对上述实施方式的效果进行预期。但就该理由认定权利要求得不到说明书的支持也是不充分的。因为从该案说明书对于技术方案的说明以及技术构思的阐述，本领域技术人员能够确定通过不同粒径的含锂过渡金属氧化物配合使用就可以提高正极合剂层密度，同时含锂过渡金属氧化物含有一定种类和含量范围的掺杂元素（即 M^2），在提高稳定性且获得高容量的同时需要保证充放电循环特性。技术方案的改进目的在于选择粒径分布合适、稳定性能良好的含锂过渡金属氧化物，其种类的数量不会构成对技术方案实施的实质性障碍，根据本领域的常识，也不会故意选择极端情况来构成技术方案，考虑过多种类的正极活性物质材料的技术效果并没有实际意义。

最后，对于正极合剂层密度的数值范围，该案在实施例中出现的正极合剂层密度的最小值为 3.72 g/cm^3，最大值为 3.81 g/cm^3，比较例的范围则更小，仅出现 3.6、3.7、3.8 三个点值。在说明书其他部分还记载了"本发明的正极合剂层其密度优选为 3.5 g/cm^3 以上，更优选为 3.6 g/cm^3 以上，更优选为 3.8 g/cm^3 以上，由此能实现电池的高容量化。但是，正极合剂层的密度太高的话，因为非电解质（后述）的可润湿性降低，因此其密度例如优选为 4.6 g/cm^3 以下，更优选为 4.4 g/cm^3 以下，更优选为 4.2 g/cm^3 以下"。也就是说，在说明书文字记载范围内，正极合剂层密度的两个端点值分别只能达到 3.5 g/cm^3 和 4.6 g/cm^3，超出上述端点值的数值范围能否得到说明书的支持需要进行判断。在该案中，基本的发明构思的确是通过在粒径大的含锂过渡金属氧化物相互之间的空隙中填充粒径小的含锂过渡金属氧化物，从而提高正极合剂层的密度，实现高容量化。但同时需要考虑到本领域的普遍认知，从合议组的意见不难得出，正极合剂层由于过大压力可能造成的缺陷，如正极材料粉体的变化可能影响到晶体结构，可过度紧压可能造成电解无法浸润合剂层内部活性材料，进而导致有效容量以及充放电性能降低等问题。本领域技术人员在同时具备本领域的普遍认知的前提下，当采用该案的技术方案时，不可能无限度地提高正极合剂层密度的上限，相反，其可以通过有限的试验确定合理的数值范围。

综上可以理解，对于数值范围的概括，按照该案的说明书和权利要求的撰写方式，并不会必然导致权利要求得不到说明书的支持。

▼【撰写建议】
▲

对于权利要求中数值范围的概括，尤其是产品权利要求中参数的限定范围，其是最直观的界定权利要求保护范围的一种技术特征。在申请文件的撰写过程中，如果将其限制得过窄，例如仅局限在说明书明确记载的端点值之间，并不一定实际体现了发明人对技术发展的贡献，反而可能损害发明人的利益。《专利审查指南2023》对于说明书的撰写方式有非常详尽的指导，其中在具体实施方式的撰写中规定："优选的具体实施方式应当体现申请中解决技术问题所采用的技术方案，并应当对权利要求的技术特征给予详细说明，以支持权利要求……当权利要求（尤其是独立权利要求）覆盖的保护范围较宽，其概括不能从一个实施例中找到依据时，应当给出至少两个不同实施例，以支持要求保护的范围。当权利要求相对于背景技术的改进涉及数值范围时，通常应给出两端值附近（最好是两端值）的实施例，当数值范围较宽时，还应当给出至少一个中间值的实施例。"据此，常规的撰写方式通常是将数值范围限定在说明书实施例的两个端点值之间，但这并不是唯一可接受的撰写方式。上述规定并不意味着，凡是权利要求所记载的数值端点，说明书必须给出该端点的实施例，也不意味着权利要求中某个数值范围不因仅有一个实施例而不能得到说明书的支持。只要本领域技术人员根据说明书中描述的实施例，能够毫无疑义地确定权利要求中的数值范围能够实现发明目的，也可以认为权利要求得到说明书的支持。

数值范围的概括很大程度地决定了权利要求的保护范围。对数值范围进行概括的时候，权利要求的保护范围不能过大，其应当与申请人在说明书中所公开的内容对现有技术的贡献相适应，可以允许申请人在其公开的实施方式或实施例基础上进行概括，但对于所属技术领域的技术人员来讲，应当可以合理地预测到所概括出的保护范围涵盖的技术方案与上述实施方式或实施例的技术方案相比，均能够解决相同的技术问题，并达到相同的技术效果。对于概括性的权利要求能否得到说明书的支持，实质上是考虑说明书中是否有足够的信息使得本领域的技术人员不通过创造性的劳动就可在整个权利要求的范围内实施发明。[1] 美国专利商标局在其审查指南中对权利要求的保护范围和能够实施的关系作了如下解释："权利要求的范围与能够实施的关系，唯一关系在于：根据说明书公开本领域技术人员能够实施的范围是否与权利要求要求保护的范围相对应。"当考虑权利要求的保护范围是否与能够实施的范围相对应时，美国审查指南规定："在依据权利要求的范围相对于公开能够实施范围作出合适的驳回决定时，应当实行两步

---

　❶　陈玉阳，门高利. 如何清楚、合理地确定权利要求的保护范围［J］. 中国发明与专利，2011（2）：82－84.

法：1) 确定权利要求的范围相对于公开能够实施范围的关系——考虑整个权利要求；2) 确定本领域技术人员是否不需要'过度试验'就可以实施要求保护范围内的所有发明。"❶ 可见，美国专利法体系也认为，对于得到说明书支持的数值范围的概括，应当是本领域技术人员不需要通过创造性劳动即可以获得的。

结合上述案例，其在无效程序中被提请了多个因为数值范围概括而导致的权利要求得不到说明书支持的理由，但并未因为说明书中没有明确记载而导致最终面临无效的结果，主要是因为其在说明书中阐述清楚了专利的主要发明构思，并且通过对现有技术中普遍常识进行相互印证，本领域技术人员能够以说明书为依据，不需要通过额外的创造性劳动，可以概括得到权利要求的数值范围。可见，专利申请人在撰写发明专利申请时，为了保证权利要求得到说明书的支持，需要综合考虑所属技术领域的发展水平、该领域技术人员的认知水平，将说明书的公开内容和权利要求的保护范围进行综合考量，在说明书中需要清楚分析发明技术方案能够解决的技术问题，对发明构思进行整体的、明确的描述，同时，说明书可以提供适当数量和范围的具体实施方式，通过同类性、功能性、效果性等，申请人可以寻求更宽的保护范围。对于权利要求是否得到说明书支持的判断，应站位本领域技术人员，从申请文件记载的整体内容和本领域技术人员所掌握的相关现有技术和普通技术知识出发，将这两者有机地结合在一起作为判断的依据。能得到支持的合理范围应与申请作出的技术贡献以及其所公开的范围相称。❷ 当本领域技术人员结合申请文件的内容和本领域的技术特点，从本领域技术人员的角度出发，综合解读和分析数值范围类技术特征的限定作用，能够较为完整地重构整个技术方案，并运用该方案获得相应的技术效果时，这样的涉及数值范围概括的权利要求就能够得到说明书的支持。

5.6.3.2　通式化合物的概括

在化学领域中涉及化合物或组合物等产品权利要求时，权利要求中经常会出现通式化合物，新能源动力电池正极材料领域也不例外。但是，在说明书中不可能穷举权利要求中所限定的所有通式化合物所表达的实施例，因此在实践中常常会被质疑权利要求得不到说明书的支持。常见的理由一般为说明书中仅给出通式

---

❶ 秦声，曹怡勤. 浅析权利要求书应当以说明书为依据 [J]. 中国发明与专利，2018，15（S1）：150 - 155.

❷ 李东鹏，董立，闻秀娜. 关于《专利法》第 26 条第 4 款"不支持"审查的一些思考 [J]. 法制与社会，2020（11）：210.

化合物的部分实施例，而不同的具体化合物的结构、性质和应用等具有不同的影响，所属技术领域的技术人员难以合理地预测权利要求中提到的所有化合物都能解决发明所要解决的技术问题并达到相同的技术效果❶。

下面从实际案例来解析通式化合物在权利要求是否得到说明书支持的审查过程中需要注意的方面。

▼【案例 5 – 6 – 2】200710088301.4

该案的基本案情已经在案例 5 – 6 – 1 中介绍过，在此不再赘述，本节仅讨论权利要求中的通式化合物是否得不到说明书支持的情况。

▼【案例介绍】

无效宣告请求人认为权利要求得不到说明书支持的理由主要有：①权利要求 1 限定 M^2 可为 Nb 元素，还可以为几种元素的组合，说明书中以及实施例中并未记载含有 Nb 元素的具体化合物，也未记载几种元素组合与提高充放电循环特性的内在关系，效果均难以确定和评价；②权利要求 1 记载了 M^3 的元素类型以及 M^3 的含量范围，但说明书内容部分并没有给出具体的化合物，更没有实施例对含有这些化合物的技术方案进行确认支持；③权利要求 1 中 $c = 0$ 的技术方案不含 M^2，按照说明书记载的 M^2 作用，不含有这种掺杂元素时效果难以预期。

合议组针对以上理由的观点如下：

①关于 M^2 元素选择范围，在锂离子电池正极材料掺杂改性中，单掺杂、双掺杂和多掺杂均为常见方式，虽然权利要求 1 所列不同元素掺杂后对含锂过渡金属氧化物性质的改进略有差异，但改进思路接近，本领域技术人员可预见其组合后的结果趋势。而且，该专利的实施例涉及 M^2 元素的具体组合 Mg + Ti、Mg + Ti + Al、Mg + Ti + Al + Sn、Mg + Zr + Al 和 Mg + Ge + Al，体现了权利要求 1 中"Mg 和选自 Ti、Zr、Ge、Nb、Al 和 Sn 中的至少一种金属元素"的多种组合方式，相关实验结果也验证实现了技术效果。含锂过渡金属氧化物掺杂改性中，常使用元素周期表中同周期同族或者邻近周期和族的元素进行目的接近的掺杂，Nb 元素与 Zr 同周期，位于 VB 族与 Ti、Zr 之 VIB 族紧邻，从原子半径、电子层排布等方面看较为接近，本领域技术人员可合理预期 M^2 包含元素"Nb"的具体组合同样可以解决本专利的技术问题。

---

❶ 王玉桂．浅谈化学领域权利要求得不到说明书支持的答复［J］．中国发明与专利，2016（3）：50.

②关于 M^3 的元素类型以及 M^3 的含量范围，该专利通过不同粒径的含锂过渡金属氧化物配合使用提高正极合剂层密度，同时含锂过渡金属氧化物含有一定种类和含量范围的掺杂元素 M^2，提高稳定性，在获得高容量的同时保证充放电循环特性。其中保证稳定性的关键在于 M^2，说明书中记载了"正极活性物质（B）和其他含锂过渡金属氧化物可以在不损害本发明效果的范围内含有 M^3，也可以不含 M^3"（说明书第 0080 段）。M^3 的有无和种类并不决定该技术方案效果是否能够实现。虽然实施例不涉及 M^3 元素的化合物以及该化合物，但本领域技术人员可根据说明书内容以及掺杂相关技术常识，预期 M^3 是 Li、M^1 和 M^2 以外的元素以及 $0 \leqslant v \leqslant 0.05$ 的技术效果。

③关于权利要求 1 中 $c=0$ 的技术方案，本专利说明书第 0080 段"粒径较大的含锂过渡金属氧化物〔正极活性物质（B）以外的含锂过渡金属氧化物〕因为比正极活性物质（B）的稳定性高，没有必要像正极活性物质（B）那样含有 M^2，但是另一方面，由于比正极活性物质（B）的表面积小，活性低，因而易于通过含有 M^2 来损害 Li 离子的吸藏/放出作用"，本领域技术人员可由此确定通式（2）中 c 可以等于 0。❶

▼【案例分析】

在三元正极材料领域中，采用通式化合物的方式对产品权利要求进行特征限定是一个常见且占比很高的撰写方式，这种方式的优点在于一方面通过简单的表达方式涵盖了多种情况的组合，另一方面也可以尽可能将专利权人所期望的最大保护范围限定在权利要求书中。但是，通式化合物的撰写方式也存在一定的风险。以该案为例，请求人提出的权利要求得不到说明书支持的 7 项理由中，实质性理由有 6 项（最后一项为常见的"独立权利要求得不到说明书支持，则从属权利要求必然得不到说明书支持"的常规意见写法），这 6 项实质性理由中有 3 项（关于 M^2、M^3 和 c）是直接针对该撰写方式提出的，2 项关于数值范围的理由（粒径和含量、种类数量）也是针对通式化合物的主要相关特征提出的，可见该案对于三元正极材料的专利（及申请）文件而言是非常具有代表性的。

首先，对于通式化合物中可以选择的元素范围，以及选择不同元素组合的技术效果的认定，比较容易引起权利要求得不到说明书支持的质疑。该案在说明书实施例中关于 M^2 元素选择只列举了 Mg 与 1～3 种元素的组合，并且列举的组合

---

❶ 参见国家知识产权局第 51308 号无效宣告请求审查决定书。

方式也没有完全涵盖权利要求 1 中对于 M^2 的限定，可见专利权人在确定权利要求保护范围的时候必然对说明书的内容进行了概括，即通过并列选择的方式对一种或多种选择方式进行概括。上述概括是否能够得到说明书的支持，要考虑该概括方式是否能够解决发明所要解决的技术问题，以及是否达到相同的技术效果。并且需要同时考虑说明书的全部内容，并不仅仅局限于具体实施方式的部分。说明书中记载："本发明中，至少在平均粒径最小的含锂过渡金属氧化物即正极活性物质（B）中，使用含有选自 Mg、Ti、Zr、Ge、Nb、Al 和 Sn 中至少一种金属元素 M^2 的含锂过渡金属氧化物。含有上述金属元素 M^2 的含锂过渡金属氧化物由于提高其稳定性（特别是在高电压下充电状态的稳定性），能提高电池的安全性等可靠性。并且，含有上述金属元素 M^2 的正极活性物质（B）由于提高了其稳定性，还能抑制在重复充放电循环时的破坏等，通过使用该正极活性物质（B）能提高电池的充放电循环特性。"（说明书 0053 段）可见，在该案中，对于 M^2 元素的选择，其目的在于提高稳定性和安全性，以及抑制在重复充放电循环时的破坏等，并且再通过具体的实施例和对比例，证明了选择具体的 M^2 元素所达到的技术效果。在三元正极材料的掺杂改性中，使用具有相似性能的元素进行并列选择的技术效果是能够预期的，例如同周期或同族，或者相邻周期或相邻族，当说明书已经明确记载该掺杂的技术手段所要解决的技术问题，并通过具有代表性的元素实施例证明了该技术手段能够解决该技术问题并获得相应的技术效果时，那么适当范围的概括，例如相同或相邻周期或族元素的扩展就是能够接受的。该案权利要求中所列的不同元素对于含锂过渡金属氧化物掺杂后性能改进程度虽然不可能完全相同，但其改进的方向由于元素的相同或相似的性能能够进行预期，因此一般允许采用适当范围的概括。对于 M^2 元素的选择，Nb 元素虽然没有在实施例中具体体现，但是与 Zr 同周期，与 Ti、Zr 所在的 VIB 族紧邻，而上述元素在实施例中均有记载，根据本领域技术人员的常识可以判断，由于原子半径、电子层排布等方面较为接近，可以合理预期的是，Nb 元素的掺杂也能够同样解决技术问题，并取得技术效果。同理，在锂离子电池正极材料掺杂改性中，单掺杂、双掺杂和多掺杂均为常见方式，虽然实施例中不可能枚举所有的组合方式，但是本领域技术人员能够预见适当组合后的改进方向和趋势，因此不能认定独立权利要求得不到说明书的支持。

其次，关于 M^3 的元素类型以及 M^3 的含量范围，需要考察该技术特征在发明构思中的重要性。在正确判断发明要解决的技术问题的基础上，还需要判断权利要求中哪些技术特征与技术问题密切相关，哪些是无关的技术特征。对于实现发明构思并不重要的技术特征，可以不需要过分关注其是否在实施例中给出记载，并据此认定权利要求是否得到说明书的支持。如果过分关注对于发明解决的技术问题无关的一些特征，可能会导致对不支持的认定过于严格，概括范围过于刻板，反而会限制申请人或者专利权的利益，进而对发明创造产生一定的局限。在该案中，其发明构思主要是通过不同粒径的含锂过渡金属氧化物配合使用提高正极合剂层密度，同时含锂过渡金属氧化物含有一定种类和含量范围的掺杂元素 M^2，提高稳定性，在获得高容量的同时保证充放电循环特性，说明书中具有相当篇幅对于 M^2 元素掺杂的记载，既讨论了添加种类，也讨论了添加比例的影响，在此不再一一列举，可见解决技术问题的关键在于 M^2 元素的掺杂。但对于 M^3 元素的掺杂，却明确记载"可以在不损害本发明效果的范围内含有 M^3，也可以不含 M^3"，因此，M^3 元素并不属于与技术问题密切相关的技术手段，即该部分技术特征的选择或改变并不会对整个技术方案能否解决技术问题起到实质性的作用。对于这类技术手段的概括，并不需要过分严格。通过说明书的记载和本领域的常识，本领域技术人员可以预期 M^3 元素的种类和含量比例选择对于技术效果的影响，因此不会必然导致权利要求得不到说明书的支持。

最后，关于"$c=0$"的方案（由于无效过程中专利权人的修改，最终的权利要求1实质为授权文本中权利要求2的技术方案）涉及零点的讨论。说明书中记载了"粒径较大的含锂过渡金属氧化物［正极活性物质（B）以外的含锂过渡金属氧化物］因为比正极活性物质（B）的稳定性高，没有必要像正极活性物质（B）那样含有 M^2，但是另一方面，由于比正极活性物质（B）的表面积小，活性低，因而易于通过含有 M^2 来损害 Li 离子的吸藏/放出作用"，可见对应于"$c=0$"有明确的记载"没有必要像正极活性物质（B）那样含有 M^2"，但并非具有一致性的记载就可以认定权利要求得到说明书的支持。上文分析了正极活性物质（B）中 M^2 元素选择类型和范围的概括，这种概括是本领域技术人员通过说明书记载和本领域常识能够预期该手段能够解决技术问题并获得相应的技术效果。而对于正极活性物质（B）以外的含锂过渡金属氧化物含有或不含有 M^2 的技术效果在说明书中也进行了记载，其存在与否不足以影响到技术问题的解决，甚至含有 M^2 还存在一定的不良效果（"易于通过含有 M^2 来损害 Li 离子的吸藏/放出作用"），因此在概括正极活性物质（B）以外的含锂过渡金属氧化物的 M^2 元素的含量时，零点（"$c=0$"）就成为一个本领域技术人员可以接受的方式。

综上可以理解，通式化合物的概括，由于存在种类、含量，乃至零点讨论的情况，需要通过说明书记载和本领域技术常识来进行整体考察是否满足权利要求得到说明书的支持。

▼【撰写建议】

对于权利要求中通式化合物的概括，其属于并列选择方式的概括，在申请文件的撰写中，需要同时考虑说明书和权利要求书的撰写方式。对于申请文件中说明书的撰写，《专利审查指南 2023》规定："实现发明或者实用新型的优选的具体实施方式是说明书的重要组成部分，它对于充分公开、理解和实现发明或者实用新型，支持和解释权利要求都是极为重要的。因此，说明书应当详细描述申请人认为实现发明或者实用新型的优选的具体实施方式。在适当情况下，应当举例说明；有附图的，应当对照附图进行说明。优选的具体实施方式应当体现申请中解决技术问题所采用的技术方案，并应当对权利要求的技术特征给予详细说明，以支持权利要求。……实施例是对发明或者实用新型的优选的具体实施方式的举例说明。实施例的数量应当根据发明或者实用新型的性质、所属技术领域、现有技术状况以及要求保护的范围来确定。"可见，对于说明书中具体实施方式的体量是要依据权利要求的范围来适当保证的。

对于"得到说明书的支持"，欧洲专利局上诉委员会的解释为权利要求书应与说明书一致和适应，即从内容上不能缺少说明书认定的必要技术特征，从范围上不能包含本领域技术人员在阅读申请文件后不能获知的主题。另外，在欧洲专利局的审查指南中也有相应说明：权利要求书必须得到说明书的支持，这是指在说明书中对每一权利要求的主题内容应当有依据，且权利要求的范围不应当比说明书和附图给出的合理程度以及比对已有技术的贡献更宽。❶ 当涉及通式化合物的选择概括时，说明书中应当明确记载该选择的目的和目标，即解决发明的何种技术问题并且需要达到何种程度的技术效果。如果能就元素的性质与技术手段实现的原理进行分析，就能够适当扩大相似元素的选择范围，例如同周期或同族，甚至相邻周期和相邻的族。同时对于该技术手段的选择，尽量列举一定数量的实施例进行支撑，必要时通过对比例体现技术效果的优势。实施例的数量毕竟有限，不一定要穷举全部选择类型和组合方式，允许申请人将权利要求的保护范围概括至覆盖其所有等同替代或明显变型的情况。但是在撰写权利要求以确定保护范围时，应当选择能够对实施例进行合理概括的范围。如果本领域技术人员参照说明书记载的内容和相关现有技术的发展水平，有理由怀疑该范围在上位概括或

---

❶ 秦声，曹怡勤. 浅析权利要求书应当以说明书为依据 [J]. 中国发明与专利，2018，15（S1）：153.

并列概括时，包含了一种或多种下位概念或选择方式不能解决发明的技术问题，并且达到相同的技术效果，就会导致权利要求得不到说明书的支持。

通式化合物的撰写方式，属于将说明书记载的内容概括得出一个权利要求请求保护的范围，这种概括显然包含了申请人预测的内容。"根据说明书的整体记载可合理预测的内容"是本领域技术人员可合理预测到的、与说明书实施方式具备相同性能或用途的所有等同替代方式或明显变型方式。如果权利要求中涵盖的说明书实施方式的所有等同替代方式或明显变型方式，均能解决发明要解决的技术问题，达到相同的技术效果，那么则认为"所有等同替代方式或明显变型方式"具备相同的性能或用途。❶

结合上述案例，关于通式化合物的无效理由涉及元素类型的选择、含量范围的确定以及零点的讨论等，说明书中对于上述技术手段应当有相关记载，虽然并不一定涵盖了数量庞大的具体实施例，但是说明书应当记载上述技术手段解决技术问题的原理并阐明达到技术效果的重要性，本领域技术人员根据说明书记载的内容，参考现有技术的发展水平和领域常识，可以预见实施例可控范围内的共性或相似性，进而概括出合理的权利要求保护范围。这样的撰写方式既能够保证申请人获得尽可能大的保护范围，也能够在一定程度上保证权利要求得到说明书的支持。

5.7 本章小结

新能源动力电池正极材料领域的专利申请文件在撰写过程中需要考虑多个法条，其中涉及的重点法条包括：《专利法》第二十二条第二款（新颖性）和第三款（创造性）、第二十六条第三款（说明书充分公开）、第三十三条（修改超范围）、第二十六条第四款（权利要求清楚和得到说明书支持）。由于技术领域的特定性和专利申请文件的撰写特点，上述法条在正极材料领域的适用具有一定的特殊性。

对于《专利法》第二十二条第二款规定的新颖性，需要关注以下几种情况：首先，从申请文件的角度出发，比较特殊的是采用参数和方法特征限定的产品权利要求，要着重考虑此类产品权利要求中参数和方法特征是否隐含了要求保护的

---

❶ 李立彦，郭健．从复审案件谈权利要求是否得到说明书的支持［J］．法制博览，2023（25）：140.

产品是否具有区别于对比文件产品的结构和/或组成，参数和方法特征可以分别独立地进行限定，同时两者是相互关联的，在审查过程中也可能从制备方法入手，对参数特征进行分析。在授权程序中，申请人对于其提交的申请文件具有说明其区别于现有技术的义务；而在专利无效宣告程序中，请求人则对其主张的涉及新颖性的事实、理由负有主要的举证责任。其次，从新颖性判断的角度出发，还有一个特殊情况，就是隐含公开。隐含公开可能涉及申请文件，也可能涉及对比文件公开的内容，其判断往往容易引起争议，因为其未明确记载在文件中，需要以本领域技术人员为主体，结合申请文件或对比文件的整体内容，考虑技术上的要求和内在关联，能够直接且毫无疑义地确定的、必然存在的技术内容。最后，从证据的角度出发，使用公开也是在判断新颖性时的一种特殊类型。虽然在实质审查等程序中，审查员所引用的对比文件主要是公开出版物，但在无效宣告等程序中，由于无效宣告请求人对于产业更加熟悉，使用公开就成为一种常见的证据类型。"使用公开"的认定，只需要通过一定方式使有关技术内容处于公众想得知就能够得知的状态，就构成"使用公开"，而不取决于是否有公众实际得知。在无效宣告程序中使用公开的证明标准，采用的是民事诉讼中的高度盖然性证明标准，即如果用来证明使用公开的多份证据均指向同一案件事实，并且证明该事实存在的盖然性高于反对该事实存在的盖然性，则应当对所述多份证据及其所证明的案件事实予以确认。

对于《专利法》第二十二条第三款规定的创造性，则需要从权利要求的撰写特点出发。权利要求分为结构和/或组成限定的产品权利要求、装置类产品权利要求、主要包含工艺步骤的方法权利要求、包含产品特征的方法权利要求等几种类型。对于结构和/或组成限定的产品权利要求，其创造性的判断重点在于结合启示，即构成区别技术特征的结构和/或组成特征在最接近的现有技术以外的其他现有技术中所起的作用、所达到的技术效果是否与本申请中的相同，当本领域技术人员无法从现有技术中确定区别技术特征和技术效果的关系时，通常会认为该技术方案具备创造性。对于装置类产品权利要求，体现发明构思的关键技术手段涉及的技术特征不能割裂，如果上下游装置的设置顺序、处理设备的具体类型选择等特征相互关联，共同作用以解决同一技术问题，则应当考虑它们共同作用，进而进行技术启示的判断。对于主要包含工艺步骤的方法权利要求，其创造性的判断需要考虑多个方面的因素，相同的原料可能因为工艺条件的不同而具有不同的反应原理，相同的原理也可能因为工艺条件的进一步限定而具有不同的技术效果，因此需要将方法中涉及技术改进的原料配比、反应原理、反应条件、技术效果作为一个整体进行考量，并结合实施例的具体实验数据进行判断。对于包含产品特征的方法权利要求，由于产品的结构和组成是由方法的相应步骤产生的结果，其对方法权利要求必然具有限定作用，因此在创造性的判断中，方法权利要求的技术改进点与产品特征互相匹配，两者在整体上具有关联性。

对于《专利法》第二十六条第三款规定的说明书充分公开，一般按照《专利审查指南 2023》规定的五种公开不充分的情形进行判断。对于仅给出任务和/或设想的情形，说明书中应当记载产品的制备方法，对于产品中与现有技术构成区别特征的部分，应记载相应的实现方式，即站位本领域技术人员认定的必要技术特征，在申请文件中一定要予以披露。对于技术手段含糊不清的情形，需要结合技术背景、解决的技术问题和技术效果来综合判断；在举证澄清该缺陷时，应注意证据的关联性和证明力，以本领域技术人员能够实现为准。对于不能解决技术问题的情形，需要技术方案在能够实施的基础上，实现发明所声称的技术效果，说明书可以针对解决的技术问题和实现的技术效果进行相应形貌、成分和性能表征，以充分表明技术方案能够实现。对于其中一个技术手段不能实现的情形，因为要求作为技术方案组成部分的每一个技术手段都是能够实现的，如果涉及概括不合理或者多个并列技术方案的情况，则可以通过删除不能实现的部分技术方案克服上述缺陷。对于未给出实验数据的情形，通常涉及化学领域的发明，因为技术方案的实施具有不可预测性和不确定性的特点，本领域技术人员必须借助于实验结果证实才能确认，此类技术方案应在说明书中记载相应的实验数据，支撑其所要解决的技术问题和技术效果。

对于《专利法》第三十三条规定的修改超范围，应从整体上理解原说明书和权利要求书记载的内容，站位本领域技术人员进行判断。对于不允许的修改，其判断通常是通过核实原说明书和权利要求书是否有文字记载，或者是否由文字记载的内容能够直接地、毫无疑义地确定。复杂情形一般在于判断何为直接地、毫无疑义地确定的内容，此时应当站位本领域技术人员，从技术方案的整体理解出发，结合发明解决的技术问题、实现的技术效果、技术特征的含义及其在技术方案中的作用等因素，考量修改后的内容是否引入了新的信息。此外，对于材料领域来说，数值范围的修改是需要特别关注的，由于化学式和/或化学配比的特殊性，各元素、各成分之间紧密联系，其与含量之间具有一一对应的关系，在修改时要避免任意拆分后再进行任意组合，从而形成一个新的组合后的化学式，修改后数值范围通常只有当其两个端值在原说明书和/或权利要求书中已确实记载且修改后的数值范围在原数值范围之内的前提下，才是允许的。

对于《专利法》第二十六条第四款规定的权利要求应当清楚，要求每一项权利要求应当清楚，并且构成权利要求书的所有权利要求作为一个整体也应当清楚。对于权利要求中特征表述存在多种含义的理解，应当以权利要求记载的范围为准，结合说明书和附图的内容进行理解，并且站位本领域技术人员，排除明显不符合常理的理解，从而确保权利要求的理解符合发明的本意。对于权利要求中化学式和含量的特征限定，需要关注自定义特征的理解，其不应当与现有技术的基本常识相悖，在出现可能的歧义时，应站位本领域技术人员对技术方案进行理解。对于方法权利要求中具体步骤的理解，应将其置于技术方案的整体中，各个步骤之间不应存在矛盾，与现有技术也不应存在矛盾，使得本领域技术人员根据所述方法能够直接地、毫无疑义地确定得到的产品。

对于《专利法》第二十六条第四款规定的权利要求应当得到说明书的支持，应当以本领域技术人员的视角判断其概括是否合理。在新能源动力电池正极材料领域的专利文件中，首先应关注数值范围的概括，常规的撰写方式通常是将数值范围限定在说明书实施例的两个端点值之间，但这并不是唯一可接受的撰写方式。如果发明人在说明书中阐述清楚了专利的主要发明构思，本领域技术人员结合申请文件的内容和本领域的技术特点，综合解读和分析数值范围类技术特征的限定作用，能够较为完整地重构整个技术方案，并运用该方案获得相应的技术效果，这样的涉及数值范围概括的权利要求就能够得到说明书的支持。对于通式化合物的概括，可以理解为并列选择方式的概括，由于存在元素种类、含量，以及零点讨论的情况，需要通过说明书记载和本领域技术常识来进行整体考察是否满足权利要求得到说明书的支持。

第 **6** 章

主要结论和建议

新能源动力电池作为电动汽车的重要部件，是影响新能源汽车技术发展的主要因素，而正极材料作为动力电池的核心，占成本的 40% 以上。本书对新能源动力电池正极材料整体的专利申请情况进行分析，结合专利法条的适用研究，为该领域的专利申请、专利审查提供参考。

6.1 关于专利布局

6.1.1 地域选择

全球新能源汽车市场前景广阔，预计将继续快速增长。根据全球著名的科级市场独立分析机构 Canalys 预测，2024 年全球新能源汽车市场将增长 27%。中国在全球新能源汽车市场占据领先地位，除本土市场外，同时出口也在不断增加，欧美发达经济体逐步成为中国新能源汽车的目标市场。比利时、英国、斯洛文尼亚、法国等国是中国新能源汽车的主要出口目的地。除欧洲市场外，东南亚地区也是一个重要的目标市场。由于东南亚地区的新能源汽车市场渗透率较低，发展前景广阔，例如 2023 年泰国的电动汽车年增长 690%，其中大多数为中国品牌。

目前新能源动力电池正极材料专利申请主要分布在中国、日本、美国、韩国和欧洲，这一方面是因为上述国家/地区的研发实力较强，另一方面是因为当地专利制度完善，保护较强。专利权具有地域性，中国企业要进入海外市场，需要考虑在哪些国家或地区进行专利布局。正如前面所分析的，根据国际目标市场的情况，应保持在欧美的布局，同时也应当重视在东南亚等国的专利布局。

6.1.2 内容选择

海外专利申请和维持费用高，从成本的角度看，数量并非越多越好。企业专利的数量要与企业发展规模、专利费用预算等匹配。并不是专利的数量越大，保护强度就越大，还需要考虑专利的质量。能发挥最大价值的专利通常是企业的高价值专利。如果专利质量较差，如保护范围小、保护范围不清楚、专利权不稳定等，就很难真正起到排他的效果，不能在商业竞争中真正发挥价值。因此，企业可以基于商业目标进行类别的划分、重要性的划分，将资金、人员等向重要的核心专利申请倾斜，形成专利梯队。

从新能源汽车动力电池正极材料的发展趋势来看，磷酸铁锂、三元正极是目前的主流技术，松下电器、宁德时代等主要创新主体在该技术领域的布局也较多，因此在技术研发前、专利申请前务必做好查新工作，规避现有技术。

6.2 关于专利撰写

6.2.1 撰写前的准备

新能源动力电池正极材料作为近年来的热点领域，其技术发展速度日新月异，因此，在撰写申请文件前，要充分检索现有技术，站位本领域技术人员，判断哪些手段是必要技术特征，在申请文件中一定要予以披露。同时，梳理发明创造的研发起点，由研发起点引出本申请所要解决的技术问题，并将该部分内容归入说明书的"背景技术"部分。新能源动力电池正极材料专利属于材料领域，其中涉及正极材料、制备方法及其应用等主题。对于组合物发明，除了明确组合物的组分外，还应当知晓各组分的化学和/或物理状态、各组分可选择的范围、各组分的含量范围及其对组合物性能的影响等。对于仅用结构和/或组成不能够清楚描述的化学产品，应当进一步使用适当的化学、物理参数和/或制备方法对其进行说明，使要求保护的化学产品能被清楚地确认。对于化学产品发明，应当有至少一种制备方法，说明实施所述方法所用的原料物质、工艺步骤和条件、专用设备等，使本领域的技术人员能够实施。对于化合物发明，通常需要有制备实施例。有时，附图对于新能源电池正极材料的专利申请也是必要的，其内容主要分为三类：一是正极材料的表征，如粒径分布图、SEM 图像、X 射线衍射图谱等；二是正极材料应用于电池的电学性能测试，如充放电寿命、充电/放电特性等；三是电极、电池的结构图。结合附图的具体内容对发明的技术问题、技术效果进行分析，可以作为有益效果和公开充分的有力支撑。

6.2.2　权利要求书的撰写

权利要求要注意平衡保护范围与创造性之间的关系，通过对相关技术特征的限定将权利要求的保护范围限定在一个合适的范围内，并且在说明书中应当解释对现有技术具有实际贡献的技术手段的特征如何获得预料不到的技术效果，而其作用机理并没有被现有技术披露或关注，以此体现其技术方案能与现有技术区分，并作出了技术贡献。

新能源动力电池正极材料的发明专利中，通常都会包括产品权利要求，并且通常采用产品的结构和/或参数特征来限定。对于产品权利要求，为了期望与现有技术在新颖性、创造性方面进行区分，可以适当关注现有技术的发展现状，着重考虑结构和/或组成对应于技术效果的关系，如果现有技术中没有关注到区别技术特征所导致的技术效果，本领域技术人员也不能从现有技术的启示中确定区别技术特征和技术效果的关系，通常会判定该技术方案具备创造性。对于材料中各组分含量的限定，采用基本的数学知识应当能够明确其含义，采用自定义的计算方法对组分含量的变化趋势进行限定时，该计算方法也不应与基本数学常识相悖。

新能源动力电池正极材料领域对于生产方法的研究占比较大，这也体现在专利申请文件的撰写上。对于方法权利要求，首先，对于技术改进的关键步骤需要表征清楚、概括得当。如果涉及多个关键步骤的改进，各个步骤可以分别限定；但如果各个步骤之间是相互依赖才能实现声称的技术效果，或者后续的步骤需要依赖前述步骤的结果的，则需要将其限定在同一个权利要求中。其次，对于方法中步骤的顺序，如果有特定顺序的，需要明确限定；如果没有特定顺序的，或者其顺序可以调整的，也可以根据需要予以说明，并且在说明书中记载相应的技术效果。最后，对于产品特征限定的方法权利要求，产品特征的限定应当为能够解决本申请所述技术问题的最大范围，并且与方法权利要求中的技术改进点相匹配，体现两者在整体上的关联性。

产品权利要求相对于方法权利要求而言，无论是保护力度还是侵权认定都具有优越性。因此对于新能源动力电池正极材料领域的专利申请，通常首选产品权利要求。但其作为科技发展的热点领域，有时仅仅使用结构和/或组成特征难以在清楚地在表征产品的同时将其与现有技术的产品区分开，此时可以通过引入物理或化学参数进行表征。对于此类涉及参数限定的专利申请，在权利要求中的参数限定应确保其表达清晰，不能产生歧义，在说明书中写清参数的测量方法，特别是对于非常规参数、自定义参数，需要给出详细的测量方法、测量手段和计算方法，以及实验效果数据。对于自定义参数，需要在权利要求限定参数时也写清参数的测量方法，即使是已知的测量方法，当不同的测量方法所得到的参数数值不同时，也应当在权利要求中记载该参数的测量方法；为了突出所述参数与现有技术的不同，说明书中应当记载具有相应参数产品的制备方法，同时给出技术效果数据，但切忌为了获得专利权编写复杂的公式、不常见的参数来进行无意义的限定。

6.2.3 说明书的撰写

新能源动力电池正极材料，属于实验科学比较强的范畴，因此说明书的撰写对于理解发明的技术内容、支持权利要求书的范围、证明技术方案的效果等都具有重要意义。这要求说明书中技术方案的撰写要围绕技术问题来展开，每一个技术手段都需要能够实现。如果涉及概括或者多个并列技术方案的情况，则需要保证能够支撑概括后的技术方案的全部实施方式、所有的并列技术方案都满足能够实现的要求，避免出现公开不充分的问题。新能源动力电池正极材料通常解决的技术问题为形貌的改善、电化学性能的提高等，为了充分表明技术方案能够实现，特别是能够解决技术问题，建议在说明书的实施例中，对预期实现的技术效果进行相应形貌、成分和性能表征，记载实验数据来说明技术效果。

对于产品的组分和/或结构特征，说明书中应对所述组分对应的具体物质进行说明，对不同组分的功能作用和含量范围以及它们之间的关系影响进行解释。在新能源动力电池正极材料相关发明中，很多改进都涉及元素的选择，可以对每种元素的作用、含量、相互影响予以说明。结构特征还可以借助说明书附图帮助本领域技术人员更好地理解技术方案，并且在说明书中对于所述结构的作用机理进行详细的记载，有利于排除明显不合理的理解。发明内容包含化学式的，其中的每个字符代表的元素都应该在本领域普遍认知的范围内，或者有明确的自定义说明。对于在技术方案中发挥关键性作用的组分，在说明书中应当记载其对应解决的技术问题和实现的技术效果。对于产品的制备方法，说明书中应记载所述方法中涉及技术改进步骤的原料配比、反应原理、反应条件、技术效果等内容，并结合实施例的具体实验数据进行验证，以使本领域技术人员在理解权利要求书时，结合说明书中记载的原理，能够清晰地明确各个技术特征的含义，并将其作为创造性判断的依据。

为了使权利要求概括的范围能够得到说明书的充分支持，需要综合考虑所属技术领域的发展水平、该领域技术人员的认知水平，将说明书的公开内容和权利要求的保护范围对应起来。比如，有一部分新能源动力电池正极材料的权利要求请求保护概括的通式化合物，涉及元素类型的选择、含量范围的确定以及零点等情况，说明书中应当对所述技术手段有相关记载。说明书虽然并不一定涵盖数量庞大的具体实施例，但是应当在说明书中记载上述技术手段解决技术问题的原理并阐明达到技术效果的重要性，本领域技术人员根据说明书记载的内容，参考现有技术的发展水平和领域常识，可以预见实施例可控范围内的共性或相似性，进而概括出合理的权利要求保护范围；对于权利要求中概括的数值范围，说明书可以提供适当数量和范围的具体实施方式，通过同类性、功能性、效果性等，为权利要求寻求更宽的保护范围提供依据。当本领域技术人员结合申请文件的内容和本领域的技术特点，综合解读和分析数值范围类技术特征的限定作用时，能够较为完整地重构整个技术方案，并运用该方案获得相应的技术效果。

综上所述，新能源动力电池正极材料是目前同时具备商用性和实用性的热门技术领域，为了在新能源市场占据有利地位，该领域内的企业都十分重视技术研发和专利布局，专利申请量增长势头迅猛，并且仍处于技术快速发展阶段。由于该领域的技术特点，在专利法条的适用性上具有一些特殊性。本书笔者根据分析和研究结果，给出了一些撰写建议，以期为从事该领域技术研发、专利申请和/或专利审查的工作人员提供一些参考。